조선의 영웅 마하수

절의(節義)에 빛나는 장흥 마씨들
조선의 영웅 마하수

김선욱

시와사람

■ 책을 펴내며

마하수, 정유년 조선의 영웅이었다

　이태 전인가, 해남 우수영 관광지를 견학한 일이 있었다.
　그때 '마하수 5부자' 조형물과 이충무공의 '회진포 결의'라는 조형물을 보고 충격을 받았다. 왜 이 조형물이 장흥이 아닌 여기에 있을까? 그날 대면한 마하수 5부자 조형물은 필자가 마하수(馬河秀)에 대하여 관심을 갖는 계기가 되었다. 필자가 지난 9월부터 지역 신문에 연재 중인 마하수 관련의 기획물도 따지고 보면, 그때부터 가져왔던 마하수 관심의 일부분이라고 할 수 있다.
　마하수 관련 기획물을 연재하면서, 우선은 마하수와 네 아들의 절의(節義)에 초점이 모아졌지만, 임진왜란·정유재란, 병자호란 등 국난을 맞아 창의(倡義)하거나 의병으로 참여했던 장흥 마씨들의 빛나는 그 절의(節義)에 대해 큰 관심을 갖지 않을 수가 없었다. 그런 연유가 바탕이 되어, 마하수 공의 전·후대를 관통하는 장흥 마씨의 빛나는 절의정신에 새삼 감탄하며 마하수 공과 장흥 마씨 전체를 훑어보는 글도 정리하게 된 것이다.
　지역 신문에 연재되는 마하수 기획물의 주제가 당초는 '정유년 장흥의 영웅 마하수'였다. 그런데 이 기획물이 책으로 엮어지면서 '조선의 영웅 마하수'로 바꿔졌다.
　임진왜란이 치욕의 역사였다면, 정유재란은 왜군이 충남 이북에는 감히 발도 못 붙인 구국승전의 역사였다. 이는 정유재란 초 충무공의 명량대첩으로 인한 결과였다. 명량대첩은 한 마디로 수장되어 가던 조선의 운명을 일거에 건져 올린 '기적의 승첩'이었다.

이 명량대첩에는 결사 항전한 수많은 영웅이 있었다. 이 영웅 중에 가장 돋보인 영웅이 바로 장흥의 마하수였다. 전투병도 아니요, 단순히 후원군으로 참여했던 마하수였다. 젊고 패기 넘친 중장년도 아닌 노쇠한 60세 노구였던 마하수였다. 중무장한 전투선도 아니어서 무장하지도 않았으며 네 아들과 수많은 가솔들을 태웠던 향선으로, 전장의 먼 바다에서 후원 세력으로 포진한 100여 척의 피난선 중에 유일하게 혈혈 단선(單船)이었다. 그런데도 왜선들에게 포위되어 절체절명의 위기 상황에 놓였던 충무공을 구하겠다는 일념 하나만으로 중무장한 왜선들을 향하여 돌진을 감행, 결사 항쟁 중 전사했던 마하수였다.

당시 이러한 마하수 공의 그 절의(節義), 그 의기(義氣), 그 용단 넘친 결행이야말로 '영웅 중의 영웅의 정신'이 아니면 설명할 수 없는 일이었다. 이는 곧 장흥의 '의병 정신'에 화룡점정(畵龍點睛) 같은 결행이 아닐 수 없었다. 당시 그 수많은 전란의 전투 현장에서 이 만큼의 의기 넘친 결행이 조선의 땅 그 어디에서, 그 누구에게서 있었던가를 생각하면 더욱 그렇다. 그리하여 필자는 당시 마하수의 결행을 '조선의 영웅' 정신으로 표현한 것이다.

이 책의 집필에 많은 도움을 제공해 준 마동욱 사진작가, 장흥 마씨 조은공파 마영완 회장, 자료를 제공해 준 김희태 前전라남도문화재전문위원, 한자 독해에 도움을 준 유용수 작가, 감수를 맡아준 백수인 교수에게 깊이 감사드린다.

2023. 12.
金善旭

■ 축간사

『조선의 영웅 마하수』 출간을 축하드립니다

장흥군수 **김성**

　김선욱 작가님의 새로운 저서 『조선의 영웅 마하수』 출간을 축하드립니다. 의향 장흥의 숨은 의인 마하수(馬河秀) 공의 이야기가 귀한 책을 통해 세상에 알려지게 된 것을 대단히 기쁘게 생각합니다. 자료수집에서 집필까지 오랜 산고 끝에 귀한 책을 완성하신 김선욱 작가님과 도움을 주신 많은 분들께 감사 드립니다.

　장흥은 명량해전 승리의 역사가 시작된 곳입니다. 1597년 정유재란 당시, 이순신 장군께서는 삼도수군통제사로 재수임 되신 후 회령포로 끌고 온 12척의 판옥선으로 전열을 다시 정비했습니다. 이때 장흥 군민들은 결사적인 노역과 지원으로 조선 수군의 재건을 도왔습니다.
　결사항전의 명량대첩에서 활약한 영웅이 장흥의 마하수였습니다. 그는 60세의 느즈막한 나이에 충무공 이순신 장군을 구하겠다는 일념으로 전장에 몸을 던졌습니다. 혼돈의 전투 현장에서 그는 자신의 장수를 지키고 나라는 구하겠다는 '마하수 정신'을 만들었습니다. 이는 오늘날 '의향 장흥'을 있게 한 위대한 정신이기도 합니다. 이번 저서는 이같은 장흥 출신 의인의 뿌리를 재조명한 데에서 큰 의의를 가집니다.

장흥은 '의향'의 깊은 역사를 가지고 있습니다. 마하수 공이 활약했던 정유재란 당시 충의(忠義)의 모습은 장흥읍 석대들은 동학농민혁명운동의 최후의 격전지 석대들로 이어집니다. 석대들은 충(忠)을 지향하는 관군과 의(義)를 가치로 삼은 농민군의 전투가 벌어진 곳입니다. 농민군과 관군의 후손들은 100년이 지나 화해의 악수를 나누며 서로의 아픔을 위로했습니다. 전국에서 유일하게 안중근 의사의 위패와 영정을 모신 사당도 장흥군에 있습니다. 이제 장흥군의 나라사랑 정신은 '통일 시작의 땅, 장흥'으로 완성하겠습니다. 군민 한 사람 한 사람의 뜻을 모아 '통일 대한민국'의 꿈을 이루겠습니다. '어머니 품 장흥'에서 시작되는 한 줄기 따뜻한 바람이 얼어붙은 남북 관계를 녹여 낼 수 있도록 힘과 지혜를 모아 주십시오.

김선욱 작가님은 평소 다양한 분야의 저술활동을 통해 장흥 사랑을 실천하고 계십니다. 이번에 새로운 저서를 통해서는 의향 장흥의 자긍심을 한 단계 더 높여주셨습니다. 『조선의 영웅 마하수』 출간을 다시 한 번 축하드리며 앞날에 무궁한 발전이 있길 기대합니다.

■ 축간사

『조선의 영웅 마하수』 출간을 축하드립니다

장흥군의회 의장 **왕윤채**

　정유재란의 의인, 마하수를 세상속으로 다시 부각시키는 김선욱 작가님의 새로운 책 「조선의 영웅 마하수」의 출간을 진심으로 축하드립니다.

　문림의향의 고장 장흥답게 장흥마씨 마하수 의인의 절의는 사람들의 마음에 진한 울림이 되어 다가왔습니다. 그가 보여준 진한 애국애족의 정신은 각박한 현대인들에게 필수적으로 본받길 권하고 싶습니다.

　이 책은 장흥토박이 군민들도 자주 접하기 힘들었던 마하수에게 대해 집대성한 책이라는 점에서 유일무이한 가치를 지닌 책이라고 생각합니다. 특히 의인이 어떻게 전승되고 사회에 선한 영향력을 미치는지에 대한 의문에 답이 되었습니다. 제 고향 장흥은 이런 의인들이 모여 문림의향이 되었지 않나 싶습니다.

　사회가 어렵고 혼란스러울 때 사람들은 영웅의 탄생을 기다리게 됩니다. 우리는 이 시점에서 조선의 영웅 마하수가 일생을 통해 우리에게 던지는 교훈인 불의에 저항하는 용감한 절의정신을 마음속 깊이 받아들이고 세상을 올곧게 주체적으로 살아가야 할 것입니다.

　작가가 신문에 연재했던 기획물이 엮어져 훌륭한 책으로 출간됨을 거듭 축하드리며, 이 책이 많은 독자들과 만나게되어 장흥의 의향 정신이 널리 퍼져 사회를 이롭게 하게 되기를 기원합니다.

　감사합니다.

■ 축간사

마하수의 정신과 그 실천을 담은 저술
-『조선의 영웅 마하수』 출간을 축하하며

시인, 조선대학교 명예교수 **백수인**

　김선욱 시인이 이번에 또 한 권의 책을 펴낸다. 시집이 아닌 정유재란 때 순절한 마하수(馬河秀,1538~1597)라는 인물에 관한 책이다. 김선욱 시인은 이미 시집을 일곱 권이나 냈고, 산문집도 한 권을 낸 바 있다.
　그런데 지난해에 '장흥'에 관한 칼럼을 엮은 『장흥담론』 1·2권을 낸 데 이어서 이번에는 장흥 출신 의인(義人) 마하수를 집중적으로 다룬 저술을 펴내게 된 것이다. 이 책은 매우 중요한 가치와 의의를 갖고 있다.
　첫째, 일반에 잘 알려지지 않은 마하수에 관한 자료를 꼼꼼히 모아 집대성했다는 데 의의가 있다. 마하수를 중심에 놓고 그 뿌리를 찾아 기록했고, 또한 마하수의 정신과 그 실천을 이어받은 그의 아들들과 손자까지를 함께 다루고 있다. 그는 이로써 장흥 마씨(長興馬氏)들에게 이어져 온 애국애족 정신을 현창하고 있다.
　둘째, 장흥이 의향인 이유를 밝히는 단초가 되었다. 흔히 장흥을 가

리켜 '문림의향(文林義鄕)'이라고 하는데, 이 책의 내용이 그 이유의 하나를 적시하고 있다.

장흥은 임진왜란, 정유재란, 동학농민전쟁 등으로 이어지는 우리 역사에서 의(義)의 맥을 이어 온 고장이다. 이 책을 보면 그 중심에 서 있는 의인 중 한 사람이 마하수라는 사실을 알게 된다.

셋째, 지역학으로서의 '장흥학'의 정립에 기여하게 되는 의미를 갖는다. 지역학이란 어느 특정 지역의 사회, 문화, 역사, 지리 등 그 지역의 인문 환경에 관한 학문을 말한다.

우리나라에서 지역학의 역사는 비교적 짧지만, 이미 어느 정도의 연구가 진행되어 지역학으로서의 명칭을 붙인 경우가 많아졌다. 가령 '영남학' '호남학' '제주학' '진도학' '서울학' '나주학' '세종학' 등을 들 수 있다.

이 책을 장흥이 가지고 있는 특징 중 하나인 장흥의 의병사, 또는 '의(義)'의 정신사의 일부라고 본다면, 이 저술은 지역학으로서의 '장흥학'을 정립해 나가는데 있어서 중요한 의의와 가치가 있다고 본다.

김선욱 시인의 칼럼집 『장흥담론』에서도 드러나지만, 이번의 저술에서 도드라지는 정신은 그의 고향 '장흥'에 대한 사랑이다.

이 책을 필두로 해서 앞으로 이어질 저술들은 대체로 큰 테두리에서 '장흥학'을 정립하는 방향에서 이루어질 것으로 보인다. 그의 연구력과 저술 의욕에 뜨거운 박수를 보낸다.

차례

책을 펴내며 마하수, 정유년 조선의 영웅이었다 …………………… 8
축간사 『조선의 영웅 마하수』 출간을 진심으로 축하드립니다 / 김성 ………… 10
축간사 『조선의 영웅 마하수』 출간을 축하드립니다 / 왕윤채 …………… 12
축간사 마하수의 정신과 그 실천을 담은 저술 / 백수인 ……………… 14
머리글 '의병의 고을 장흥'과 조선의 영웅 마하수 ………………… 22

제1절
장흥 마씨의 연원과 마씨를 빛낸 선인들

1. 장흥 마씨 연원 ……………………………………………………… 50
2. 중시조 마혁인과 그 후 장흥 마씨의 선인들 …………………… 57

제2절
장흥 마씨 대표 위인(偉人) 마천목

1. 마천목 왕조실록 졸기(卒記)에 등재 ……………………………… 68
2. 마천목의 생애와 업적 ……………………………………………… 93
3. 중앙에서 군사 최고위직 임무 수행 ……………………………… 95

제3절
마천목의 네 아들목

1. 장남 마승(馬勝), 문간공파(文簡公派) 파조 ·················· 101
2. 차남 마전(馬腆), 조은공파(釣隱公派) 파조 ·················· 106
3. 3남 마반(馬胖), 현감공파(縣監公派) 파조 ·················· 107
4. 4남 마춘(馬椿), 참판공파(叄判公派) 파조 ·················· 108

제4절
마하수 윗대 인물들

1. 조은공(釣隱公) 아들부터 마하수 부(父)까지 ·················· 112
2. 마하수 부(父) 마인서(馬麟瑞) ·················· 114

제5절
정유년 조선의 영웅 마하수(馬河秀)

1. 마하수, 그는 누구인가 ·················· 120
2. 『충무공전서』의 '마씨가장(馬氏家狀)' ·················· 133
3. 마하수의 묘갈명(墓碣銘) ·················· 138
4. 존재 위백규의 마하수 사적(史蹟) ·················· 147
5. 마하수의 행장 ·················· 156

6. 정명열(丁鳴說)의 '정유년 일기' ································· 159
7. 마하수(馬河秀)의 유허비명(遺墟碑銘) ························· 163

제6절
절의(節義)에 빛나는 마하수 자손들

1. 마하수 장남 마성룡 ··· 173
2. 마하수 차남 마위룡 ··· 177
3. 마하수 3남 마이룡 ·· 185
4. 마하수 4남 마화룡 ·· 190
5. 마하수 손(孫) 마시웅 ··· 193

제7절
절의(節義)에 빛나는 장흥 마씨 사람들

1. 윤·성훈·운종·온정·창종 5종 형제 창의(倡義) ··············· 202
2. 마응방·마응정 형제, 정유년에 순절 ························· 203
3. 마경련·마가련 형제, 마가련 아들도 창의, 순절 ············· 209
4. 마문호(馬文鎬) 삼부자(三父子), 독립투사로 순국 ············ 211
5. 그 외 절의(節義)의 장흥 마씨들 ····························· 217

추록 1
장흥 마씨를 빛낸 기타 사람들

1. 문예(文藝)에 빛나는 장흥 마씨 사람들 ·············· 222
2. 장흥부 장흥 마씨들 ·············· 234

추록 2
주촌공 마하수의 사적(史蹟) ·············· 242

추록 3
사진으로 보는 마하수 유적 ·············· 254

절의(節義)에 빛나는 장흥 마씨들
조선의 영웅 마하수

■ 머리글

'의병의 고을 장흥'과
조선의 영웅 마하수

명량 해전의 전초 기지가 된 장흥 회령포

12척(13척)으로 일본 수군 133척과 싸워 기적 같은 대승을 이끌었던 충무공 이순신의 명량 해전의 전초 기지가 되었던 장흥부의 회령포진. 1597년 정유년, 당시 회령포의 회령진성은 이 충무공이 삼도수군 통제사 교지를 받은 후 수군 재건을 마치고 회령포에 도착하여 삼도수군 통제사로서 취임식을 가진 역사적인 장소였다.

당시 회령포는 만호가 있었던 수군 진(鎭)에 불과했는데, 왜 하필이면 충무공이 회령포에서 수군의 해전 출정식을 거행했을까. 당시 남해안에서는 해남에 전라우수영(해남군 문내면 선두리)도 있었다. 동쪽으로 여수에도 전라좌수영(현 진남관, 내례만호진)도 있었다. 충무공의 과거 전라도와 인연을 따져보면 1580년에 2년간 보임했던 고흥의 발포만호도 있었다. 그때의 회령포진은 전라우수영의 속진으로 만호가 있던 19진 중 하나에 불과했다. 그런데도 충무공은 수군 재건 과정에서 최종적으로 보성을 거쳐 회령포에 기착, 해전 출정식을 거행했다.

왜 하필이면 회령포였을까. 충무공이 단순히, 무작정 남해안 쪽으로 잠행하다 보니 우연히 도착한 곳이 회령포여서였을까? 사전 전쟁 준

비에 철저했고, 조정의 도움 없이 거의 자력으로 남해의 제해권을 장악했으며 무엇보다 천재적인 지략가였던 충무공이 무작정 잠행하다 보니 어쩌다 회진포에서 이르렀기에 거기서 그 역사적인 출정을 하게 되었다는 것은 상상하기가 어렵다.

당시의 상황을 소환해보자.

1597년 2월 26일 충무공이 파직되어 서울로 압송된다. 그로부터 5개월 후 새 수군통제사가 된 원균(元均)은 1597년 7월 15일 칠천량해전(漆川梁海戰)에서 대패함으로써 일본 수군이 사실상 해상 제해권을 독점, 이제는 왜군이 마음 놓고 한반도 서남해안으로 서진(西進)하고 이어 전라도는 물론 한양 가까운 인천 해안까지도 유린할 수 있는 국면이 조성된 상황이었다.

이후 충무공이 백의종군 중 진주(진주시 수곡면 원계리 손경례 집)에 머무는 중에 삼도수군통제사 제수를 받게 되는데, 이때가 칠천량해전 대참패로부터 20여 일이 지난 1597년 8월 3일이었다.

충무공이 진주에서부터 수군의 재정비를 위한 잠행을 떠날 때, 충무공 곁에는 고작 군관 9명, 병졸 6명이 전부였다고 한다. 그러므로 당연히 충무공의 1차 목표는 수군의 재건일 수밖에 없었다. 이를 위해 가장 중요한 일이 병사와 병선, 군수물자와 군량미 확보였다. 충무공은 이처럼 수군 재건이라는 큰 목표로 잠행에 나섰던 것이다. 이리하여 충무공은 진주 → 하동 → 구례 → 곡성 → 옥과 → 순천 → 보성 조영창 → 보성 → 장흥 군영구미 → 회령포에 이르기까지 15일간 수군 재건을 위한 잠행길에 나선 것이다.

충무공이 왜 전라도 쪽으로 잠행을 감행했을까. 우선은 칠천량해전에서 패한 경상우수사 배설(裵楔, 1551~1599)이 판옥선 10여 척을 이끌고 전라도 남해로 도피했다는 소식을 들었기 때문이었을 것이다. 거기에다 경상도 해안은 이미 일본 수군에 장악돼 있었던 형편이었다. 그리고 무엇보다 일본 수군의 서해 진출을 막기 위해서는 전라도 남해 연안에서 왜군과의 대첩이 필수적이라고 생각했을 것이었다.

충무공의 2차 목표는 수군 재건을 마친 후에, '과연 어디서 해전에 출전할 것이냐? 어디를 해전의 전초 기지로 삼을 것이냐?'였을 것이다. 이것이 충무공의 두 번째 과제이고 주요한 현안이었을 것이다. 이에 따라 충무공은 남해안의 사정과 지형 지세 등을 샅샅이 파악하고 있었을 것이므로 가장 먼저 전라도 남해 연안 중 '울돌목 해전'을 고려했을 것이다.

KBS1 '불멸의 이순신' 제94회 방영분 중, 1597년 8월 명량 해전 한 달 전, 통제영을 진도의 벽파진으로 옮긴 후 가진 긴급 참모 회의에서 충무공은 "울돌목은 최후의 보루(堡壘)입니다. 그마저 내준다면 이제 더는 조선의 안위를 생각 할 수 없으니, (울돌목에서) 수군으로 적을 맞아 싸워야 한다는 내 생각에는 변함이 없소이다 … "라고 말한 내용이 나온다.

이처럼 TV 드라마 방영에서는 울돌목 해전의 중요성이 나오긴 하지만, 실제적으로 충무공도 울돌목의 지형적인 이점, 즉 소수의 배로 수백 척의 일본 수군과 대첩해 승리 가능성이 큰 지형의 장점을 너무나 잘 알았을 것이고, 이러한 상황을 염두에 두고 아마 밤낮으로 울돌목의 전투를 수없이 상상하고 구상하고도 남았을 것이다.

충무공이 울돌목 해전을 가정했다면, 그 다음으로 울돌목에서 가장 가까운 연안의 어딘가를, 즉 보성만, 득량만, 강진만 중 해남과 진도간의 해협과 가까운 곳, 일본 수군으로부터 정보도 차단하고 효과적으로 은둔할 수 있는 내항이면서 수군진이 있는 곳으로 해남현과 강진현, 보성군 사이의 유일한 부사 고을이던 장흥부의 회령포를 생각했을 것이다. 장흥부 관할의 유일한 만호수진인 회령포진을 '해전 출정식'의 장소로, '해전 전초 기지'의 최적지로 생각했을 것이다.

특히 장흥부는 서남해안에서 대표적인 부사 고을이었다. 또 충무공과는 아주 인연이 깊은 곳이었다. 충무공의 병참 참모로서 역할을 충실히 수행하였고, 자신이 옥에 수감되었을 때 선조 왕에게 나아가 목숨을 내걸고 자신의 방면을 주청했던 반곡 정경달이 바로 장흥 출신 문관이었음을 충무공이 모를 리 없었다.

또 정유재란 발발 이전까지만 해도 장흥은, ①임란 때 네 아들 원개(元凱)·영개(英凱)·형개(亨凱)·홍개(弘凱)와 사위 백민수(白民秀), 조카 희개(希凱) 등과 함께 창의했으며, 자신은 군량을 조달하여 전라좌의병군(全羅左義兵軍)의 성주성 수복전(收復戰)을 승리로 이끌게 하였던 문위세(文緯世)의 고을이었고 ②의병(노비) 100여 명을 이끌고 자신의 막하로 들어와 나로도(羅老島) 해전에서 전사했던 위방(魏眆)을 배출한 고을이었으며 ③충무공 자신의 막하에서 조전장으로 옥포, 적진포, 율포 해전에서 전공을 세웠던 위대기·신용호·변홍달 등 수많은 의사(義士)들을 배출했던 고을이 바로 장흥이었음을 충무공이 모를 리가 없었다.

충무공은 또 서남해 연안 중 유일한 부사 고을인 장흥을 충절의 고장이요 선비의 고장이요 더없이 의로운 고장으로 이해했을 것이고, 다른 어느 지역보다 많은 선비들로부터 큰 지원과 협조가 있을 것을 고려도 하였을 것이다.

실제로 정유년 충무공이 장흥부로 잠행하는 중에 미리 장흥의 선비들에게 지원해줄 것을 요청하는 명을 내린 것이 정명열의 '정유년 일기'에서 확인된다.

지금 곧 이통상(李統相-충무공)에게 적 탕진(蕩盡)의 명을 받았다. 남은 배나 군사(軍師)가 박약하고 군량미도 부족하다. 도움을 받지 못하면 적을 막을 수 없다. 만일 적을 섬멸하는 데 공이 될 수 있다면, 피란선 일척과 양미 오석이라도 이통상(충무공)에게 보내드려야겠다. 이 때는 정문(呈文 : 하급 관아에서 동일계통의 상급관아로 올리는 공문) 도 있어 편하다. 則李統相受命於蕩敗之 餘舟師甚盡 單兵糧不足 未可 以禦賊不如助 基萬一以成殲賊功遂 以 避難船 一隻 糧米五石送呈 于 李統相 時有呈文以逸(ⓒ『齊岩集』(정명열), 106쪽.)

충무공이 장흥고을에 진입하면서, 혹은 진입하기 그 전에 미리 "군세가 미약하고 군량미도 부족하다. 도움을 받지 못하면 적을 막을 수 없다."등의 내용과 적을 함께 탕진하자는 등을 요청하는 공문을 정명열에게만 보냈을까. 아마 장흥부에 있는 거의 모든 선비들에게 보냈을 것이다. 정명열의 경우만 보더라도, 충무공은 이미 '의향의 고을'인 장흥부에는 의사(義士)로 나설 선비들도 많고 이들로부터 능히 지원도 받을 수 있었을 것으로 거의 확신했음이 틀림없다고 여겨진다.

실제로 정유재란 때의 상황이 어떠했는가. 충무공 막하로 장흥의 수많은 의인(義人)들이 모여들었다. 백진남(白振南), 정명열(丁鳴說), 문영개(文英凱) 등 장흥의 지사 10여 명이 향선을 이끌고 후원군으로 참여했으며 이들 외에도 장흥의 많은 선비들과 수많은 농민·상민들까지 의병으로 또는 후원군으로 참여하지 않았던가.

또 안양면 동촌 출신의 초계 변씨인 변홍주·변국형·변흥원 등이 전선 10여 척과 노를 젓는 사람 300여 명을 데리고 통제사의 군영에 합류하지 않았던가.

또 60 고령임에도 불구하고 노익장 마하수도 네 아들 성룡(星龍)·위룡(爲龍)·이룡(而龍)·화룡(和龍)과 함께 후원군으로 참여하지 않았던가.

또 조선 해군이 칠천량해전에서 대패한 후 경상우수사 배설이 이끌고 온 전선 중 부서진 8척을 장흥 출신 김세호가 장흥 의인 300여 명과 함께 수선하여 명량 해전에 참전하지 않았던가.

충무공은 당초부터 장흥부의 회령포에서 '해군의 기포'를 작정하고도 남았을 것이다. 이리하여 정유재란 때 충무공의 공식적인 해전 출정 선포로, 장흥부 산하 회령포진과 회령진성은 역사적인 명량 해전의 전초 기지가 될 수 있었다. 그리고 당시 수 많은 장흥 출신 의사들이 충무공의 막하로 모여들었거나 또는 후원군으로 대거 참여하여 결국에는 기적 같은 명량 해전의 대승을 이끌 수 있었을 것이다.

이로써 회령포는 정유재란 때 실로 충무공의 대승전(大勝戰)의 기폭제가 되었던 곳으로 '의병 장흥'의 상징 같은 곳이 될 수 있었다.

장흥이 왜 '문림의향(文林義鄕)'인가

오랫동안 장흥군에서는 장흥을 상징하는 수식어로 '문림의향(文林義鄕)'이 대표적인 표현인데. 이 표현이 장흥인의 자긍심을 대변해 왔다고 할 수 있다.

여기서 '문림(文林)'은 곧 '장흥문학'을 말한다. '의향(義鄕)' 역시 이순신 장군의 명량 해전 시발점인 된 회령진성을 비롯하여, 정경달의 반계사, 동학농민혁명기념관과 동학 최후 격전지인 석대들 등 의향(義鄕)과 관련된 다양한 역사적 자원과 역사적인 정체성에서 비롯된 말이다.

장흥군의 정체성은 바로 문림(文林)과 의향(義鄕)이었던 것이다.

'문림의향(文林義鄕)'은 '문(文, 문학)이 숲을 이룬다'는 문림(文林)과 '의로운 고을'이라는 의미의 의향(義鄕)이 합해진 어휘다. 여기서 문림은 조선조 장흥에서 성행한 가사문학으로 인해 소위 '장흥가단(長興歌壇)'으로 불리울 정도로 가사문학이 발흥되었던 장흥문학의 전통이 오늘날에 그대로 전승되고, 현대에 이르러서는 한국 현대문학의 거봉인

이청준·송기숙·한승원·이승우·한강 등 유명한 문인이 배출된 데서 비롯된다. 장흥 출신으로 문단에 데뷔한 문인이 자그마치 250여 명에 이를 정도이다. 이에 따라 장흥에 널리 산재한 문학 자원도 풍부하여 지난 2008년 4월 24일 전국에서 최초로 '정남진 장흥 문학관광기행특구'로 지정되기도 했으며, 지난 2021년 1월에는 '정남진 장흥 문학관광기행특구'가 재지정되기도 하였다. 이처럼 자연스럽게 형성된 문학 고을로서 역사성과 정체성으로 장흥은 자연스럽게 '문학의 고을', '문학관광기행특구'로 불리어지니, 그 대표적인 통칭어가 바로 '장흥 문림(文林)'인 것이다.

'의향(義鄕)' 역시, 조선조 정유재란 때 이순신 장군이 백의종군을 마치고 수군 재정비를 위한 15일간의 잠행 끝에 장흥 회령포진에 도착, 그 회령진성에서 명량 해전 승전의 시발점인 된 12척의 판옥선과 120여 명의 수군을 중심으로 '해군 기포'를 감행했던 역사성으로 시작된다. 또 당시 장흥부 소속의 수많은 선비들 즉 마하수·마성룡·마위용·백진남·김성원·정명열·문영개·문홍개·임영개·김세호·변홍원·변홍량·변홍달·변홍적 등을 비롯해 수많은 의병이 이곳 회령진으로 모여들어 이순신을 종군하며 이순신의 해전에 참여했고 후원하여 명량 해전 대승의 발판을 마련하기도 하였다.

또 갑오동학혁명 때는 동학 최후의 격전이 치러질 만큼 동학농민군의 위세가 전남도에서는 가장 드높았던 고을이 장흥이었으며, 또 일제 강점기를 맞아서는 김재계, 고영완 등 수많은 독립 투사들이 항일 운동에 참여했다.

이와 같은 장흥의 '문향(文鄕 : 文林 고을)'과 '의향'으로서 전통은 고려 인종 때인 13세기부터 조선조 말까지 8세기 동안 장흥이 전남 서남지역의 유일한 부사고을로서 입지해 온 역사성에서 가능했다. 부사 고을이었기 때문에 수많은 중앙 고위직 관리(종3품 이상)들이 임란(壬亂)

당시까지만 해도 거의 4세기 동안 장흥에서 부사로 재직하는 역사가 지속되었고, 중앙의 그 고위 관리와 지역의 향토 선비들 간의 유대·공유가 지속될 수밖에 없었다.

그리하여 당대의 유교와 유학이 중심이 된 정치·사회·문화 체제 아래에서, 장흥부는 전남도 서남부의 중심지로서 입지할 수 있었고, 그러한 연유로 장흥 지역에는 유별나게 '유림(儒林)·사림(士林)'의 문화가 자연스레 융성할 수 있었다. 그러한 사림(士林) 문화는 다시 가사문학 등 '문림(文林)의 부흥'으로 이어졌으며, 또 사림(士林)의 핵인 군자도(君子道)와 선비 정신의 고양으로 국란 등을 맞아 나라를 구하기 위해 창의(倡義)하고, 또 '나라를 이롭게 하고 백성을 구한다'는 보국안민(保國安民)의 기치를 내건 동학혁명 때는 그 동학 정신의 발현으로까지 이어지면서 장흥은 의향이요, 문향으로서 역할과 역사적 전통을 고수해 나올 수 있었던 것이다.

왜 장흥이 '의향(義鄕)'인가

"왜 장흥이 의향인가. '의향(義鄕)'이란 옥편이나 사전 등 그 어디에도 없었던 새로운 합성어로, 1982년 5월에 필자가 장흥군수로 있을 때 처음으로 필자가 직접 만들어낸 장흥군의 군호(郡號)이자 대명사이다.

… 의향(意鄕)이란, 의로운 고을 또는 의로운 고장을 일컫는다. 장흥군이 지니는 의향의 의미는 세 가지로 나누어서 생각할 수 있다.

첫째는 과거적 의미의 의향으로, 정의(正義)를 위하여 싸우는 병사를 의병(義兵)이라고 하는데, 장흥에는 예로부터 나라를 위하여 다른 고장보다 유난히 많은 의병들이 일어나 절의(節義)를 지켜온 고장으로, 특히 조선왕조 시대의 임진왜란을 비롯하여, 정유재란과 선조 29년 충청도 이몽학난(李夢鶴亂), 인종 초 때 이괄의 난, 정묘호란(丁卯胡亂)·병자호란(丙子胡亂), 영조 4년 이인좌난(李麟佐亂), 철종 때 삼정문란

(三政紊亂), 고종 때 병인양요(丙寅洋擾)·갑오 왜구(甲午倭寇)와 동학혁명·을미사변(乙未事變)·을사보호조약(乙巳保護條約)·정미칠조약(丁未七條約)·일본의 경술(庚戌) 국권 박탈 등 일일이 열거할 수 없을 만큼 많은 국난이 있을 때마다, 군민이 일어나 이를 평정했던 역사적 위업(偉業)의 전통을 선양(宣揚)하는 뜻이다."
　ⓒ신계우, '의향 장흥 -그 칭정(稱情)의 의의를 중심으로', 『장흥문화』, 제6호, 1984, 44쪽.

　상기에서 인용한 글은 1982년 장흥군수로 재임하던 신계우(申季雨) 군수의 글 '의향 장흥 -그 칭정(稱情)의 의의를 중심으로'의 논고 서두에 나오는 내용의 일부이다. 이로써 장흥의 상징으로 표현된 '문림의 향'에서 '의향義鄕'이라는 말이 신계우 군수 때부터 사용되었음을 알게 된다.
　그렇다면, 과연 장흥이 의향이 될 수 있는 역사적 근거는 있는가.
　이에 대한 답의 하나로 조원래(趙援萊, 순천대 교수)의 '임진왜란과 장흥의병' 주제의 논고에서 확인된다.(『장흥문화』, 제8호, 1986.)
　조원래 교수는 이 논고의 서문에서 "장흥읍내 어느 고목 앞에 세워진 '의향장흥(義鄕長興)'이라고 새겨진 빗돌(현재는 장흥군청 앞 도로변에 세워져 있다.)을 보고, '이 비명(碑銘)이 혹시 임진 의병 활동과 연관이 있는가 하는 의문점으로, 이를 역사적으로 확인해보고 싶어 『호남절의록』을 분석하여 본 글을 쓰게 되었다."고 밝히고 있다.
　조원래 교수 분석에 의하면, 『호남절의록』에 등재된 '전라도 중요 15읍'의 의병 지도자는 총 465명이었다(전라도 전체 53읍의 71%).
　이중 가장 많은 의병 지도자는 영광(60명, 인구 12,672명), 나주(50명, 인구 17,858명), 광주(49명, 인구 8,299명), 남원(46명, 10,782명), 장흥(35명, 7,901명) 등의 순이었다. 그러므로 장흥은 15읍 중 상위 5위에 해당됐지만, 인구수에 비례하면 최상위급에 속한다고 할 수 있다는 것이다.

1위 영광군의 경우, 특별한 경우다. 즉 영광 군수가 상을 당하여 영광군을 비우게 되자 53명의 선비가 향토 방위에 나섰는데, 이때 참여한 인사 모두가 『호남절의록』에 등재되었던 것이다. (그러므로 영광의 숫자는 큰 의미가 없다는 것이다.) 영광 다음으로 나주가 50명으로 2위인데, 당시 나주를 장흥과 비교하면 인구수에서 나주가 장흥보다는 곱절보다 3천여 명(나주 인구 17,858명 / 장흥 인구 7,901명)이 더 많아, 정작 인구수에 비례하면 장흥이 나주보다 많은 셈이라는 것이다.

특히 당시 읍세(邑勢)를 보면, 장흥의 경우 호수는 15읍 중 9위, 인구는 10위, 토지 면적은 10위였고 이를 다시 전라도 전체 53읍으로 확대하여 비교하면 장흥의 호수는 10위, 인구는 16위, 토지 면적은 11위에 속하였다. 이처럼 장흥 읍세는 대체로 10위권을 벗어나 있음에도 의병 지도자 배출은 5위권이었다. 그런데 이것 역시 1위 영광을 배제하고 2위 나주와 비교하면, 인구수가 나주가 장흥보다 훨씬 많아 인구 비례 측면에서 보면, 장흥이 광주 다음 정도의 최상위급이었다고 할 수 있다는 것이다.

다음으로, 관군 부대 협찬 집단을 봤을 때, 이 부문 역시 장흥이 의병 고을로서 위상은 더욱 두드러지고 있다.

흥양(고흥)이 83명(사마 출신자1, 무과 출신자 42명, 전체 인구 9,977명)으로 1위, 2위는 장흥 42명(문과 출신자 1, 사마 출신자2, 무과 출신자 11명, 전체 인구 7,901명), 3위는 나주 40명(문과 출신자 1, 사마 출신자 2, 무과 출신자 24명), 4위는 순천(40명, 무과 24명), 5위는 무안(27명) 순이었다.

여기서 흥양이 1위인 것은 무과 출신자가 압도적으로 많았기 때문으로 분석된다고 조 교수는 분석했다.

여기서 주목되는 점으로, 읍세에서 10위 권에도 미치지 못하는 장흥이 흥양 다음으로 많은 관군 협찬자를 내놓고 있다는 점이었다. 그리고 의병 지도자나 관군 협찬자 양쪽에서 모두 5위 권에 속한 고을은 오직 나주와 장흥뿐이었다. 그런데 읍세에서 나주는 세 가지 통계(호수, 인구, 토지 면적)에서 모두 장흥의 두 배를 넘어서 있다는 점을 고려한다면, 당시 장흥의 의병 지도자 배출이며 관군 협찬자 등 의병 활동상이 나주보다 앞선 고을이었다는 것이 확인이 된다. 이로써 당시 전라도에서 장흥이야말로 가장 대표적인 의병 고을이었음을 유추할 수 있게 된다.

조원래 교수의 이 논고가 시사해 주는 것은 첫째, 『호남절의록』에 나타난 의병 활동상으로 봤을 때 비록 의병 지도층에 한정된 것이었다고 해도, 당시 지도층의 의병 활동(당시 양반이고 선비인 의병 지도자가 창의하면 친인척, 자식은 물론 가솔들도 모두 따라 나섰다)으로 인하여 당시 지역의 전반적인 분위기를 엿볼 수 있다는 점에서 각 지역(15개 읍)의 의병 활동상도 능히 유추할 수 있는 근거가 된다는 사실이다.

둘째, 장흥 의병은 지도층 인사들 거의 대부분이 전라좌의병에 소속되어 있었던 사실로 미루어 보면, 장흥의 의병은 단순히 향토 방위성을 띈 의병이었다기 보다, 국난 극복 자체를 지향한 의병이었다는 점에서 가히 장흥이야말로 진정으로 의향이요, '의병의 고을'임을 거듭 확인하게 되는 것이다

결국, 임진왜란·정유재란 당시 장흥의 의병의 활동은 질적으로나 양적으로도 아주 두드러진 자취를 남긴 것으로 볼 수 있을 것이다.

당시, 장흥 출신 의병 지도 집단은 그 소속 별로 보면, 고경명 휘하 1명, 김천일 휘하 2명, 황진 휘하 4명, 최경회 휘하 1명, 최경장 휘하 4명, 임계영 휘하 13명, 기타 9명으로 나타나 있다 또 당시 장흥 출신 관군 협조자의 그 소속을 보면, 권율 휘하 9명, 전라병사 이복남 휘하 2명, 어가호종(御駕扈從) 8명, 나머지 26명은 모두 이순신 휘하에서 활

동하였으며, 그 가운데 몇 명을 제외한 대부분이 해전에서 전사한 것으로 나타나 있다.

장흥 의병들의 활약상

보다 구체적으로 당시 임진왜란, 병자호란 때의 장흥 출신 의병의 주요한 활동만 살펴보자.

문위세(文緯世, 1534~1600)(南平人)는 죽천 박광전(朴光前)·임계영(任啓英)과 함께 창의하였다. 제자, 자식(5남), 사위, 조카까지 동원하여 200여 명의 의병을 모았고, 거기다가 집안 노복 100여 명까지 이끌고 출전하였다. 문위세는 전라좌의병대의 군량미 확보와 조달의 총책을 맡았으며 장수·무주·금산·성주·개령 전투에 참전하며 흰옷 입은 의병장인 '백의 의병장'으로 불려지며 명성을 떨쳤다. 용담현(龍膽縣)의 현령이었을 때 정유재란이 발발하자 아들, 사위, 조카 등과 함께 500여 명으로 구성된 수성군을 결성하여 왜병의 퇴로를 격퇴하고 적을 무찌른 공으로 1600년 67세 때 파주목(坡州牧)의 목사로 임명되기도 하였다.

문위세의 재종질(7촌) 문기방(文紀房, 1548~1597)(南平人)은 전라병마절도사영 병마우후(兵馬虞候)로 있을 때 임진왜란이 일어나자 재종재 명회(明會)와 그리고 여섯 아들과 4명의 사위에게 명령하여 200여 명의 의병을 모아 고경명, 권율 막하에서 활동하였다. (문기방은 정유재란 때, 남원성이 매우 위급하게 되자 장흥에서 데려온 가노 수백 명과 함께 전라병마절도사 이복남의 부사령관으로서 남원성 북문을 지키던 중 왜군과 맞서게 되었다. 이때 적삼소매에 혈세를 쓴 뒤 갑옷을 벗어 하인 조감쇠에게 넘겨주고 육박전으로 싸우다 순절하였다.)

위방(魏魴, 1532~1593)(長興人)은 임진란 때 노비, 명 가솔 등 100명

을 이끌고 충무공의 막하로 들어가 흥양원을 제수하니 향병으로 고흥 나로도(羅老島)를 사수하였다. 이때 왜적 수백 척이 앞바다를 에워싸고 물밀 듯이 들어오며 한산의진(閑山義陣)이 무너지고 이어 나로도의 진도 붕괴되면서 공은 노비 100여 명과 함께 순절하였다.

위대용(魏大用,1530~1610)(長興人)은 노령이어서 의병으로 출전하지 못하고 호남모곡도우사가 되어 군량미와 무기 등을 모아 진중으로 보냈고, 종제 대기(大器)·대택(大澤)·조카·순정(舜廷) 등으로 창의토록 하여 각 의병장 막하 등에서 활약하도록 하였다. 이에 따라 위대기(魏大器,1559~?)는 해남 현감으로 있을 때 의병을 일으켜 충무공 막하에서 그리고 웅치전투 등 수많은 전투에서, 위대경(魏大經,1555~1623)도 충무공 막하에서 전라병마절도사 황진을 따라 웅치·상주·이현 전투에서 전승하였다.

정명세(鄭名世,1550~1593)(晉州人)는 임란 후 충청 해미 현감으로 부임, 호서지방의 의병장이 되었으며 1593년 진주성 전투에서 아군이 전멸한 후 군사 5~6명과 왜적과 싸우다가 순절하였는데, 이때 진주성 전투에서 그의 아우 명립(名立)·명홍(名弘)도 같이 순국하였다. 또 정명세의 또다른 아우 정명원(鄭名源,?~1593)도 임란 때 청안(淸安) 현감으로 부임한 이후, 괴산·음성이 적에게 붕괴된 후 거의 혼자서 왜적을 맞아 수많은 왜적을 참살한 후 순절했는데, 결국 정명세 4형제가 모두 순절한 것이다.

강위구(姜謂龜,1542~1592)(晉州人)도 아들 봉령(鳳翎)과 함께 장병 50명을 모아 의병장 조헌(趙憲) 막하에서 종사관으로 참여하고, 금산(錦山) 전투에서 적을 방어하다 고군분투 끝에 부자(父子)가 순절하였다.

김기해(金起海,1549~1619)(金海人)도 임란 때 군량미를 모으고 의병장 권율(權慄)의 막하에서 수백의 적을 참살하며 '흑권장군(黑拳將

軍)'으로 불렸고, 김기해의 종제(從弟) 김기서(金起西,1558~1633)도 함께 종형 김기해를 따라 권율 막하에서 수많은 적을 참살하여 적들이 공을 '비장군(飛將軍)'이라 불렀다.

 김여중(金汝重,1556~1630)(靈光人)도 임진년에 의병과 군량을 모집하여 의병정 임계영(任啟英) 진중으로 수송하고 임공의 막하에서 금산, 무주 전투에서 큰 공을 세웠으며 동년 9월에는 변사정(邊士貞)이 의병을 일으키자 또 다시 정병 300명과 군량 300석을 마련하여 변공을 지원하고 변공의 진주 전투에서 적을 수십 명 참살했다.

 이때 김여중의 종제(從弟) 김여홍(金汝弘,1552~1628)과 김여강(金汝剛,1572~1597), 김의룡(金懿龍,1574~1627)도 임계영 막하와 변사정 막하에서 의병으로 참여하였다. 특히 김여강은 정유재란 때 삼협(三峽) 전투에서 종횡무진으로 적을 참살하다가 순절하니, 공의 나이 26세였다.

 김율(金慄,1529~1628)(靈光人)도 임란 때 군량미를 모으고 장자(長子) 김여숙(金汝璹,1564~1648), 종제(從弟) 김여건(金汝健,1664~1605)과 함께 창의하여 의병을 모아 의병장 권율(權慄) 막하에서 많은 공적을 세웠다.

 김응원(金應遠, 1569~1638)(慶州人)도 정유재란 때 형 응규(應虯,1542~1620)과 함께 수천 명의 의병을 모집하고 왜적이 침입하자 토구동(菟裘洞)에 매복해 있다가 적을 물리쳤다. (김응원은 이괄의 난 때 모병모유사로 의병 군량미를 모아 큰 공을 세웠다.)

 또 장흥의 관군 협조자 중 유일하게 문과 급제자인 정경달(丁景達)은 임란 초전 때 선산 부사로 있으면서 금오산 전투에서 크게 승리하고 다시 죽령(竹嶺)에 6진을 설치하여 요격전을 펼쳐 전승을 거두었다. 그는 훗날 이순신의 추천으로 그의 종사관으로서 활동 또한 뛰어났다. 또 반곡의 아우인 정경수(丁景壽)와 정경달 아들 정명세(丁景說) 역시 육전, 혹은 해전에 참가하여 쌓은 공이 적지 않았다.

　그 외에도, 임진왜란 때 호종(扈從) 자, 전투 공훈 자(초계 변씨 의사 義士들은 별도 소개) 등은 제외하고, 의병으로 참여해 순절한 장흥부 출신 의사(義士)들 몇몇을 보면 다음과 같다.

　(상인, 농민, 노비, 머슴 등 '무명 의사義士'들은 부지기수일 것이다).
▶고삼춘(高三春,생몰?)(長澤人)은 숙부 첨정(僉正) 고언장(高彦章)을 따라 의병장 최경장(崔慶長)을 돕다가 영남 전투에서 순절 ▶고수위(高守緯,1531~1593)(長興人)는 임진란에 창의하고 의병장 고종후(高從厚) 막하의 진주성(晉州城) 전투에서 싸우다 순절 ▶김대복(金大福,?~1597)(淸州人)은 의병으로 참여하여 한산도 부산포 해전에서 큰 공을 세운데 이어 정유재란 때 명량해전에서 순절 ▶김사원(金士遠,1584~1622)(光山人)은 임란 때 고향으로 쳐들어 온 왜선 10여 척을 발견하고 의병에 참여, 중과부족으로 왜선과 함께 침몰하며 순절 ▶김성장(金成章,1559~1593)(淸州人)은 의병장 고경명(高敬命)의 막하 금산(錦山) 전투에서 용전분투하다 순절 ▶김헌(金憲,1561~1592)(光山人)은 임란 때 의병장 조헌(趙憲) 막하에서 의병으로 참여 3회나 적을 격퇴하고 분전 중에 순절 ▶남응개(南應凱,1545~1593)(宜寧人)는 임란 때 임계영, 김천일과 창의를 결행하고 왜적을 무수히 참획하고 큰 공훈을 세웠으며 진양(晉陽) 전투에서 투신 순절 ▶남응개의 재종제 남응길(南應吉,?~1592)도 충무공 막하의 성주(星州) 싸움에서 수백 명의 적을 참살하고 순절 ▶선세신(宣世臣,1562~1597)(寶城人)은 충무공의 장사(壯士)로 선발되어 충무공 막하의 한산싸움에서 순절 ▶신용호(申龍虎,1568~1598)(平山人)는 임란 때 위대용(魏大用)의 막하에서 참전, 율포(栗浦)싸움에서 위대기(魏大器) 등과 적선 50척을 불태웠으며 정유재란 때 한산싸움에서 아우 신용준(申龍俊)과 함께 순절 ▶신용호의 아우 신용준(申龍俊,1573~1598)도 형 용준과 함께 충

무공 막하의 한산싸움에서 순절 ▶안극지(安克智,1546~1593)(竹山人)는 임란 때 의병장 조헌(趙憲) 막하의 금산(錦山) 전투에 참여 중 순절 ▶양헌(梁軒,생몰?)(淸州人)은 임란 때 임계영의 격문을 보고, 자신은 늙고 병이 깊어 주부(主簿)인 아들 양자하(梁自河)에게 군량미 100여 석을 마련토록 하여 대신 참전케 했으며, 양자하는 영남 임계영 진중에 군량미를 전해주고 성주에서 왜적을 추격 중 순절 ▶이맹(李孟, 명종조~1592)(仁川人) 임란 때 단신으로 행재소(行在所) 들어가 많은 공적을 세웠으며, 평양성 싸움에서 많은 적을 참살하고 순절 ▶이경주(李擎柱,1564~1594)(慶州人)는 충무공 막하에서 정의(正義) 수문장으로서 한산도 싸움에서 많은 적을 격파하고 순절 ▶이귀희(李貴希, 1616~1597)는 이경주(李擎柱) 손자로 명량해전 현장으로 달려가 충무공에게 이경주 손자임을 밝히고 참전, 적과 접전 중 순절 ▶장의백(張義栢,생몰?)(興城人)은 1597년 남원성 전투에 참전했으며, 같은 해 9월 우수영 전양의 병사 모집에 다시 참여, 우수영 전투에서 순절 ▶장경남(張景男,?~1594)(興德人)은 임란 때 종형(從兄)인 경홍(景弘), 이지득(李止得)과 함께 창의, 여러 차례 왜적을 격파하다가 장흥포 싸움에 이어 고흥포구까지 적을 추격 중에 공과 종형 경홍, 이지득 모두 순절 등이다.

이순신 막하에 참전하여 명량해전 등에서 세운 사례도 있다.

백의종군하게 된 충무공이 장흥 회진 앞바다에 이르러 전선 12척과 120여 명 군사를 얻어 전열을 정비할 때 마하수(馬河秀), 변홍건(卞弘建)과 그의 두 동생, 문영개(文英凱), 백진남(白振南) 등 10여 명의 장흥의사들이 향선 10여척을 인솔하고 충무공 막하에 나아가 명량 해전에서 큰 공을 세움으로써 소위 이순신의 명량 해전의 승리에 기여하였다.

그밖에 회령포의 지포를 비롯하여 당포, 명량 대첩, 노량 해전 등에서도 장흥 출신 의병들은 눈부신 성과를 올렸다.

'초계 변씨 13인 의열(義烈)' - 유례없는 의병 활동

-마산 출신의 변연수(1538~?)·변립(~1597)도 임란 때 순절, 초계 변씨 13인 의열과 이들 2인을 포함하여 초계 변씨15인을 '임란 조계변씨 15충의사"라고도 부르기도 한다.-[1]

장흥을 의향(義鄕)으로 지칭할 수 있는, 보다 특별한 사유이자 장흥의 의병 정신을 가장 크게 돋보인 대표적인 사례가 있으니, 바로 초계 변씨(草溪卞氏) 일문의 '초계 변씨 13의열(義烈)'의 의병 활동이다.

이 충무공의 어머니 초계 변씨(草溪卞氏)와의 관계로 장흥 안양면 비동리 동촌 일원에 거주하던 초계 변씨 가(家)는 충무공을 적극적으로 도우며 종군하였다. 이들 대부분은 당포(唐浦), 지포(芝浦), 남해 등지의 여러 해전에서 모두 순절하였다. 이 변씨들 중 특히 '변국형·변국

---

[1] 마산 쪽의 변연수(卞延壽)에 대한 소개는 다음과 같다. (변연수는) 조선 중기 임진왜란 때 활약한 마산 출신의 무신·의병장이다. 본관은 초계, 자는 오원(吾元). 변남룡(卞南龍)의 9대손이며, 아들은 변립(卞笠)이며, 며느리는 안동 김씨이다. 변연수(卞延壽,1538~1592)는 어릴 때부터 재주가 뛰어나 변훈남(邊勳男)에게서 수학하였고, 무예에도 능하여 『조선명현록』에 '문무를 겸전한 명장'이라 기록되어 있다. 무과에 급제하여 훈련원 주부가 되었고, 임진왜란이 일어나자 의병을 모아 이순신 장군 휘하에서 전쟁에 참여하였다. 옥포 해전에서 이순신, 김효성(金孝誠) 등과 함께 왜선 30척을 격파하는 등의 전과를 올렸고, 당항포 해전에 아들 변립과 함께 참전하였다가 전사하였다. 선무 원종공신 2등에 책록되었고, 마산합포구 진전면 일암리 성구사(誠久祠)에 향사하고 있다. 정문(旌門)을 세워 공을 기리고 병조판서를 추증하였다. 변연수 부자와 며느리 안동 김씨의 충, 효, 열(烈)을 표창하여 세운 '변씨 삼강려(三綱閭 : 경상남도 창원시 마산합포구 진전면 양촌리)'도 있다. ⓒ창원디지털문화대전 http://www.grandculture.net/changwon/toc/GC02207170

간·변국경' 3형제 집안의 활약이 두드러졌다.

충청도 태생으로 동복현감을 지낸 13세 변온(卞溫, 1474~1554)이 지금의 안양면 동촌에 입촌하여 입향조가 된다. 이후 16세 때 변국형·변국간(1527~1591)·변국형 3형제 대에 이르러 동촌 마을 변씨의 성세가 두드러진다. 이 3형제 중 변국간은 특히 전라도 병마절도사 등 7곳의 병·수사를 역임하면서 선정을 베풀었다. 이들 3형제의 아들대인 17세, 손자들인 18세 후손들이 임진왜란 때와 명량해전 등 주요 전투에 참전하여 혁혁한 공훈을 세우고 순절하였다.

장남 변국형은 홍원·홍제·홍주 3남을, 차남 변국간은 홍건·홍달·홍적·홍선 4남을, 삼남 변국경은 변홍량을 두었다. 그런데 이들 17세인 8종형제 모두가 다 명량해전 등에서 충무공을 돕거나 장흥 지포해전 등에서 목숨을 걸고 전투에 나섰다가 순절한다. 그리고 18세 중 17세 변홍주의 아들 변덕황, 변홍건의 아들 변덕장, 변홍달의 아들 변덕일과 이들과 종형제로 알려진 변공의(부는 17세 변종영)까지 18세 4명의 종형제 역시 모두 정유재란 등의 전장에서 순절한다.

초계 변씨들의 이와 같은 적극적인 참전과 순절은 충무공의 모친이 초계 변씨여서, 이른바 충무공의 외척인 이들이 충무공을 보다 적극적으로 지원하고 국난 극복에 앞장서면서 장흥을 '의병의 고을'로서 입지를 더욱 탄탄히 다졌음을 보여주었다고 할 것이다.

결국 이렇게 하여 17세 8인, 18세 4인에 16세 변국간(명종 때 북병사로 오랑캐를 수차 무찔러 7도 병마사를 역임하였다.)까지 포함하여 '13인 충의사'가 탄생되기에 이르렀고, 후인들이 그들 변씨들의 고향인 동촌마을이 바라다 보이는 장흥군 안양면 수양리에 그들의 충절을 기리는 '13인의 의열비' 즉 '초계 변씨 13충훈유허비'를 세우니, 그 유허비가 지금도 실존해오고 있다.

(이후 병자호란 이후 출전 인사를 비롯, 장흥 동학 운동, 한말의 의병

활동, 일제 강점기의 항일 운동 등의 의향 관련 부문은 생략한다.)

어쨌든, 장흥은 이처럼 임진왜란·정유재란 등을 계기로 '의향'이요, '의병의 고을'로 우뚝 입지할 수 있었다.

그중에서 정유재란 때, 충무공의 후원군으로 참여, 네 아들과 함께 고사 위기에 직면한 충무공을 구하기 위해, 무장도 되지 않은 후원군의 향선이었음에도, 혈기왕성한 30, 40대 젊은이도 아닌 60 고령의 나이였음에도 불구하고, 자신의 목숨은 물론 향선에 딸린 수십 명의 가솔과 네 아들의 목숨까지도 내걸고, 오로지 충의(忠義) 정신 하나로, 단숨에 적진으로 향선을 내몰아 겹겹이 포위된 적진에서 왜군과 싸우다 장렬히 숨진 마하수 공이야말로 '장흥의 의병' 정신에 정점을 찍은 숭고한 사례가 아닐 수 없다.

마하수 공의 순절의 의미

정유년 1597년 명량 해전에 후원군으로 참여한 마하수(馬河秀)의 전장 활동을 묘사한 사서(史書) 등의 주요 내력은 아주 간단하다. 다음의 3건의 내용을 보자.

> … 공(마하수)이 고을의 배들(향선 10여 척)을 모아 외양(外洋)에 배치하고 바라보니 이공(이순신이) 적들에게 포위되었으므로 칼을 빼어 들고 "대장부가 죽을 때이다."하고 두 아들 성룡(成龍), 위룡(爲龍)과 함께 포위망 속에 깊숙이 들어가 힘껏 싸우다 탄환을 맞고 죽었다. 鳴梁之戰. 公聚鄕船排陣外洋望見. 李公爲賊所圍. 拔劍曰大丈夫死耳 與二子 成龍爲龍 罙圍 力戰中 丸而死(『호남절의록』)

> … 왜군과 전쟁이 명량(鳴梁)에서 시작되었다. 마하수는 바다 밖(전

투현장의 외곽)에서 진을 쳤다. 그러던 중 이순신이 왜군의 배로 포위된 것을 바라보게 되었다. 이에 공이 칼을 뽑아들고 소리치기를 "장부(丈夫)에게는 죽음이 있을 뿐이다!"고 하였다. 두 아들 성룡(成龍)과 위룡(爲龍)도 함께 왜군을 향하여 돌격하였다. 힘써 싸운 지 한참 만에 (마하수는) 왜군의 탄환을 맞아 순절하였다. 鳴梁之戰 河秀列陣外洋。望見舜臣被圍。拔釖曰丈夫死耳。與二子成龍, 爲龍。突倭軍。力戰良久。中丸卒。(『研經齋全集』)

… 이공(이순신)이 왜적에게 포위되었다는 보고를 들었다. 공이 칼을 뽑아 들고 외친다. "장부에게 죽음이 있을 뿐이다!" 두 아들 성룡(成龍)과 위룡(爲龍)도 함께 적진을 행해 돌격하였다. 한참 동안 힘써 싸웠다. 그러나 공은 기어이 적의 탄환을 맞아 전사하였다. …望見李公爲賊所圍。拔劍曰。丈夫死耳。與二子成龍, 爲龍。突入賊陣。力戰良久。中丸而卒。(『충무공전서』마씨가장)

　　마하수 공은 명량 해전 현장에서 후원군이었으므로, 당연히 먼 바다에 다른 향선들과 함께 진을 치고 있었다. 이는 왜적에게 충무공의 후원 세력이 가까운 곳에 진을 치고 있음을 보여주면서 아군에게는 사기를 북돋아 주기 위한 일종의 전술 같은 것이었다. 그때 충무공이 왜선에게 포위되는 아주 절체절명의 위급 상황을 보게 되었고, 이를 목격한 마하수 공이 칼을 빼들고 포위된 충무공을 구하려는 마음 하나로 적진을 향해 돌격하였고, 이어 왜적과 싸우다 순절하였다는 내용이다.
　　단순한 사건일 듯 여겨진다. 임진왜란이며 정유재란 때 전장에서 순절한 사람이 얼마나 많았는가. 얼핏 보면, 이것도 다른 전장에서 수많은 장병이나 의병들의 순절과 크게 다를 것이 없을 듯도 싶다. 그러므로 명량 해전에서 순절했다고 해서 무슨 대단한 의미가 있겠는가. 그런데 마하수 공의 전후 사정을 들여다보면, 결코 우리가 간과할 수 없는 매우 중요한 사실 몇 가지가 있고, 이것은 우리에게 시사해 주는 바가 아주 큰, 역대 어떤 전쟁사에서도 찾아볼 수 없는, 참으로 놀랍고 의미가 큰 사건임에 틀림없다.

첫째, 마하 공은 전장에 투입된 병사나 의병도 아닌, 단순한 후원군이었다는 사실이다.
둘째, 당시 마하수 공의 나이가 60세였다는 사실이다.
셋째, 마하수 공이 명량 해전에 참전할 때 아들 넷을 모두 데리고 갔다는 사실이다.
넷째, 충무공을 구하려고 적진으로 뛰어 들어갈 때, "장부에겐 오직 죽음이 있을 뿐이다."고 굳은 결의를 나타냈다는 사실이다.
다섯째, 명량 해전에 참여한 마하수 공은 아예 처음부터 죽음을 각오한 출전이었다는 사실이다.

이 다섯 가지 사실은 아주 중요한 의미를 갖는다.
첫째, 후원군은 말 그대로 전장에서 싸우는 전투군이 아닌 후방에서 후원하는 비전투요원이다. 명량 해전에서 후원군도 마찬가지였다. 그때 마하수 공도 명량 해전의 군사들에게 칼이나 화살, 의복 등 군수 물품이나 군량미 등을 지원해 주는 사람일 뿐이었고, 마공이 탄 향선도 그저 후원을 위한 피란선일 뿐이었다. 그래서 공은 충무공 막하로 들어가 전장에 직접 투입되는 일도 없었고 전장인 현장에서 멀리 떨어진 바다 쪽에 100여 척의 후원 향선들과 함께 진을 치고 있었던 것이다.
당시 명량 해전의 인근 해변에는 수많은 백성들이 전투를 구경하며 응원도 하고 소리치며 기운을 북돋아 주기도 했다. 명량해의 해전 현장에서는 멀리 떨어져 있었지만, 그때 후원군의 향선들도 이처럼 해변에서 전쟁을 구경하는 백성들과 하등 다를 것이 없었다. 그때 장흥에서 후원하는 향선이 10여 척이었고, 그 향선의 선주격인 후원인으로서 참여한 장흥의 의사(義士)들도 10여 명이었다. 그 10여 명의 의사들이 모두 그 해전이 치러진 날 그 후원군 향선에 승선해 있지는 않았다. 굳이 후원군 향선에 있을 필요가 없었을 것이다. 적과 대적할 일도 직접 싸울 일도 없이 그저 시위만 할 뿐인 향선이었다. 이런 사실은 이때 명량전의 후원군으로 마하수 등과 함께 참여한 정명열(丁鳴說)의 '정유년 일기'에서도 확인 된다.(『霽岩集』) 전사한 마하수 공의 시신을 실은 마하수의 향선이 육지(아마 회령포진이었을 것이다)에 이르렀을 때야 정명열도 비로소 마하수 공이 전사한 사실을 알게 되었던 것이다. 이는 정명열 공이 해전이 치러진 날은 후원 향선에 함께 승선해 있지 않았음을 보여주는 사실이 아닐 수 없다.

이처럼 마하수 공은 굳이 전투 현장에 뛰어들 필요도 없는 후원 세력이었다. 그럼에도 불구하고 마하수 공은 충무공의 위기 상황을 감지하고는 죽음을 무릅쓰고 전투 현장 속으로 직접 뛰어들었던 것이다.

둘째, 당시 공의 나이가 백발이 성성한 60세였다는 것 역시 아주 중요한 의미를 갖는다. 당시 나이 60이면 최고령에 속했다. 최고령의 그 나이에 전투 현장으로 뛰어들었다는 것인데, 이 사실 하나만으로도 놀라운 일이 아닐 수 없다. 그 노령과 노구에도 불구하고 목전에 부딪친 충무공의 위기 상황을 보고는 죽음도 불사하고 그 전투 현장으로 뛰어들었다는 것인데, 그때의 그 절의(節義), 그 의기(義氣), 그 기상(氣像), 그 용기가 참으로 놀랍다. 과연 당대의 사정이 아무리 온 국토가 왜군에게 유린된 상황이었다고 할지라도, 백발이 성성한 60 노인이 칼을 빼들고 왜적과 싸웠다는 것은 무엇을 의미하는가. 그런 경우는 아마 아주 드문 사례가 아니었겠는가.

셋째, 마하수 공이 후원군으로 참전한 명량 해전 현장에 네 아들도 대동하였다는 사실 또한 남다른 의미가 있다.

맨 앞에서 소개한 『충무공전서』며 『호남절의록』 등에는 당시 명량

해에 첫째 성룡과 둘째 위룡의 이름만 거명된다. 그런데, 해남 '우수영 관광지'의 석동상(기념탑)에는 '마하수 오부자' 명칭의 동상이 세워져 있다. 존재 위백규가 쓴 '마하수의 사적(事蹟)'을 비롯해 '마하수의 행장', '마하수의 유허비명', '마성룡 행장' 등에도 당시 명량 해전에 "네 아들이 있었다"는 기록과 구체적인 전투 상황이 묘사되어 있다. 그러므로 당시 마하수 공은 네 아들을 비롯 가솔이며 노비들과 함께 명량해 후원군으로 참여했을 것이다. 그런데도 『충무공전서』 등에 두 아들 이름만 거명된 것은 셋째와 넷째가 약관도 되지 않은 어린 나이였기 때문인 것으로 유추된다. 당시 마하수 네 아들 중 첫째 성룡은 33세, 둘째 위룡은 21세, 셋째 이룡은 16세, 넷째 화룡은 10세였다. 네 아들 중 셋째는 약관도 안 됐고, 넷째는 고작 10세에 불과했던 것인데, 굳이 약관도 되지 않는 어린 두 아들의 이름까지 거명할 필요가 없었을 것이다.

　그런데 아마도 마하수 공이 당시 참전한 명량 해전이 후원군으로서가 아닌 의병 등으로 참전한 전투 현장이었다면, 마하수 공도 아예 첫째와 약관을 갓 넘긴 둘째 정도만 대동했을 지도 모른다. 그런데 명량 해전 후원군으로서 참여하였기에 네 아들을 모두 대동했어도 크게 우려해 하지는 않았을 것이다. 그렇지만 비록 후방에서의 비전투요원이요 후원군이었지만, 예기치 않게 충무공의 위기 상황과 맞닥뜨려 불가피하게 전투 현장으로 뛰어들 수밖에 없었고, 이로써 결국은 어린 셋째와 넷째도 전장으로 함께 뛰어든 셈이 되었을 것이다. 그러한 전후 사정이나 경과가 어찌 되었든, 마하수 공이 전투 현장의 후원 향선에 아들 넷을 모두 대동하였다는 점에서 마하수 공의 대단한 결기를 엿볼 수 있는 것이다.

　위백규의 마하수 사적 기록에는 마하수 공이 단순한 후원군으로 참여한 것을 넘어, 전투까지 모의했다는 기록이 나온다. 즉 "… 정유년

(1597년)에 왜적이 재침하니, 공은 창의(倡義) 계획을 세웠다. 이에 동참하는 사람이 없었지만 그 중 향촌사람 중에 의로운 사람들이 있었다. (이들은) 백진남(白振男), 정명열(丁鳴說), 김성원(金聲遠), 문영개(文英凱), 변홍원(卞弘源), 김택남(金澤南), 임영개(任永凱) 등 10여 명이었다. 이들은 각각 피란선(避亂船)에 자제들과 자제들의 노복들, 군량미와 무기 등을 가지고 모여들었다. (우리는) 정세를 엿보아 적이 지쳐있을 때 전격적으로 적을 토벌한다는 계책을 세웠는데, 7월에 이통제(李統制, 충무공)가 복직되어 부임한다는 말을 듣고 기뻐하였다." (『장흥마씨대동보』 위백규의 마하수의 사적)의 내용이 그러하다. 이는 후원군으로서만 역할을 하는데서 더 나아가 "정세를 엿보아 적이 지쳐 있을 때 전격적으로 적을 토벌한다"는 내용을 사전에 계획하고 있었던 것이다. 그러므로 마하수 공은 왜적과의 싸움도 사전에 계획하고 있었고, 그 왜적과의 싸움에 어린 두 아들을 포함하여 네 아들을 모두 전투현장으로 대동한 것이었으니, 명량해전에 임하는 마하수 공의 굳건한 결의를 다시 한 번 확인할 수 있는 것이다.

넷째, "장부에겐 죽음만이 있을 뿐이다."는 결의를 표명하고 전투 현장으로 뛰어든 60 노구의 그 의기(意氣)와 그 결행(決行)에 대한 의미이다. 실로 경이롭고 찬탄을 금할 수 없는 마하수 공의 결행이 아닐 수 없다.

전투 중에 적과 대적하다 죽을 수는 있다. 그것은 불가피한 일일 것이다. 그런데 마하수 공의 경우는 적진으로 돌격하면 거의 100% 죽음을 맞이할 수밖에 없는, 100%의 사지(死地)로 뛰어들어야 하는 형국이었다. 무장도 안 된, 전투병도 없는 향선으로, 그것도 다른 향선들은 나몰라라 하는데 단독으로, 완전무장한 충무공 전선마저 겹겹이 포위돼 있는 그 적진으로 돌격해야 하는 경우였다. 자칫 향선 자체는 물론이고 향선에 승선해 있는 네 아들이며 노비며 가솔들 모두가 한꺼번에 수장될 수도 있었다. 그런데도 돌격을 감행한 것이니, 어찌 상식적으로 이해될 수 있는 일이었겠는가.

거듭 말하지만, 단순히 후원군이었다. 게다가 60 노인이었다. 해변의 백성들처럼 전투 현장을 구경만 하다가 승패와 상관없이 그 현장을 빠져나오면 되는 일이었다. 마하수 공이 승선한 향선에는 병사들이 있지도 않았고 무장되지도 않은 단순히 피란선일 뿐이었다. 거기에다 공 자신의 목숨만 걸린 일이 아니었다. 그 향선에 타고 있던 수많은 가솔과 노비들 그리고 무엇보다 네 아들의 목숨까지도 담보하지 않으면 안 되는 일이었다. 그런데도 마하수 공은 거침없이 그 향선을 내몰며 전투 현장으로 뛰어든 것이다. 가히 '조선의 영웅정신' 같은 절의(節義)와 결기(決起)요 기개가 아니면 감히 상상할 수 없는 결행이었다고 할 수 있을 것이다.

다섯째, 죽음도 불사한 채 전투 현장으로 뛰어든 마하수 공의 결행은 결코 갑작스러운 결행이 아니었다는 점이다. 명량 해전의 후원군으로 참여하면서 충무공을 만난 후, 공이 지은 시가 이 사실을 잘 보여준다.

> 예(禮)·악(樂)·의관(衣冠)이 바른 성스러운 나라[2] / 禮樂衣冠聖祖基
> 추악한 오랑캐 쳐들어오니 어찌 말 달려가지 않으랴 / 那令醜虜肆驅馳
> 남아의 머리가 희었지만 마음은 아직도 굳세도다 / 男兒白首心猶壯
> 문연(文淵)[3]처럼 전쟁터에 나가 죽음을 맞이할 때이다 / 正是文淵裹革時[4]

---

2) 성조기(聖祖基) : 성스러운 나라의 터전이다.
3) 문연(文淵, BC14~AD49) : 이름은 마원(馬援)이고 그의 자가 문연(文淵)이다. 티베트족의 정벌과 인도차이나 지역의 정벌 등에 공이 많았다. 45년 흉노와 오환(烏丸)을 토벌하러 출전하였으나, 열병으로 고전하다가 진중에서 병사하였다. 이후 문연의 전사(戰死)는 '국가를 충성스러운 전사'의 상징처럼 회자되었다.
4) '과혁(裹革)'은 '마혁시과(馬革屍裹)'에서 온 말. 그러므로 '正是文淵裹革時'는 '正是文淵裹革屍'의 잘못이다. 마혁과시(馬革屍裹 : 말가죽으로 시체를 싼다는 뜻. 군

이 시에서 마하수 공이 명량 해전에 임하는 마음의 자세가 잘 드러나 있다. 곧 시 3,4구의 "남아의 머리가 희었지만 마음은 아직도 굳세도다 男兒白首心猶壯 / 문연(文淵)처럼 전쟁터에 나가 죽음을 맞이할 때이다 正是文淵裹革時" 라고 하는 대목이 그러하다. 이미 명량 해전에서 후원군으로 참여할 때부터, 마하수 공은 60 노구이지만 목숨을 걸고 싸우겠다는 결의를 가진 것이었다. 결국, 이러한 마음가짐이 마하수 공으로 하여금 충무공의 위기 상황에서 의기(意氣) 넘친 결행으로 나타났을 것이다.

　이러한 마하수 공의 절의(節義)와 의기 넘친 결행이야말로, 장흥 '의병 정신'에 화룡점정(畵龍點睛) 같은 결행이 아니었을까 싶다. 당시 그 수많은 전란의 전투 현장에서 이만큼의 의기 넘친 결행이 당시 조선의 땅 그 어디에서, 그 누구에게서 있었던가를 생각하면, 더욱 그렇다.
　그리하여 필자는 마하수 공의 명량 해전의 그와 같은 결행을 보고, 비록 결과적으로 많은 적들을 참살한 성과는 없었다고 하더라도, 공의 그 결행 자체만으로도 참으로 위대한 의기 정신의 발현으로 보지 않을 수 없었다. 그리하여 필자는 공을 소개하는 이 책자에서 감히, 그러나 서슴없이 마하수 공을 '조선의 영웅'으로 표현하기에 이르렀던 것이

은 전쟁터에서 죽을 각오를 해야 한다)는 이 말은 『후한서(後漢書)』(마원전馬援傳)에 나오는 이야기이다. 마원(馬援)이 흉노(匈奴)와 오환(烏丸)을 정벌하러 갈 때 "대장부는 마땅히 싸움터에서 죽어 말가죽으로 시체를 싸 가지고 돌아와 장사를 지낼 뿐이다. 어찌 침대 위에 누워 여자의 시중을 받으며 죽을 수 있겠는가 馬援嘗曰 大丈夫 當以馬革屍裹安能死兒女手" 하였다 한다. 그러므로 '마혁과시'란 군인이 군인답게 살아야 한다는 말로, 어느 곳에 있든지 자기 직무에 최선으로 충실해야지 작은 공에 만족하여 일상에 안주해서는 안 된다는 뜻이다. 후에 마원은 흉노와 오환의 토벌이 끝난 후에도 노구를 이끌고 남방의 만족(蠻族)을 토벌하러 출정했다가 진중에서 병사하였다.

다.

  마지막으로, 이러한 마하수 공의 순절에 대한 안타까운 마을을 표현한 정명열의 공에 대한 만장(挽章)의 글을 소개한다.

    공이 육십 세에 순절하시니
    충렬의 위업을 해님이 비추고
    혈강에 울화가 맺힌다
    충절의 넋은 어느 곳에 의지할 것인가
    벽파정 저문 썰물이 안벽을 치며 우는구나
    (公年六十死於邦烈日秋霜照血腔鬱結忠魂何處托碧波亭下暮潮撞鳴呼)
    ⓒ『霽岩集』(장흥문화원, 2019, 111쪽.)

제1절
장흥 마씨의 연원과 마씨를 빛낸 선인들

1. 장흥 마씨 연원
2. 중시조 마혁인과 그 후 장흥 마씨의 선인들

제1절
장흥 마씨의 연원과 마씨를 빛낸 선인들

1. 장흥 마씨 연원[1]

『장흥마씨대동보』(坤)의 첫머리에, "시조 마완(馬浣)은 은(殷)나라[2] 양성인(陽城人)으로 학식과 덕행이 높은 군자(君子)이다. 은나라 말기 마완(馬浣)·마장(馬莊) 부자(父子)는 주왕(紂王)의 폭정 때문에 어지

---

1) 목천 마씨에서는 마씨의 기원을, 삼한(三韓) 때 마한(馬韓)의 첫 임금이었던 마겸(馬謙)을 마(馬)씨의 원조(遠祖)로 보았다. 그런데 마겸 이후의 백제 건국의 공신 마려를 시조로 받드는 것까지는 장흥마씨와 동일하다. 그리고 마려 이후에서는 문헌이 전하지 않아 윗대의 계보를 고증할 수 없으므로 마육침(馬陸沈, 마륙함)을 1세조로 하고 있다. 마육침은 서기 660년(백제 의자 왕 20, 신라 무열왕 7) 당나라 소정방과 신라 김인문(金仁問)이 이끄는 13만 나당 연합군에 의해 백제가 멸망하자 군사를 일으켜 옛 목지국(目支國)의 성거산(聖居山, 충남 직산)을 근거지로 백제 부흥전을 도모했던 장군이다. 이어 마육침 10대손에서 목천과 장흥으로 분관한다고 보았다. 마육침의 10세손 마점중(馬占中)은 고려 문종 때 이부상서를 지냈고 목성군에 봉해졌다. 그 후 마점중(馬占中)의 맏아들 마현(馬鉉)은 목천마씨, 둘째 마혁인(馬爀仁)은 장흥 마씨로 각각 나눠졌다. 이것이 목천 마씨의 상계 족보의 내용이다. ⓒ중앙일보, 1984.01.14. https://www.joongang.co.kr/article/1729581

2) 은(殷)나라 : 상(商, 기원전 1600년경~기원전 1046년경)은 중국 역사상 최초의 왕조이다.

러운 세상을 피하여 경서(經書)를 가지고 은거하다가 은나라가 멸망한 뒤에 마장(馬莊)이 기자(箕子)[3]와 함께 조선에 처음으로 동래(東來)하였다. 그리하여 옛 법도에 따라 동래조(東來祖) 마장(馬莊)의 부(父) 마완(馬浣)을 시조로 모신다."고 돼 있다.[4]

이어 동래조 마장(馬莊)에 대해서는 "공(公)은 복희씨(伏羲氏)[5]의 팔괘(八卦)와 경서(經書)의 아홉 가지 정치 도덕의 원칙인 '홍범구주(洪範九疇)'[6]에 밝은 학자로서 주무왕(周武王) 13년 기자와 더불어 조선

---

3) 중국의 『상서대전』에 따르면, 기자는 주나라의 지배를 거부하고 조선으로 망명하였다고 하며 주나라 무왕은 이를 듣고 기자를 조선에 봉하였다고 한다. 『사기』 등에도 기자가 조선의 군주가 되었다고 기록되어 있다. 그 기자가 세운 왕조를 단군조선과 같은 '조선'이지만, 구분을 위해 후조선(後朝鮮) 또는 기씨조선(箕氏朝鮮)이라 불렀다. 기자조선에 대해 조선조의 『동국통감』『동국문헌비고』 등 거의 모든 사서에는 그 내용이 기록되었다.

4) 여기서 은(殷)나라에 대한 이설(異說)이 있다. 즉, 은(殷)나라를 중국의 고대 왕조로 보는 것이 아니라 1928~1936년에 은허(殷墟 : 殷나라의 옛터)가 발굴되면서 당시의 은족(殷族)은 전형적인 동방조선족(東邦朝鮮族) 계열의 동이족(東夷族)이었으므로, 은나라는 한민족인 동이족이 세운 나라라는 주장이고, 이에 따라 장흥마씨는 한반도에서 고조선 때부터 뿌리를 둔 명실 상부한 토착 성씨라는 주장이 그것이다.

5) 복희씨[伏羲氏] : 중국 전설 속의 상고 시대 동이족의 유명한 수령으로 태호로 불리기도 한다. 『회남자(淮南子)』 '천문훈(天文訓)'에 의하면, 태호 복희씨는 훗날 동방의 천제가 되었으며, 목신(木神) 구망(句芒)이 그를 보좌했다고 한다. 그의 창조물 중, 유명한 전설이 팔괘이다. 네모가 난 단에 앉아서 팔방에서 들려오는 음악을 듣고는 ☰(건乾)·☷(곤坤)·☳(진震)·☴(손巽)·☵(감坎)·☶(간艮)·☱(태兌)·☲(이離)이라는 여덟 종류의 부호인 8괘를 만들었다고 한다.

6) 『서경(書經)』 '주서(周書)' 편에, 중국 하(夏) 나라 우(禹) 임금이 홍수를 다스릴 때 하늘로부터 받은 낙서(洛書)를 보고 만들었다고 하는 홍범구주(洪範九疇)가 전하지만. 홍범은 세상의 큰 규범이라는 뜻이며, 구주는 9개의 조항으로 곧 9조목의 큰 법, 또는 정치 이념을 말한다. 주나라 무왕이 기자에게 선정(善政)의 방법을 물었을 때 기자가 홍범구주로 교시하였다고 한다. 9개의 조항은 오행(五行)·오사(五事)·팔

으로 동래하여 새로운 분야를 발전시키고 심오한 섭리와 지극한 정성으로 잘 다스려 인성(人性)이 덕(德)스럽고 선(善)하게 육성하고 문물제도(文物制度)와 인륜(人倫)의 질서를 세우고 팔조금법(八條禁法)[7]을 힘써 가르치고 옛날의 전답제도인 전정법(井田法)[8]를 은나라 제도에 따라 시행하였다."고 기술돼 있다.

동래조 마장에 이어 '장흥 마씨의 본관을 장흥으로 하게 한 조상'이라는 뜻의 관조(貫祖)가 된 이는 백제좌보(百濟左輔) 마려(馬黎)이다.

관조 마려는 우리나라 정통 사서(史書)인 『삼국사기』 등에서 최초로 등장하는 마씨의 인물이기도 하다.

『장흥마씨대동보』에 의하면, "(마려는) 백제 온조왕 때 좌보(左輔 : 大臣)다. 기원전 18년 마려(馬黎)·오간(烏干)·전섭(全攝) 등 10인이 온조를 잘 도와 인도하고 병사를 다스려 졸본부여(卒本扶餘)를 피하여 남으로 내려와 위례성(慰禮城)에 도읍(都邑)하여 십제(十濟 : 백제)를 개국하니 그 공훈으로 마사량현(馬斯良縣)을 식읍(食邑)으로 봉(封)하

정(八政)·오기(五紀)·황극(皇極)·삼덕(三德)·계의(稽疑)·서징(庶徵)·오복(五福)·육극(六極)이다.

7) 팔조금법(법(八條禁法) : 고조선, 가자조선의 8조항의 법률. 『전한서』(지리지)에 의하면, 고조선에서는 8조목의 법률이 있어 그를 통해 범죄를 다스렸다고 한다. 그 중 3개 조항만 남아 있다. 그 3개 조항은 "①살인자는 사형에 처한다. ②남에게 상해를 입힌 자는 곡식으로 보상한다. ③남의 물건을 훔친 자는 노예로 삼는다. 그 죄를 면하기 위해서는 50만 전을 내놓아야 한다."라고 되어 있다. 이 조항들은 고대의 보복법 수준이지만, 이 조항을 통해서 살펴보면 고조선 사회는 사유 재산 제도와 노예가 존재하는 계급 사회였다는 것을 알 수 있다.

8) 전정법(井田法) : 중국 하·은·주 3대 때 실시(實施)된 전제(田制)로 문헌상으로는 맹자가 설(說)한 것이 가장 오래된 것이다. 1리 4방(1리는 400m)의 토지를 '정(井)'자 모양으로 9등분하여, 주위의 8구획은 8호(戶)의 집에서 각기 사전(私田)으로서 경작하고, 중심의 1구획은 공전(公田)으로서 8호가 공동으로 경작하여 정부에 바치는 조세로 할당하였다.

였다.

마사량현(馬斯良縣)은 그 뒤에 장흥(長興)에 영속(領屬)되었으므로 이로 인하여 본관을 장흥으로 하였으므로 후손이 관조(貫祖)로 모시고 있다.-사적(事蹟)이 백제기(百濟紀)에 있다."고 기록돼 있다.

이제 사서에 등장하는 마려의 내용을 보자.

■ (주몽은) 두 아들을 낳았는데 맏아들은 비류(沸流), 둘째 아들은 온조(溫祚)라고 하였다. 혹은 주몽이 졸본에 이르러서 월군(越郡)의 여자를 아내로 맞아들여 두 아들을 낳았다고도 한다.

주몽이 북부여에 있을 때 낳은 아들이 와서 태자가 되자, 비류와 온조는 태자에게 받아들여지지 않을까 두려워하여, 마침내 오간(烏干)·마려(馬黎) 등 10명의 신하[9]와 더불어 남쪽으로 갔는데 백성들이 따르는 자가 많았다. (그들은) 드디어 한산(漢山 : 하북위례성, 혹은 하남위례성)에 이르러 부아악(負兒嶽 : 현재의 서울 삼각산을 지칭)에 올라가 살 만한 곳을 바라보았다. 비류가 바닷가에 살고자 하니, 10명의 신하가 간언하기를, "생각건대 이곳 강 남쪽의 땅은 북쪽으로는 한수(漢水-한강)를 띠처럼 두르고 있고, 동쪽으로는 높은 산을 의지하였으며, 남쪽

---

[9] 백제 십제공신(十濟功臣)은 온조를 수행하며 백제의 건국을 도왔다는 10명의 신하로 마려(馬藜), 오간(烏干), 전섭(全攝), 을음(乙音), 해루(解婁), 흘간(屹干), 한세기(韓世奇), 곽충(郭忠), 범창(范昌), 조성(趙成)이다. 백제 개국공신 중 마려(馬藜)는 마(馬)씨의 시조, 전섭(全攝)은 전(全)씨의 시조, 조성(趙成)은 직산조씨의 시조이다. 10신(十臣)의 실체에 대해서는 ①온조의 가신으로 보는 견해 ②온조를 따라온 10개의 친족 집단으로 보는 견해 ③위례 지역에 선주한 10개 읍락의 토착 집단으로 보는 견해 등이 있다. ③의 견해에서는 나중에 내려온 온조 집단에 의한 십제의 건국은 선주 토착 집단과의 연합이나 흡수에 의해 이루어진 것이라고 본다.(참고문헌 : 盧泰敦, 1975,「三國時代의 部에 關한 研究」,『韓國史論』2, 서울大學校 國史學科 / 李鍾旭, 1977,「百濟王國의 成長」,『大丘史學』12·13 /盧重國, 1988,『百濟政治史研究』, 一潮閣 /권오영, 1995,「백제의 성립과 발전」,『한국사』6, 국사편찬위원회).

으로는 비옥한 벌판을 바라보고, 서쪽으로는 큰 바다에 막혀 있습니다. 이렇게 하늘이 내려 준 험준함과 지세의 이점은 얻기 어려운 형세이니, 이곳에 도읍을 세우는 것이 (또한) 좋지 않겠습니까?"라고 하였다.

(그러나) 비류는 듣지 않고 그 백성들을 나누어 미추홀(彌鄒忽-현재의 인천)로 돌아가 살았다. 온조는 강 남쪽의 위례성(慰禮城 : 여기서 첫 도읍지를 하남의 위례성이라 하였는데, 온조왕 13년-B.C.6-에서는 하북에 있다가 후에 하남으로 옮긴 것으로 나온다.)에 도읍을 정하고, 10명의 신하를 보좌로 삼아 나라 이름을 십제(十濟)라 하였다.

…及朱蒙在北扶餘所生子來爲太子, 沸流·溫祚恐爲太子所不容, 遂與烏干·馬黎等十臣南行, 百姓從之者多. 遂至漢山, 登負兒嶽, 望可居之地. 沸流欲居於海濱, 十臣諫曰, "惟此河南之地, 北帶漢水, 東據高岳, 南望沃澤, 西阻大海, 其天險地利, 難得之勢. 作都於斯, 不亦宜乎." 沸流不聽, 分其民, 歸弥校勘 鄒忽以居之. 溫祚都河南慰禮城, 以十臣爲輔翼, 國號十濟. 是前漢成帝鴻嘉三年也. ⓒ『삼국사기』권 제23 백제본기 제1, 시조 온조왕溫祚王, 원년 백제가 건국되고 온조왕이 즉위하다-기원전 0018년.

■『삼국사기』본기에서는 이렇게 말했다. "백제의 시조는 온조(溫祚)이니, 그의 아버지는 추모왕(雛牟王)인데, 혹은 주몽(朱蒙)이라고도 한다. 주몽은 북부여에서 난리를 피하여 졸본부여(卒本扶餘)에 이르렀다. 그곳 왕에게 아들이 없고 다만 딸이 세 명 있었는데, 주몽을 보자 보통 사람이 아닌 것을 알고 둘째 딸을 아내로 주었다. 얼마 안 되어 부여주(扶餘州)의 왕이 죽자 주몽이 왕위를 이어받았다. 두 아들을 낳았는데, 맏이는 비류(沸流)이고 다음은 온조(溫祚)다. 그들은 후에 태자에게 용납되지 못할 것을 두려워하여 오간(烏干)·마려(馬黎) 등 10여 명 신하들과 함께 남쪽으로 가니, 백성들도 이를 따르는 자가 많았다. 드디어 한산(漢山)에 이르러 부아악(負兒岳-삼각산)에 올라가서 살 만한 곳이 있는가 찾아보았다. 비류가 바닷가에 살기를 바라니 열 명의 신하들은 간하기를, '오직 이 하남(河南) 땅은 북쪽으로는 한수(漢水-한강)를 띠며 동쪽으로는 높은 산에 의지하며, 남쪽으로 비옥한 못을 바라보고, 서

쪽으로는 큰 바다가 가로놓여 있어서 천험(天險)과 지리(地利)가 좀처럼 얻기 어려운 형세입니다. 그러니 여기에 도읍을 정하는 것이 어찌 좋지 않겠습니까'라고 했다. 비류는 듣지 않고 백성을 나누어 미추홀(彌雛忽-인천시)에 가서 살았다. 온조는 하남위례성(河南慰禮城)에 도읍하여 열 명의 신하를 보필(輔弼)로 삼아 나라 이름을 십제(十濟)라고 하였다. 이때가 한(漢)나라 성제(成帝) 홍가(鴻嘉 : 한漢 성제成帝의 연호로 기원전 20년~17년에 사용하였다.) 3년이었다. 비류는 미추홀의 땅이 습기가 많고 물이 짜서 편안하게 살 수가 없었다. 위례성에 와보니 도읍은 안정되고 백성들은 편안히 살고 있으므로 마침내 부끄러워하고 뉘우치며 죽으니 그의 신하와 백성들은 모두 위례성으로 돌아왔다. 그 뒤에 백성들이 올 때에 기뻐하였다고 하여 나라 이름을 백제라고 고쳤다.

　史本記云. "百濟始祖校勘 溫祚, 其父雛牟王, 或云朱蒙. 自北扶餘逃難至卒本扶餘.校勘 州之校勘 王無子只有三女, 見朱蒙知非常人以第二女妻之. 未幾扶餘州校勘 王薨, 朱蒙嗣位. 生二子, 長曰沸流, 次曰溫祚. 恐後太校勘 子所不容, 遂與烏干·馬黎等校勘 臣南行, 百姓從之者多. 遂至漢山, 登負兒岳望可居之地. 沸流欲居扵海濱, 十臣諫曰 '惟此河南之地, 北帶漢水東據高岳, 南望沃澤, 西阻大海, 其天險地利難得之勢. 作都扵斯不亦宜乎.' 沸流不聽分其民歸弥雛忽居之. 溫祚都河南慰禮城, 以十臣為輔翼國號十濟. 是漢成帝鴻佳校勘 三年也. 沸流以弥雛忽土校勘 濕水醎不得安居. 歸見慰禮, 都邑鼎定人民安泰, 遂慙悔而死, 其臣民皆歸扵慰礼城. 後以來時百姓樂悅, 攺號百濟. ⓒ『삼국유사』卷 第二, 紀異第二, 南扶餘·前百濟·北扶餘, 온조가 백제를 건국하다(기원전0018년.

■ 졸본(卒本) 사람 해온조(解溫祚)가 위례성(慰禮城)에 나라를 세우고 국호를 백제라고 하였다. 당초에 부여왕 해부루(解夫婁)의 서손(庶孫) 우태(優台)가 졸본 사람 연타발(延陀勃)의 딸 소서노(召西奴)에게 장가들어 아들 둘을 나으니, 맏은 비류(沸流)이고 다음은 온조(溫祚)인데, 우태가 죽자 주몽(朱蒙)이 부여에서 남쪽으로 피란하여 와서 졸본에 이르러 도읍을 세우고, 소서노에게 장가들어 비(妃)로 삼았는데, 터

를 닦고 창업(創業)하는 일에 내조(內助)가 있었기 때문에, 주몽이 총애로 대해 주고 비류(沸流) 등도 자기 자식과 같이 대하였다. 주몽의 아들 유리가 태자(太子)가 되어 왕위(王位)를 이어받게 됨에 미쳐, 비류가 온조에게 말하기를, "당초 대왕(大王)이 부여의 난리를 피해 도망쳐 여기에 이르렀을 적에, 우리 어머니께서 가산을 털어 협조하여 왕업(王業)을 이루었으니, 근로(勤勞)가 대단했는데 대왕께서 세상을 버리고 유리가 왕위를 계승하니 우리들이 여기에 있는 것은 마치 사마귀나 혹과 같으니, 어머니를 모시고 남쪽으로 가다가 땅을 가려 따로 나라를 세우는 것만 같지 못하다." 하고, 드디어 어머니를 모시고 오간(烏干)・마려(馬黎) 등 열 사람과 남쪽으로 가니, 백성들이 따르는 자가 많았다.

ⓒ『동사강목』(제1상 기묘 조선 기자(箕子) 원년부터, 기미 신라 아달라왕(阿達羅王) 26년, 고구려 신대왕(新大王) 15년, 백제 초고왕(肖古王) 14년까지 1301년간) / 계묘년 마한 신라 시조 40년….

이처럼 백제 온조왕은 개국 공신인 마려에게 좌보(左輔)의 벼슬을 내리고 마사량현(馬斯良縣 : 장흥부 회령현)을 식읍(食邑)으로 내려주어 그곳에서 후손이 세거하여 대대로 마씨의 계대를 이어 나올 수 있었던 것이다.

마사량현은 고려 초에 회령(會寧)으로 고쳐 불렀는데, 이 때문에 마씨는 본관을 회령으로 하다가 고려 인종(仁宗) 때는 회령이 장흥부에 속하게 되면서 본관도 '장흥'으로 하였다.

■ (장흥부에는) 옛 속현(屬縣)이 5이니, 회령(會寧)은 본래 백제의 마사량현(馬斯良縣)이었는데, 신라에서 대로현(代勞縣)으로 고쳐서 보성군(寶城郡)의 영현(領縣)으로 삼았고, 고려에서 회령현으로 고쳐서 그대로 따랐다가 뒤에 내속(來屬)시켰다. 古屬縣五。會寧, 本百濟 馬斯良縣, 新羅改代勞縣爲寶城縣。高麗改會寧縣, 因之, 後來屬。

ⓒ『세종실록』151권, 지리지, 전라도 장흥 도호부.

■ 회령현은 본래 백제 때는 마사량현(馬斯良縣)이었다가 신라 때는 대로(大勞)로 고쳐 보성군으로 영현이 되었다가 고려 시대에는 지금의 이름(회령현)으로 고쳐 (장흥부로) 내속되었지만, 그 이름(마사량현)이 지금도 남아있다.

會寧縣 : 本百濟馬斯良縣, 新羅改大勞, 爲寶城郡領縣, 高麗改今, 來 名屬其尙存.

ⓒ『장흥읍지』(정묘지), 회령방.

이처럼 마려(馬黎)에 의해 마사량현을 봉군으로 받게 되는 장흥마씨는 마사량현에서 세거하게 되고, 이후 고려조에서 수많은 고관 등을 배출하면서 고려 말, 조선 초에는 11세손 마천목이라는 장흥 마씨의 위인(偉人)을 배출할 수 있었던 것이다.

2. 중시조 마혁인과 그 후 장흥 마씨의 선인들

관조 마려(馬黎) 이후 1세조로 장흥 마씨의 중시조가 된 이는 마혁인(馬赫仁)이다.[10]

『장흥마씨대동보』에는 "마혁인은 자(字)는 군선(君善), 1085년(고려 선종 2) 문과(文科)에 급제하여 품계가 특진(정 2품)에 이르고 판개성윤(判開城尹-수도시장)을 역임함으로써 가문에 중흥의 전기를 마련하여 벼슬이 대대로 이어지게 되면서 이때부터 후손들의 벼슬이 대대로 이어졌으며 가첩이 기록되어 전해오고 있다."고 기록되어 있다.

마혁인에 대한 '마씨족보' 외 다른 사서(史書)의 기록으로 조선 양반

---

10) 장흥 마씨와 다른 목천 마씨 편의 일부 기록에는 고려 문종 때의 마점중(馬占中)의 장남 마현(馬鉉)이 목천 마씨(木川 馬氏)로 차남인 마혁인(馬爀仁)이 장흥 마씨(長興 馬氏)로 나누어졌다는 기록도 있다.

인명록 『조선신사대동보』의 '마석순(馬錫珣)'조 기사에 나타난다. 즉 마석순은 "마혁인(馬爀仁)의 27세손, 평장사(平章事) 마희원(馬希元)의 24세손, 호부상서(戶部尚書) 마지백(馬智伯)의 21세손, 관산군(冠山君) 마치원(馬致遠)의 19세손, 좌찬성(左贊成) 회회군(會會君) 마영(馬榮)의 18세손 등등"으로 마석순의 상계 인물을 소개하면서, 지금의 서울시장격인 "판개성윤(判開城尹)"을 역임한 마혁인의 27세손"이라는 기사에서이다.[11]

『장흥마씨대동보』에는 1세조 마혁인 이후의 2세부터 11세 마천목(馬天牧)에 이르기까지 마씨의 명인들을 수록하고 있다.

2세 마엽(馬曄)은 고려 인종 1128년 문과 시험에 합격하여 품계가 정의대부(正義大夫)(정4품)에 이르고 병부시랑(兵部侍郎)을 역임했다. 부(父)는 덕경(德京)이다.

3세 마의유(馬義裕)는 고려 의종 때 1165년 문과 시험에 합격하여 품계가 은청광록대부(銀靑光祿大夫)에 이르고 홍주목사(洪州牧使)로 나가 선정을 베풀어 칭송을 받았다.

4세조 마희원(馬希援)

4세 마희원(馬希援)은 1190년(고려 명종 20년) 문과에 급제하여 종1품 개부의동삼사(開府儀同三司) 문하시중평장사(門下侍中平章事)에

---

11) 判開城尹 馬爀仁 二十七世孫, 平章事 馬希援 二十四世孫, 戶部尚書 馬智伯 二十一世孫, 冠山君 馬致遠 十九世孫, 左贊成會寧君 馬榮 十八世孫, 佐命功臣 兵判 長興府院君 謚忠靖 馬天牧 十七世孫, 主簿 馬河秀 十世孫, 工佐 馬廷暉 玄孫, 工議 馬德河 曾孫, 嘉善 馬成煥 孫 ⓒ한국사 데이터베이스, 한국근현대인물자료, 馬錫珣.

이르렀다. 1223년(고려 고종 10년) 몽골 사신 탑고야(嗒古也) 등이 와서 접대에 대해 불만을 품고 거리에서 만나는 장사치의 수달피, 명주 등을 번번이 빼앗을 뿐만 아니라 불응한 사람은 사살하는 등 야만적 행패가 심했다. 이때 마희원이 글로써 달래어 뉘우치고 복종하게 하였다고 한다. 왕이 마희원의 권위와 신망이 현저함에 감탄하여 다음 해 몽골 사신 찰고야(札古也)가 돌아갈 때는 왕명에 따라 직문하성(直門下省)으로서 서경까지 호송하여 더 이상의 탈이 없도록 하였다.

다음은 마희원이 당시 상인들을 무턱대고 죽인 몽골 사신을 타일러 깨닫게 한 글로, '장흥마씨대종회홈페이지'(가문을 빛낸 인물, 마희원 편)에 수록돼 있다.[12]

상인들을 무턱대고 죽인 몽고 사신을 타일러 깨닫게 한 글
(遺文 文毅公諱希援曉蒙古使毋殺賈人牒)

군자(君子)라는 명예를 얻으려면 학식과 덕행을 높이 쌓아야 하기 때문에 어렵다고 하는 것이다. 상인의 상품에 대하여는 관에서 간섭하는 법이 아니고 또 사신의 노자(國贐 : 노잣돈이나 예물)는 관계에 따르고 있는 바 국신 예물의 다소를 논하는 것은 군자가 취할 바가 아니다. 살피건대 고려 고종 계미(癸未)(1223년)년에 몽고사신 탑고야(嗒古也) 등이 와서 거년 국신에 불만을 품고 거리에서 만나는 상인의 수달피와 명주 등 상품을 강탈하고 주지 않는 자는 사살하는 등 행패가 심한지라 당시 문하시중(나라의 모든 정사를 도맡아 보살피는 大臣)인 공이 문서(글)로써 깨우치니 뉘우치고 부끄러워하더라. 그 다음 해 사신 찰고야(札古也) 등은 트집 없이 임무를 마치고 돌아가게 되니 왕이 말씀하시기를 공의 권위와 신망이 몽고 사람들을 깨우치게 하였다고 칭찬하고 돌아가는 몽고 사신을 서경(西京 : 평양)까지 호송하라고 명하시다.

君子令名之難而無無賄之難賈人之物非官府之守則固無與於國贐之多少而況國贐禮物歲有常制者乎 按高麗高宗癸未蒙使嗒古也等來以

---

12) http://www.jhma.net/htmls/ma02-2.php (가문을 빛낸 조상, 마희원)

去年國贐不滿其意道遇賈人之持獺皮紬布者則輒奪之不與者彎弓射殺 公時爲門下侍中移牒曉之蒙使慚服翌年後使者札古也等歸王以公威信 素著於蒙人命公送至西京(事載麗史及家乘)

ⓒ장흥마씨대종회, 가문을 빛낸 조상, 마희원.
(http://www.jhma.net/htmls/ma02-2.php)

마희원에 대한 사서(史書)의 기록은 3건이 있다.

■ 의례를 의논하였다. 몽골의 사신이 나라에서 보내는 예물[國贐禮物]을 가지고 돌아가자 왕이 직문하성(直門下省) 마희원(馬希援)에게 명하여 서경까지 길을 안내하도록 하였다. 사신들은 압록강에 도착하자…

癸丑 宰樞會崔瑀第, 議接蒙眞兩國使之禮. 蒙古使, 賫國贐禮物還, 王命直門下省馬希援, 途于西京. 使至鴨綠江, 棄紬布等物, 但持獺皮而去.

ⓒ『고려사』, 세가 권제22, 1224년 1월 16일, 몽고 사신들이 선물을 가지고 돌아가다.

■ 봄 정월에 몽고 사자 찰고야(扎古也) 등 10명이 왔다.

동진국이 사자를 보내었다… 재추가 최우의 집에 모여 몽고와 동진 두 나라 사자를 영접하는 예에 대하여 의논하였다. 몽고 사자가 국신과 예물을 받아 가지고 돌아가는데, 왕이 직문하성(直門下省) 마희원(馬希援)에게 명하여 사자를 서경까지 전송하게 하였는데, 사자가 압록강에 이르러 명주와 베 등은 버리고 수달피 가죽만 가지고 갔다.

春正月, 蒙古使扎古也等十人, 來。東眞國, 遣使牒曰…宰樞, 會崔瑀第, 議接蒙眞兩國使之禮. 蒙古使, 賫國贐禮物還, 王命直門下省, 馬希援, 送于西京, 使至鴨綠江, 棄紬布等物, 但持獺皮而去.

ⓒ『고려사절요』, 제15권, 고종 안효대왕 2(高宗安孝大王二), 갑신 11년(1224).

■ '신우' 5년(1379)에 신정군(新定君) 마경수(馬坰秀)[13]가 그의 아들과 함께 양민(良民)을 점유하여 숨겼다가 일이 발각되어 옥에 갇혔다. 마침 재변(灾變)으로 인하여 죄수들을 사면하게 되자 여러 재상들이 그를 석방하려고 하였다. 최영이 말하기를, "마경수가 노비처럼 양인을 부린 것이 30명에 이르고 널리 토지를 점탈한 것이 100경(頃)이 넘어 악덕 토호[鄕愿]로서 더할 나위 없으니 어찌 마땅히 살아날 수 있겠는가?"라고 하였다. 이인임이 당리(堂吏)를 시켜 공문을 작성하여 말하기를, "무릇 민을 숨겨 부렸거나 죽을 죄를 범한 자는 그들의 토지를 모두 군수에 귀속시킬 것이다."라고 하였다. 당리가 최영에게 보고하자 최영이 소리를 질러 꾸짖기를, "이 일은 이미 정해진 법이 있는데도 따르지 않고 반드시 법을 어겨서 민을 숨긴 자를 용서하고자 하며 또 범죄자의 토지를 다투어 점유하니 공문 따위가 무슨 소용이 있겠는가?"라고 하니 이인임이 부끄러워하였다. 최영이 사평부(司平府)에서 마경수의 죄를 국문하여 도당(都堂)에 보고하였으나 도당에서 보류하고 처결하지 않으니 최영이 노하여 며칠 동안 출근하지 않았다. 결국 마경수에게 107대의 매를 치고 아울러 그의 아들 마치원(馬致遠)과 마희원(馬希援)에게도 매를 쳐서 모두 유배 보냈는데, 마경수는 도중에 죽었다.

五年新定君馬坰秀與其子占匿良民, 事覺繫獄. 會因灾變慮囚, 諸相欲釋之. 瑩曰, "坰秀, 奴使良人至三十, 廣占土田過百頃, 鄕愿莫甚, 豈宜得生?" 仁任使堂吏成牒曰, "凡匿民役使及犯死罪者, 其田並屬軍須." 吏以告瑩, 瑩厲聲叱之曰, "此事已有定法, 而不能遵, 必欲曲法宥匿民者, 又爭占犯罪者土田, 何用牒爲?" 仁任慚赧. 瑩坐司平, 鞫坰秀罪, 報都堂, 都堂稽留不決, 瑩怒不出者數日. 竟杖坰秀一百七, 幷杖其子致遠·希遠, 皆流之, 坰秀道死.

ⓒ『고려사』, 권113, 열전 권제26, 제신(諸臣), 최영.

---

13) '목천 마씨' 편의 마경수에 대한 기사에서, 시조는 백제의 개국공신 마려(馬黎)이고, 중시조는 마경수(馬坰秀)로 나온다. 마경수는 고려조에 평장사(平章事)에 오르고 신정군(新定君)에 봉해졌으며, 조선 중기의 학자로 본관은 목천(木川). 호는 괴당(槐堂)인 마희상(馬羲祥)은 마경수의 8세손으로 나온다.

5세 마중기(馬仲奇)

5세 마중기(馬仲奇)는 1205년(고려 희종 1년) 문과에 장원 급제하여 한림학사 승지를 지냈다. 그러나 최충헌의 도방(都房) 정치에 반대해 벼슬에 응하지 않다가 최충헌(崔忠獻)이 죽은 후에 사관(仕官)을 역임하며 정당문학(政堂文學)을 역임하였다.

마중기의 기사는 사서에 3건이 기록되어 있다.

> 가을 7월에 마중기(馬仲奇) 등 30명에게 급제를 주었다. ○秋七月, 賜馬仲奇等三十人, 及第。
> ⓒ『고려사절요』高麗史節要卷之十四, 熙宗成孝大王, 乙丑元年.

> 마중기 등을 급제시키다. …희종(熙宗) 원년(1205) 7월 첨서추밀원사(簽書樞密院事) 이계장(李桂長)이 지공거(知貢擧), 판예빈성사(判禮賓省事) 최홍윤(崔洪胤)이 동지공거(同知貢擧)가 되어 진사(進士)를 뽑았는데, 마중기(馬仲奇) 등 30명에게 급제(及第)를 내려주었다….
> 熙宗元年七月 簽書樞密院事李桂長知貢擧, 判禮賓省事崔洪胤同知貢擧, 取進士, 賜馬仲奇等三十人及第.
> ⓒ『고려사』, 卷七十三, 志 卷第二十七, 選擧 一, 과목 1, 과거장.

> 마중기 등을 급제시키다. 秋七月 丙辰 賜馬仲奇等及第.
> ⓒ『고려사』, 권21, 세가 권제21, 희종(熙宗) 원년, 7월.

6세~10세, 작룡·지맥·수손·치원·영

6세 마작룡(馬作龍)은 회령현(會寧縣) 호장(戶長)을, 마중기의 손자로 7세인 마지백(馬智伯)은 호부상서, 국자감 제학을 역임했다. 마지맥은 『조선신사대동보』 '마문하(馬文河)'조에 기록되어 있다. 즉 마문하

가 호부상서 마지맥의 22세손이라는 대목이 그것이다.[14]

  8세로 마지백의 증손 마수손(馬壽孫)은 1309년(충선왕 1) 예빈동정(禮賓同正)·평장사(平章事) 등을 역임했으나 조정 간신들의 질투와 간계를 개탄해 벼슬을 사직했다. 그 뒤 장흥 예양강에 내려와 후학으로 여생을 보냈다.

> 마수손(馬壽孫) : 자(字)는 덕수(德叟), 호(號)는 동강(東江), 시호(諡號)는 충장(忠莊). 1309년(충선왕 1) 예빈동정(禮賓同正),평장사(平章事) 등을 역임하고, 만년에 백남(白南) 산하의 예양강(汭陽江)에서 시(詩)를 지으며 일생을 마쳤다.
> ⓒ성씨뉴스닷컴(http://www.sungssi.com/news/22333)

  9세는 마치원(馬致遠)이다. 그의 자(字)는 우탁(愚倬), 호(號)는 가봉(佳峰)이다. 고려 충숙왕(忠肅王) 때 종부령(宗簿令)을 지냈고, 낙향 후 회령현 모원촌(茅原村)에서 강학으로 후진(後進)양성에 힘썼고, 조선 태종(太宗) 때 관산군(冠山君)에 봉해졌다. 마천목의 조부다.

  10세로 마천목의 부(父)인 마영(馬榮)은 1318년(충숙왕 5) 사마봉상시경(司馬奉常寺卿)에 올랐는데 이를 치사하고 낙향하여 후학을 위한 강론과 조종(祖宗)이 축성한 회령산성(會寧山城)이 왜구의 침입으로 인하여 황폐되었으므로 이를 보수하는 데 전력을 다하였다.

---

14) 『조선신사대동보』,馬文河(https://db.history.go.kr/

기타 인물 마천린(馬天麟)

　기타 고려조의 마씨 인물로 마천린(馬天麟)[15]이 있다. 마천린은 장흥 마씨와 목천 마씨가 통합되기 이전 목천 마씨 계열의 사람이었다. 그는 고려 후기의 장군이며 공신이었다. 그의 자(字)는 운화(雲華), 호(號)는 초암(草巖), 시호(諡號)는 문충(文忠)이다. 1345년(충목왕 1) 한림원학사(翰林院學士), 1351년(충정왕 3) 예부시랑(禮部侍郞) 등을 역임하였고, 고려 공민왕 때 나주목사(羅州牧使)를 역임했다.[16]

　1361년(공민왕 10년) 홍건적이 압록강을 건너 서북면을 침입하고 경성(京城 : 開京)을 점령하자, 1362년 대호군(大護軍)으로서 경성을 수복하였다. 그 공으로 1363년 수복경성이등공신(收復京城二等功臣)에 녹훈(錄勳)되었다. 또한 왕과 태후를 수종한 공으로 1363년 신축호종공신(辛丑扈從功臣) 1등에 책록(策錄)되었다.[17] 이로써 공신각에 그의 초상이 걸렸고, 부모와 처는 세 등급을 뛰어 작위에 봉해졌으며, 아들은 7품의 벼슬을 받고, 자손은 음서(蔭敍)로 관직에 올랐고, 전(田) 1백결과 노비(奴婢) 10명을 하사받았다.[18]

　　공민왕 12년 계묘(1363) 윤3월 을유일, 신축년(1361)에 호종(扈從)한 공을 책록(策錄)하였다. …전 대호군 마천린(馬天麟)·이화(李華… 前大護軍馬天麟·李華, 宗簿令金廣, 前衛尉尹兪伯, 前典客令楊贇, 司僕正尹松, 典醫副令金君鼎, 通禮門副使趙臣佐, 前典客副令南大剛, 前軍器監金元世, 護軍李邦英·玄臣祐, 前護軍金天佐·金良壽·朴英..
　　ⓒ『고려사』 세가 권제40, 1363년 3월 15일, 피난에 호종했던 공신들

---

15) 마천린은 『장흥마씨대동보』(坤), 10쪽에, 11세로 간단히 소개되어 있다.
16) 이덕무(李德懋), 『청장관전서(靑莊館全書)』 앙엽기2(盎葉記二).
17) 『야은일고(埜隱逸稿)』 2권 공신록(功臣錄).
18) 『고려사』 권40, 세가40 공민왕3.

을 녹훈하다.
    (같은 내용으로 『아은일고』(제2권, 부록, 공신록)에도 기록되어 있다.)

11세 마천목, 장흥마씨의 대표 위인(偉人)

11세의 대표 인물은 마천목(馬天牧, 1358~1431)이다. 상장군(上將軍)으로서 정안군(靖安君)을 도와 1401년(태종 1) 익대좌명공신(翊戴佐命功臣) 3등에 녹훈되면서 전(田) 80결(結), 노비 8구, 은품대(銀品帶) 1요(腰), 표리(表裏) 1감, 말 1필을 하사받으며 회령군(會寧君)에 책봉되어 동지총제(同知摠制)로 승진하였다.

1414년에 장흥군(長興君)으로 개봉(改封)되었다.

1416년에는 도총제(都摠制)에 개수되었다가 곧 전라도병마도절제사(全羅道兵馬都節制使)로 파견되고, 1418년 내시위절제사(內侍衛節制使)와 우금위절제사를 지냈다.

1420년(세종 2) 정헌대부 병조판서에 임명되었다. 병조판서 때 상소한 성보론(城堡論)에서 처음으로 북방 6진(鎭)의 설치를 주장하였다.

1421년(세종 3) 명나라에 가서 조선의 승인에 공을 세워 태상왕(太上王)이 낙천정에서 치하연(致賀宴)을 베풀었다.

1423년 판우군도총제부사(判右軍都摠制府事)가 되었다.

1429년 정1품 보국숭록대부에 승진하여 장흥부원군에 봉해졌고, 영돈녕부사(領敦寧府事) 겸 영중추부사에 임명되었다.

1431년에 졸하자, 세종은 3일 동안 조회(朝會)를 정지하고 특별히 예관(禮官)에게 명하여 치제(致祭)하게 하였으며, 마천목을 영의정에 추증하였다. 시호는 충정(忠靖)이다. 화산서원(禾山書院), 충현사(忠顯祠)에 배향되었다.

(마천목에 대한 보다 구체적인 소개는 제2절에서 단독으로 소개되어 있다.)

제2절
장흥 마씨 대표 위인(偉人) 마천목

1. 마천목 왕조실록 졸기(卒記)에 등재
2. 마천목의 생애와 업적
3. 중앙에서 군사 최고위직 임무 수행

제2절
장흥 마씨 대표 위인(偉人) 마천목

1. 마천목 왕조실록 졸기(卒記)에 등재

장흥부원군 마천목 졸기(卒記)

장흥 부원군(長興府院君) 마천목(馬天牧)이 졸하였다. 천목은 장흥부(長興府)의 속현(屬縣) 회령(會寧) 사람으로, 홍무(洪武) 신유년에 산원(散員)에 보직되어, 누차 승진 천전(遷轉)한 끝에 대장군(大將軍)에 이르렀다. 기묘년에 상장군(上將軍)으로 전임되고 신사년에 익대좌명공신(翊戴佐命功臣)의 칭호를 내렸으며, 곧이어 동지총제(同知摠制)로 승진, 임진년에 전라도 병마 도절제사·판나주목사(判羅州牧使)로 나갔고, 갑오년에 장흥군(長興君)에 봉해졌다.

병신년에 도총제(都摠制)가 되었다가 다시 전라도 병마도절제사로 나갔고, 계묘년에 판우군부사(判右軍府使)로 승진하였다. 기유년에 치사(致仕)하기를 비니 특히 장흥부원군(長興府院君)을 제수하고, 예조에 명하여 잔치를 배설해 전별하게 하고 녹봉을 전과 같이 주게 하였는데, 향년이 74세이다. 부음(訃音)을 아뢰니 조회를 3일간 정지하였으며, 내사(內史)에게 명하여 가서 조문하게 하고, 쌀·콩 아울러 30석과, 종이 1백 권을 부의(賻儀)로 내렸다. 또 예관에게 명하여 치제(致祭)를 내리니, 그 교서(敎書)에 이르기를,

"신하로서 큰 공로가 있어 이미 시종(始終) 변함이 없었으니, 나라에는 상전(常典)이 있는지라 오직 휼전(恤典)을 특히 더하노라. 생각하건대, 경은 흉금(胸襟)과 도량이 크고 깊으며, 천성이 순수하고 행검(行檢)이 독실한데다가, 외적을 막는 재능이 뛰어나고 계략(計略)의 지혜 또한 구비하였으니, 실로 군왕의 우익(羽翼)이요, 국가의 주석(柱石)이라 이를 만하도다. 우리 태종(太宗)께서 잠저(潛邸)에 계실 때에 사졸(士卒) 속에서 경(卿)을 발탁하사 군기(軍機)를 맡기시니, 경은 과연 대의(大義)를 따르고 사(私)를 잊었으며, 충성과 노력을 다하여 위험이 절박했던 그날에 창업(創業)을 도와 이루었고, 창졸간에 일어난 변란을 다스려 나라를 바로잡았던 것이니, 경의 충성, 그 용맹은 의당 산하(山河)에 맹세하고 이정(彝鼎)에 새겨야 할 것이로다. 누차 총제(摠制) 직에 등용되고 인하여 장흥군(長興君)에 봉하니, 그 임용(任用)이 결코 가벼운 것이 아니었고, 사랑과 대우 또한 갈수록 후하여져 부덕한 내가 즉위함에 이르러서도 간성(干城)같이 의중(倚重)해 왔도다. 드디어 치사(致仕)하고 어버이를 봉양할 것을 원하였고, 곧 질병에 걸려 직사(職事)를 사양하기에, 부원군(府院君)의 숭품(崇品)으로 승진시키고 만년의 휴양을 바랐더니, 이 무슨 갑작스러운 부음(訃音)이란 말인가. 아득한 저 하늘이 이 한 원로마저 남겨 두기를 원하지 않는 것이 마음 아프도다. 이에 예관(禮官)을 보내어 치전(致奠)하고 영령(英靈)에 고하여 나의 심회를 펴보는 바이노라.

아아. 슬프도다. 기뻐도 슬퍼도 정의는 같은지라 어찌 경의 옛 공적을 잊으며, 유명(幽明)을 달리 했어도 이치는 일반이니 나의 지극한 이 회포를 살피리라 믿노라." 하였다.

시호를 충정(忠靖)이라 하니, 위험한 속에서도 어려운 것을 사양치 않는 것을 충(忠)이라 이르고, 관후(寬厚) 화평하며, 착한 이름을 지니고 세상을 마친 것을 정(靖)이라 한다.

ⓒ『세종실록 51권』세종 13년 2.1, 丙申 5번째 기사, 1431년 명 선덕(宣德) 6년.

ⓒ한국사데이타베이스, 조선왕조실록,(http://sillok.history.go.kr/id/wda_11302001_005).

○長興府院君 馬天牧卒。 天牧, 長興府屬縣會寧人。 洪武辛酉, 補散員, 累遷至大將軍。 己卯, 轉上將軍, 辛巳, 賜翊戴佐命功臣號, 尋加同知摠制。 壬辰, 出爲全羅道兵馬都節制使, 判羅州牧使, 甲午, 封長興君, 丙申, 改都摠制, 復出爲全羅道兵馬都節制使。 癸卯, 進判右軍府使, 己酉, 以老乞骸骨, 特授長興府院君, 命禮曹設宴餞之, 賜祿俸如舊, 卒年七十四。 訃聞, 輟朝三日, 命內史往弔, 賜賻米豆幷三十石、紙一百卷。 又命禮官致祭。 敎曰:

臣有膚功, 旣終始之不替; 國有常典, 惟贈恤之特加。 惟卿器宇宏深, 性行醇謹。 才捷於禦侮, 智周乎運籌。 可謂王之爪牙, 而國之楨(幹)〔榦〕也。 我太宗之潛邸也, 擢卿於行伍, 授卿以軍機, 而卿果能徇義忘私, 盡忠竭力, 佐命於危迫之日, 撥亂於倉卒之間。 惟卿之忠, 與卿之勇, 宜乎誓山河, 而銘彝鼎也。 累登庸於摠制, 仍賜封於長興。 任用匪輕, 眷遇彌篤。 逮至眇末, 倚爲干城。 廼乞身而養親, 俄纏疾而謝事。 陞崇秩於府院, 庶休致於桑楡。 何訃音之遽聞? 痛昊天之不憖。 遣禮官而致奠, 告英靈而敍辭。 於戲! 休戚義同, 敢忘卿之舊績? 幽明理一, 諒體予之至懷。 諡忠靖, 險不辭難忠, 寬樂令終靖。

2. 마천목의 생애와 업적

▲마천목 장군 영정.

장흥 마씨 인물 중 고려 말부터 조선 초까지 대표적인 인물은 마천목(馬天牧)이었다.

이성계의 역성혁명을 도왔고 전라도 병마도절도사를 지낸 마천목(馬天牧)은 장흥 마씨 인물 중 가장 큰 인물로 꼽힌다. 마천목은 당대 장흥부의 속현이었던 마사령현(회령현) 출신으로, 그가 태어난 시기는 공민왕 7년(1358)으로 정치적인 변화의 물결이 거센 무렵이었다.

마천목은 장흥 마씨 11세손이다. 부인은 목사 이빈(李彬)의 딸 경주 이씨(慶州 李氏)이다. 마천목은 15세 되던 해에 아버지를 따라 곡성으로 옮겨 거주하였는데, 어떻게 곡성으로 왔는지는 확실하지 않다. 어머니가 평산 신씨였던 것으로 보아 곡성 지역과 연관이 있으며 그로 인해 곡성으로 이주한 것으로 추측된다.

마천목은 고려 말에 지방의 토착 세력으로서 무공을 세워 첨설직을 받아 관직에 진출하였던 신흥 무인의 한 전형이었다. 마천목은 조선왕조의 개창과 함께 군사적 능력과 충직함을 바탕으로 태종의 신임을 얻어 사직(司直)으로 발탁되고 사직에서 대장군으로 특진하고 뒤이어 상장군에 올라 고위 무장의 반열에 들었으며, 태종이 즉위한 후 좌명공신으로 책봉되었다.

공신에 오른 이후 마천목은 내내 군사적 중임을 맡아 활약하였다. 중앙군 최고지휘부의 일원으로 궁궐 숙위와 도성의 순찰을 관장하였으며, 권력의 향배를 좌우하는 여진족 방비책이며 국방 문제 등 군권(軍權) 행사에도 깊이 관여하면서 군부 실세의 요인으로 부상하였다. 또 전라병영성을 축조하고 축성을 통한 군비 확충의 필요성을 제기하는 등 국방력 강화에도 관심을 기울였던, 평생을 무직(武職)에만 전념한 충직한 무인이었다.

마천목의 이러한 입신 출세(마천목이 성인이 된 이후 마천목가馬天牧家는 곡성에 자리하고 있었다.)는 곡성의 장흥 마씨에게 성장의 기회를 제공하였다. 마천목가를 중심으로 한 장흥 마씨는 마천목의 모계 평산 신씨의 도움으로 곡성에 정착한 이후 지역 사회에서 손꼽히는 유력 가문으로 자리를 잡기도 하였다.

마천목이 지역의 협조를 얻어 두가천 어량(魚梁)을 개설하였다든지, 혹은 마씨 일족의 거처를 피해 지신역(知申驛)이 다른 곳으로 옮겨갔다는 풍설 등이 그 증거였다. 외부에서 이주해 온 세력이었음에도 곡성의 장흥 마씨는 마천목의 출세에 힘입어 비교적 이른 시일 내에 유력 가문으로 자리를 잡았으며, 조선 후기에 이르도록 내내 그 지위를 유지할 수 있었다.

마천목의 고향은 장흥부 회령현

마천목은 본시 장흥부 속현인 회령현의 토성 출신이었다. 그런데 조선 초에 속현이 폐지되면서 회령이 장흥에 합쳐짐으로써, 더불어 그의 본관도 장흥으로 칭하게 되었다.

한편 족보에는 그가 장흥 회령에서 출생하여 곡성으로 이주해 살았던 것으로 전하고 있다. 즉 족보에 의하면 그는 장흥에서 출생하였고 뒤에 곡성으로 이주해 살았던 것으로 확인이 된다.[1]

조선 전기의 지리지에 마천목이 장흥부의 인물과 곡성현의 우거(寓

---

1) 長興馬氏中央譜所 編, 『長興馬氏大同譜』 乾, 回想社, 1996, 208~209쪽.

1808년에 간행되었다는 '長興馬氏 戊辰譜' 馬天牧 항목의 기록이 그러하다. 곡성으로 이주한 시기에 관해, '장흥 마씨 무진보'의 마천목 항목에서는 막연히 마천목의 '中歲'라고만 기록하였는데(長興馬氏中央譜所, 『長興馬氏大同譜』 乾, 回想社, 1996, 208~209쪽), 대동보의 마천목 '年譜'(같은 책, 148~150쪽)에서는 마천목이 15세 되던 해에 부모와 함께 이주한 것으로 기록하였다. 참고삼아 사전적 의미에서 '中歲'란 '壯丁의 나이' 혹은 '中年'을 가리킨다고 한다.(ⓒ民衆書館 編, 李相殷 監修, 『漢韓大字典』 民衆書林, 1983, 36쪽)

居) 조항에 각각 수록된 것으로 미루어 실제로 그러했을 가능성이 높다.[2] 요컨대 그는 장흥 회령현의 토성 출신 지방인으로서 고려 말 조선 초의 변혁기에 자신의 무적(武的) 능력을 바탕으로 중앙 진출에 성공한 신진 세력, 이른바 신흥 세력(新興武人)[3] 출신이라고 해도 손색이 없다.

마천목이나 그 집안이 곡성으로 이주한 것은 마천목 모친의 연고를 좇아서였을 것으로 추정된다.[4] 평산 신씨였다는 마천목의 모(母)는 아마도 곡성 출신이었던 듯싶다. 평산 신씨의 시조인 신숭겸(申崇謙)이 곡성 출신이고 그가 곡성의 성황신으로 추앙되는 등 평산 신씨와 곡성 신씨는 동족(同祖)으로 결합된 사이였다. 곡성 지역이 평산 신씨의 본관이나 진배없는 고장이었다.

마천목 부친 대에 모(母)의 연고를 좇아 곡성으로 이주하였을 터인데, 그 이유가 경제적 기반을 좇아서였거나 혹은 왜구의 약탈을 피해

---

2) ①(인물) : 본조 마천목(馬天牧) 태종 때에 좌명 공신(佐命功臣)이 되어 장흥군(長興君)에 봉하였다. 시호는 충정(忠靖)이다. 本朝 馬天牧。太宗朝爲佐命功臣 , 封長興君。諡忠靖。ⓒ『신증동국여지승람』제37권, 전라도, 장흥도호부, 인물 ②(우거(寓居)) : 본조 마천목(馬天牧) 태종(太宗)조의 좌명공신(佐命功臣), 장흥부원군(長興府院君)으로 봉하였고, 시호는 충정(忠靖)이다. 本朝 馬天牧。太宗朝佐命功臣 , 封長興府院君。諡忠靖。ⓒ신증동국여지승람』제37권, 전라도, 곡성현, 우거.

3) '신흥무인(新興武人)'이란, 고려 말엽에 사인, 향리와 같은 지방의 토착 세력 중에 자신의 무적(武的)인 능력을 바탕으로 첨설직(添設職)을 수여 받으며 성장해 간 새로운 사회 세력을 지칭한다. ⓒ鄭杜熙,「高麗末期의 添設職」,『震檀學報』44, 1977, 46쪽.

4) 평산 신씨였다는 마천목의 모(母)는 아마도 곡성 출신이었던 듯싶다. 평산 신씨의 시조인 신숭겸(申崇謙)이 곡성 출신이고 그가 곡성의 성황신으로 추앙되는 등, 평산 신씨와 곡성 신씨는 동족(同祖)으로 결합된 사이였다. 이른바 곡성 지역이 평산 신씨의 본관이나 진배없는 고장이었다.

서 이주했을 것으로 유추된다. 그가 처음 관직에 오른 것은 24세가 되면서였던 것으로 추정된다. 그에 관한 기록 모두가 하나같이 24세이던 우왕 7년(1381)에 그가 산원(종8품)에 오른 것을 출사의 시작으로 전하고 있기 때문이다.

　장흥 내지 또는 곡성의 토착 세력이라는 사회적 배경을 바탕으로, 전라도의 군적(軍籍)에 올라 정지(鄭地,1347~1391)[5]의 휘하에서 군사 활동을 통해 첨설직(添設職)을 얻었다. 마천목은 고려 말에 지방의 토착 세력으로서 무공을 세워 첨설직을 받아 관직에 진출하였던 신흥 무인의 한 전형이었던 것이다.

조선조 개국 - 이방원 휘하에서 출세 가도

　이후 조선의 개국과 함께 마천목은 정안군(靖安君) 이방언 곧 후일의 태종 휘하로 들어갔으며, 군사적 능력과 충직함을 바탕으로 태종의 신임을 얻어 사직(司直)으로 발탁되고 사직(司直)[6]을 거쳐 대장군이라는 대장성급 인사로 급부상한다. 그게 1차 왕자의 난 직후인 조선 태조 7년(1398) 9월이었다. 사직에서 대장군으로 파격적으로 단계를 건너뛰어 승진한 것은 1차 왕자의 난 뒤 행해진 논공행상에 의해서였다.

　태종 이방원은 마천목에게, "그대는 일찍이 전라시위군에 적을 두었

---

5) 정지(鄭地) : 고려 말 무신. 본관 하동(河東). 초명 준제(准提). 시호 경렬(景烈). 요동 정벌 때 이성계의 위화도회군에 동조했던 장수. 나주 출신으로 1381년 밀직(密直)으로 해도원수(海道元帥)가 되어, 이듬해 남원(南原)에 침입한 왜적을 격퇴하고, 1383년 남해 관음포로 쳐들어온 왜적을 대파하였고 문하부지사(門下府知事)로서 해도도원수, 양광·전라·경상·강릉도 도지휘처치사(都指揮處置使)가 되고, 1384년(우왕 10) 문하평리(門下評理)를 지냈다.
6) 사직은 종5품으로서 中郎將에 해당한다. ⓒ『太祖實錄』1太祖, 1년 7월 28일, 丁未 /같은 책 5, 太祖 3년 2월 29일 己亥.

는데 이제 (전라)도절제사가 되니 또한 영예롭지 아니한가."라며 격려하였다.[7]

또한 세종은 마천목의 사망 소식을 접하고 내린 교서에서 "우리 태종께서 잠저(潛邸[8] : 임금이 되기 전의 시기나 또는 그 시기에 살던 집)에 계실 적에 그대를 항오(行伍 : 군대, 즉 군대 편성編成을 말한다. 한 줄에 5명을 세우는 데 이를 오伍라 하고, 그 5줄의 25명을 항행이라 한다)서 발탁하였다."[9]는 회고담으로 추모의 정을 표하기도 하였다.

마천목이 전라도 시위군 출신으로 태종에 의해 항오(行伍)에서 발탁되어 출세하였음을 전하는 기록이다.

이처럼 당초에 태종에 의해 항오(行伍)에서 발탁되었고, 조선이 건국하고 난 후 1차 왕자의 난이 일어날 무렵에는 벌써 사직(司直)으로 활약하였으며, 직후의 논공행상에서 대장군으로 단계를 건너뛰어 승진하기에 이르렀던 것이다.[10]

마천목이 고려 말, 무인으로 진출할 때 장흥 내지 곡성의 토착 세력에 속하는 인물이었다고 한다. 무예에도 능하였는데, 특히 궁술이 뛰

---

7) 卿嘗籍全羅侍衛軍, 今爲都節制使, 不亦榮乎? 天牧對曰: 臣之榮耀, 不可勝言, 何以報上恩? 賜衣一襲及弓矢, 天牧啓曰: 南原付處監察金滋有武才, 乞移付處營中, 率以禦寇。ⓒ『太宗實錄』23, 태조 12년 5월 11일 甲午.

8) 잠저(潛邸)는 임금이 되기 전의 시기나 또는 그 시기에 살던 집이란 뜻으로 여기서는, 조선이 개창되던 초기에 태종은 절제사로서 전라도 시위병마(侍衛兵馬)를 관장한 적이 있었다. 그러므로 과거 전라도 시위군에 적을 두었다던 마천목이 태종과 인연을 맺기에 이른 계기를 암시한다.

9) 長興府院君馬天牧卒 … 敎曰 … 我太宗之潛邸也 擢卿於行伍 授卿以軍機 … ⓒ『世宗實錄』51 世宗 13년 2월 1일 丙申.

10) 고려 말기에 마천목은 전라도 군적에 이름이 올랐으나 그리 높지 않은 무관이었다. 우왕 7년 산원(散員)에 올랐다. 조선 초는 여전했다. 전라시위군에 적(籍)을 둔 항오(行伍)에 속하였고, 태조 7년까지 사직(司直)에 머물렀기 때문이다.

어나 화살을 날리는 족족 명중하였다는 게 당대의 평이었다.[11] 지방의 유력 계층으로서 무예에 능한 자들에게 주어졌다는 첨설직[12]이 그와도 무관치 않았을 것임을 직감할 수가 있다.

조선이 세워지는 것과 동시에 여러 도(道)의 시위패(侍衛牌)를 종친과 대신으로 하여금 나눠 관장토록 했는데, 당시 전라도는 정안군 방원(靖安君 芳遠)이 맡았다. 그러므로 도의 시위군에 적을 두었다던 마천목이 늦어도 이즈음이면 태종의 휘하에 들었을 것임을 헤아릴 수가 있으며, 당시 태종이 왕위에 오르기 전에 마천목을 항오(行伍)에서 발탁하였다는 세종의 술회 등을 보더라도[13] 고려말 산원으로서 관계에 발을 들여놓았던 마천목이 조선 왕조의 개창 이후 태종 휘하에서 그의 천거를 바탕으로 직위를 높여갔으며, 그리하여 태조 7년이면 사직에 이르렀을 것으로 추측이 가능하다.

세종은 마천목의 사후 그를 추장(推奬) 하는 교서에서, "경은 과연 대의(大義)를 따르고 사(私)를 잊었으며, 충성과 노력을 다하여 위험이 절박했던 그날에 창업(創業)을 도와 이루었고, 창졸간에 일어난 변란을 다스려 나라를 바로잡았던 것이니, 경의 충성, 그 용맹은 의당 산하

---

11) 敎翊戴佐命功臣折衝將軍雄武侍衛司上將軍馬天牧 王若曰 不遇盤根 何以試利器 不賴良士 無以定國亂 維爾蘊不羈之才 秉難奪之節 力可以扼虎 勇可以兼人 通變適用 徇義忘身 服勞王家 夙著成績 且精於射藝 發而必中 所謂熊熊(羆?)之士 爪牙之才者也 … 建文三年二月日. ⓒ崔承熙, 『韓國古文書硏究』(增補版), 知識產業社, 1989, 65쪽.

12) 첨설직(添設職)은 본래 전공(戰功)이 있는 무신에게 새로 벼슬을 주거나 승진시키려 하여도 자리가 없을 때 주던 벼슬을 말한다. 그런데 고려 후기에 와서 집권 무신들이 자신들의 세력을 키우기 위하여 전공이 없음에도 불구하고 전공을 세운 것처럼 꾸미거나 전공을 부풀린 후 자신들의 입맛에 맞는 무신들을 정방에서 첨설직(添設職)을 수여하고 품계도 올려주는 폐단이 야기되기도 했다.

13) ⓒ『世宗實錄』51 世宗 13년 2월 1일 丙申.

(山河)에 맹세하고 이정(彝鼎)에 새겨야 할 것이로다."라고 하였다. 그리하여 마천목의 그와 같은 충성과 용기는 길이 기억되어 마땅하다는 것이 세종의 평이었다.[14]

마천목이 항오에서 발탁되어 수행했을 법한 군사적 임무와 관련하여, 태종이 마천목에게 내린 '좌명공신교서(佐命功臣敎書)' 중 그의 행적을 기술한 내용이 이채롭다. 태종 원년(1401) 2월에 내려진 이 교서에는, 그가 공신으로 책봉되기에 이른 사정이 압축적으로 서술되어 전한다. 항오에서 발탁된 이후 왕자의 난에 이르기까지 그가 보인 활동을 종합해서 축약한 셈이거니와, 거기에 수록된 내용이 오로지 마천목이 보였던 바의 무인으로서의 기상 같은 것이다.

즉 ①태종의 명으로 방번을 만나 태종의 회유하는 말을 전달하고[15] ②서둘러 대궐로만 향하던 이천우(李天祐)를 불러 세운 다음 설득하여 태종이 동조자를 모으던 장소로 안내하고[16] ③ 정도전(鄭道傳) 등이 회

---

14) 又命禮官致祭 敎曰 … 我太宗之潛邸也, 擢卿於行伍 授卿以軍機 而卿果能 徇義忘私 盡忠竭力 佐命於危迫之日 撥亂於倉卒之間 惟卿之忠 與卿之勇 宜乎誓山河 而銘彝鼎也, 累登庸於摠制 仍賜封於長興 … ⓒ『世宗實錄』51 世宗 13년 2월 1일 丙申.

15) 말을 달려 궁성(宮城)의 서문으로 나가니 익안군·회안군·상당군이 모두 달아나는데, 다만 상당군만은 능히 정안군의 말을 따라오고 익안군과 회안군은 혹은 넘어지기도 하였다. 정안군이 마천목(馬天牧)을 시켜 방번을 불러 말하였다. "나와서 나를 따르기를 바란다. 그 종말에는 저들이 너도 보전해 주지 않을 것이다." 방번이 안 행랑 방에 누웠다가, 마천목을 보고 일어나 앉아서 이 말을 다 듣고는 도로 들어가 누웠다.

16) 이천우(李天祐)는 자기 집에서 반인(伴人) 2명을 거느리고 대궐로 가는데, 마천목(馬天牧)이 이를 바라보고 안국방(安國坊) 동구(洞口)에까지 뒤쫓아 가서 말하였다. "천우 영공(天祐令公)이 아닙니까?" 천우가 대답하지 않으므로, 천목(天牧)이 말하였다. "영공(令公)께서 대답하지 않고 가신다면 화살이 두렵습니다." 천우가 말하였다. "그대가 마 사직(馬司直)이 아닌가? 무슨 일로 나를 부르는가?" 천목이

합하던 남은(南誾) 소실의 집을 포위하였을 적에는 먼저 화살을 날려 동태를 살피도록 태종에게 건의하고[17] ④남은의 당여로 지목되어 미복(微服)으로 피신하던 남재(南在)를 멀리 전라도의 완산에서 붙잡아 관아에 구치(拘置)하였으며 ⑤2차 왕자의 난 때도 이와 같이 하였다.[18]

선봉으로 방간(芳幹)을 추격하여 그 호위군 셋 중 둘을 직접 격살하고 나머지 한 명은 태종의 만류로 죽이지 않았다[19]는 등의 기록에서 그

대답하였다. "정안군께서 여러 왕자들과 함께 이곳에 모여 있습니다." ⓒ『태조실록』14권, 태조 7년, 8월 26일.1번째 기사.

17) 여러 형제들도 또한 안에서 달려 나와 변(變)을 고하였다. 드디어 함께 정도전(鄭道傳)이 모여 있는 곳에 갔는데, 길에서 10여 인이 모여 있는 것을 만났다. 마천목(馬天牧)이 쏘라고 청하여, 화살 네댓 대를 쏘고 모인 곳에 들어가니, 정도전 등이 이미 도망하였다. 이에 마음이 놀라고 두려웠었는데, 혜비댁(惠妃宅) 문 앞에 이르러 이무(李茂)와 박포(朴苞)를 만났다. 이무가 말하기를, '어째서 약속을 어기었소? 내가 화살을 맞았소!' 하였다..ⓒ『태종실록』18권, 태종 9년 10월 1일, 3번째 기사.

18) 남재(南在)를 의령(宜寧)으로 내쫓았다. 처음에 우리 전하께서 남재를 보전하고자 하여 자기 제택(第宅)에 두게 했었는데, 그 어머니가 남은(南誾)의 난리에 죽었다고 생각하여 매우 슬피 우니, 남재가 그 수염을 뽑아 어머니에게 보내었다. 그 어머니가 말하기를, "재(在)는 죽지 않았구나." 난리가 평정된 뒤에 어머니를 과주(果州)의 전장(田莊)에서 뵈옵고 그대로 머물러 있었는데, 남은 당여(黨與)의 죄를 다스린다는 말을 듣고서, 남재는 두려워하여 미복으로 도망하였으나, 대장군 마천목(馬天牧)이 그를 완산(完山) 노상(路上)에서 만나 그 관아에 구치(拘置)하고, 조정에 와서 알리니, 그 때문에 이 명령이 있게 되었다. 放南在于宜寧。 初我殿下欲全在, 命置于第, 其母謂死於誾亂, 哭之甚。 在拔其鬚送之, 母曰: "在不死矣." 事定, 見母于果州田莊, 仍留止。 乃聞治誾黨與, 在懼, 微服逃之。 大將軍馬天牧逢諸完山路上, 拘置其官, 來告於朝, 故有是命。ⓒ『태조실록』15권, 태조 7년, 10월 26일, 2번째 기사.

19) 대군(大軍)이 각(角)을 부니, 방간의 군사가 모두 무너져 달아났다. 서익(徐益)·마천목(馬天牧)·이유(李柔) 등이 선봉(先鋒)이 되어 쫓으니, 방간의 군사 세 사람이 창을 잡고 한 데 서 있었다. 마천목이 두 사람을 쳐 죽이고 또 한 사람을 죽이려 하

것을 알 수가 있듯 마천목은 태종의 명을 충실히 따르는 복심이었으며 태종을 지근거리에서 받들며 그 명을 실행에 옮긴 심복 무인이었다. 그는 태종의 충직한 복심으로 정변에서 활동하였던 것이다.

이리하여 위 '마천목 졸기(卒記)'나 '마천목교서(佐命功臣敎書)'[20]에서 보듯, "마천목은 변치 않는 충성으로 대의를 지켜낸 충의지사였으며 …사사로움을 잊고 대의를 드러내며 있는 힘을 다해 충성을 바쳤고 …빼앗기 어려운 절개를 지녔으며 … 대의를 드러냄에는 제 한 몸을 돌보지 않았다."는 등의 평가가 그것이었다.

3. 중앙에서 군사 최고위직 임무 수행

이처럼 조선초 발생한 왕자의 난에서의 활약 이후 마천목은 탄탄대로의 출세의 길을 걸었다. 1차 왕자의 난이 끝난 뒤 1398년 대장군으로

니, 정안공이 보고 말하기를, "저들은 죄가 없으니 죽이지 말라." 하였다. 放懷安公芳幹于兎山 … 大軍吹角 芳幹軍皆奔潰 徐益·馬天牧·李柔等 爲先鋒追之 芳幹軍三人 執槍叢立 天牧擊殺二人 又將殺一人 公見之曰 彼無罪 勿殺之 益執槍追芳幹 芳幹勢窮北走. ⓒ『정종실록』 3권, 2년 1월 28일, 3번째 기사.

20) 마천목(馬天牧)·판전중시사(判殿中寺事) 조희민(趙希閔)·봉상경(奉常卿) 유기(柳沂) 등 12인은 정성과 힘을 다해서 여러 번 충성을 바치어 익대 좌명하였으니, 3등으로 칭하고, 부·모·처는 1등을 뛰어 봉증하고, 직계 아들은 1등을 뛰어 음직을 주고, 직계 아들이 없는 자는 조카와 사위에게 음직을 주고, 밭 80결, 노비 8구, 2품 이상은 백은 25냥, 3품 이하는 은대(銀帶) 1요(腰), 표리 1단, 구마 1필, 구사 3명, 진배파령 6명을 주고 처음 입사하는 것을 허락한다. 上將軍馬天牧、判殿中寺事趙希閔、奉常卿柳沂等十二人, 推誠勤力, 累曾効忠。 翊戴佐命三等稱下, 父母妻超一等封贈, 直子超一等蔭職, 無直子者, 甥姪女壻蔭職, 田八十結, 奴婢八口。 二品以上, 白銀二十五兩, 三品以下銀帶一腰, 表裏一段, 廐馬一匹, 丘史三名, 眞拜把領六名, 許初入仕. ⓒ『태종실록』 1권, 태종 1년 1월 15일, 2번째 기사. 좌명 공신의 훈호를 내리는 교서.

특진했으며[21] 이듬해인 1399년에 상장군으로 승진하면서[22] 최고위직 무관의 반열에 들어섰고, 2차 왕자의 난이 끝나고 태종이 즉위한 뒤에는 좌명공신[23]으로 책봉되었다.

　공신에 오른 이후 마천목은 줄곧 군사적 성격의 직임을 맡아 활동하였다. 실록에 실린 '마천목 졸기'에 의하면, 그는 줄곧 무직(武職)으로 일관한다. 그가 실제로 수행했던 직임도 중앙의 3군(三軍)을 구성하는 십사(十司)[24]의 총지휘관으로서 갑사(甲士 : 조선 시대 오위五衛 중 중위中衛인 의흥위에 속한 군사)를 통솔하여 궁궐의 숙위와 도성의 순찰을 담당하는 직책을 위주로 맡았던 것이다. 공신에 책봉된 이후 마천목이 맡은 직책이 바로 총제(摠制), 겸 무사상호군(兼武司上護軍), 겸 중군총재(兼中軍摠制), 용기시위사절제사(龍騎侍衛司節制使), 내시위절제사(內侍衛節制使), 우금위일번절제사(右禁衛一番節制使) 등이었기 때문이다. 이런 직위 다음 판우군도총제부사(判右軍都摠制府事)를 마지막으로 현직에서 물러났다.[25]

　관직 생활 도중 그는 때로 지방에 나가서 근무하기도 하였는데, 그럴 경우에는 늘 전라도병마도절제사(全羅道兵馬都節制使)를 역임하곤

---

21) ⓒ『太祖實錄』15권, 太祖 7년, 9월 5일 丁丑.
22) ⓒ『世宗實錄』51권, 世宗 13년, 2월 1일, 丙申 馬天牧 卒記.
23) ⓒ『太宗實錄』1권, 太宗 1년, 1월 15일 乙亥.
24) 조선 전기의 군대 중앙편제로 처음은 오위(五緯)였다가 태조 2년(1393)에 십위(十衛)로 태조 3년(1394)에 십사(十司)로 개편되고, 세종대에 십이사(十二司)로, 문종 원년(1451) 오사(五司)로, 세조 1457년에 오위(五衛)로 개편하는 등 변화를 거친다.
25) ⓒ『太宗實錄』1권, 太宗 1년, 4월 10일 戊辰 / 같은 책, 14권, 太宗 7년, 12월 8일 丁亥 / 같은 책, 16권, 太宗 8년, 11월 10일, 甲寅 / 같은 책, 21권, 太宗 11년, 1월 12일, 癸酉 / 같은 책, 35권, 太宗 18년, 2월11일 壬辰 /『世宗實錄』1권, 世宗 卽位年, 8월 12일 己丑 / 같은 책, 21권, 世宗 5년, 9월 29일, 丁未.

하였다.[26]

그런데 그가 중앙에서 맡았던 그와 같은 군직들은 정치적으로 매우 민감한 성격의 자리일 수 있었다. 이른바 수도에 배치된 군사력을 지휘 통솔하는 직책이었으며 권력의 향배를 좌우하는 군권(軍權)의 최고 자리였기 때문이었다.

인물로서 정치적으로 자못 비중 있는 지위에 올랐음을 이해할 수가 있다.

마천목이 그처럼 주요한 직임을 맡았던 데는 태종의 남다른 신임이 있었기 때문이었을 것이다. 전라도병마도절제사에 임명된 마천목을 앞으로 불러낸 태종이 다음과 같이 말한다.

"전라도병마 도절제사(全羅道兵馬都節制使) 마천목(馬天牧)이 배사(拜辭 : 사은숙배謝恩肅拜)하니, 임금이 인견(引見)하고, "내가 경을 서울에 두어 시위(侍衛)하게 하고 싶으나, 다만 경의 노모(老母)가 그 도에 있으므로 근성(覲省)하게 하는 것이다. 경이 일찍이 전라도 시위군에 적(籍)을 두었는데, 지금 도절제사가 되었으니 또한 영광이 아닌가?"
하니, 마천목이 대답하기를, "신의 영광은 이루 말할 수 없습니다. 어떻게 주상의 은혜를 갚겠습니까?" 하였다. 옷 한 벌과 궁시(弓矢)를 내려 주니, 마천목이 아뢰기를, "남원(南原)에 부처(付處)한 감찰(監察) 김자(金滋)가 무재(武才)가 있으니, 빌건대, 영중(營中)에 옮겨 부처하여 거느리고 도적을 막게 하소서." 하니, 그대로 따랐다.

全羅道兵馬都節制使馬天牧拜辭, 上引見曰 : "吾欲卿居京侍衛, 但卿之老母在其道, 使之觀省耳. 卿嘗籍全羅侍衛軍, 今爲都節制使, 不亦榮乎?" 天牧對曰 : "臣之榮耀, 不可勝言, 何以報上恩?" 賜衣一襲及弓矢, 天牧啓曰 : "南原付處監察金滋有武才, 乞移付處營中, 率以禦寇."

---

26) ⓒ『太宗實錄』 23권, 太宗 12년, 5월 3일 丙戌 / 같은 책, 24권, 太宗 12년, 10월 10일, 壬戌 / 같은 책, 26권, 太宗 13년, 7월 19일, 丙申 / 같은 책, 28권, 太宗 14년, 9월 24일 甲午 / 같은 책, 33권, 太宗 17년, 4월 25일 辛巳.

從之。ⓒ『태종실록』23권, 태종 12년, 5월 11일 甲午, 3번째 기사.

태종과 마천목의 신뢰 깊고 컸다

태종이 마천목의 가정사 같은 극히 사적인 일까지 알고 배려하고 아꼈음을 보여준다. 그 밖에도 태종이 마천목에게 말[馬]이라든지 각종 물품을 하사하고 연회를 베푸는 등은 허다하며, 나아가 마천목이 탄핵을 받는 등 곤경에 처하였을 적에 공신(功臣)임을 내세워 불문에 붙이도록 명하거나 약한 징계로 그치는 경우도 적지 않았다.[27]

마천목은 순근(醇謹), 곧 도탑고 신중한 성품이었던 것으로 전한다. 태종이 마천목을 그토록 신임해 마지않았던 이유이기도 할 것이다.

중군총제(中軍摠制) 마천목(馬天牧)을 곡성(谷城)으로 귀양보냈다. 마천목이 감순청(監巡廳)에서 어떤 일로 인하여 전리(典吏) 고을귀(高乙貴)를 매질하였는데, 고을귀가 이로 인하여 죽었다. 사헌부(司憲府)에서 상소하여 죄를 청하니, 임금이 말하기를,
"이 사람은 성품이 본래 너그럽고 부드러우니, 반드시 오살(誤殺)일 것이다. 하물며 사문(私門)이 아니고 공사(公事)이며, 또 공신(功臣)이

---

27) ①사헌부에서 조영무(趙英茂)·마천목(馬天牧)의 죄를 청하였다. 회령군(會寧君) 마천목과 전(前) 소감(少監) 김남귀(金南貴) 등이 사재감(司宰監) 수군(水軍) 안에서 탈루(脫漏)된 자를 가지고 진고(陳告)하매,… 핵청(劾請)하였으나, 조영무·마천목은 공신이므로 논하지 말고 나머지는 모두 죄주게 하였다.『태종실록』24권, 태종 12년, 9월 11일 계사 3번째 기사 ②사헌부에서 홍서(洪恕)·마천목(馬天牧)·유익지(柳翼之)·최진성(崔進誠) 등의 죄를 청하였다. "… 홍서·마천목·유익지·최진성 등을 율에 의하여, 시행하여 각근하지 못한 것을 징계하면 공도(公道)가 심히 다행하겠습니다." 임금이 모두 논하지 말라고 명하였다. ⓒ『태종실록』22권, 태종 11년, 윤 12월 16일, 임신 2번째 기사.

니 논하지 말라." 하였다. 헌부에서 다시 청하니, 이에 귀양보냈다.
　…甲戌/流兼中軍摠制馬天牧于谷城.　天牧在監巡廳, 以事撻典吏 高乙貴, 乙貴因而死.　司憲府上疏請罪, 上曰：“是人性本寬柔, 必誤殺也.　況非私門, 則亦公事也, 且功臣, 宜勿論.”憲府再請, 乃流之.
　ⓒ태종실록』 18권, 태종 9년, 9월 5일, 甲戌, 1번째 기사.

위 기사에서 보듯 태종은 "이 사람의 성품이 본시 너그럽고 부드럽다[寬柔]"며, 사헌부의 탄핵으로 곤경에 처한 마천목을 적극 변호하였다.

마천목의 성품에 대한 위와 같은 호평은 그가 권력을 향한 야망을 드러낸 적이 없었던 사실과 무관하지 않아 보인다. 태종 때 많은 공신과 외척이 숙청당했지만 마천목은 늘 비켜났다. 정치적으로 민감한 중앙군을 통솔하며 군권이 막강한 실세였음에도 그가 역모와 연루되어 처벌을 받은 적은 단 한 번도 없었던 마천목이었다. 무직의 최고위직이었던 그와 관련, 국방에 대한 치적도 있었다.

마천목 전라병영성 축조

조선조 초기 지방군제는 관찰사가 겸임하는 본영(本營)과 병마절도사가 관장하는 병영(兵營)이 있었다. 당시 전라도 본영은 전주에 있었고 병영은 오늘날 일개 면이 된 강진군 병영면에 있었다. 물론 처음 전라도 병영은 광주에 있었으나 1417년(태종17년) 강진으로 옮겼다. 이는 당대 고려가 망하고 조선이 개국했던 과도기적 상황으로 왜구들의 침략이 잦아 연안 가까이 군대를 배치할 필요가 있었기 때문이다.

이때 태종은 가장 신뢰하던 인물 마천목에게 군 지휘권을 주었으며 그를 전라도병마절제사로 제수하였다.[28]

---

28) 맹사성(孟思誠)을 풍해도 도관찰사(豊海道都觀察使)로, 마천목(馬天牧)을 전라

마천목이 첩첩히 산을 이룬 수인산 허리에 도착해 이 일대를 둘러보며 성터를 잡기 위해 눈여겨보았으나 마음에 드는 곳이 없어 쉬고 있었다. 하루는 문득 잠이 들었는데 비몽사몽간에 백발노인이 앞에 나타나 활을 내놓으면서 활을 당겨 보라 하므로 활을 받아 시위를 당겼다. 시위 소리에 소스라치게 놀라 주위를 둘러보니 잠깐 졸고 있는 틈에 꿈을 꾼 것이다. 그러나 이상한 꿈이라는 생각이 들어 그는 꿈에 화살이 날아간 자리를 찾아간 즉 이상하게도 그곳에는 화살이 박혀 있었다. 마천목이 이곳에서 주위를 둘러보니 동헌(東軒)이 앉을 만한 곳이었다. 마천목이 이곳에서 하룻밤을 지냈는데 밤새 눈이 수북이 쌓였으나 동헌 자리를 중심으로 성터 안만은 눈이 쌓이지 않았다. 그는 "옳거니, 신이 내게 성곽 둘레를 알려준 것이다."며 병사들을 시켜 튼튼한 성(城)을 쌓아 올렸다는 전설이 전해오고 있다. 이와 같은 연유로 강진 전라병영성(全羅兵營城)은 일명 '설성(雪城)'이라고도 한다.

　성의 이름에서 알 수 있듯이 성 내부에는 전라도의 군사를 총괄하는 총지휘부인 전라병영이 위치하고 있었다.

　1599년(선조 32년) 권율의 건의에 따라 장흥으로 전라병영을 옮기기도 했지만, 얼마 지나지 않아 1604년 다시 본래의 위치로 돌아왔다. 이후 현재의 전라남도와 제주도를 포함한 53주 6진 군현의 병권을 관할하여 군사권을 총괄하는 육군 총지휘부로서의 역할을 하였다. 그러나 1894년 갑오농민전쟁(동학)때 성이 함락되었고 1895년 갑오경장의 신제도에 의해 폐영되고 말았으며 그 후 일제 강점기를 거치면서 거의 모든 시설들이 없어져버렸다. 이후 전라남도와 강진군에서 전라병영성을 복원하여 현재는 성곽의 총 길이는 1,060m이며, 높이는 3.5m, 면

도병마도절제사(全羅道兵馬都節制使)로 삼았다. 以孟思誠爲豊海道都觀察使, 馬天牧 全羅道兵馬都節制使. ⓒ『태종실록』 23권, 태종 12년, 5월 3일 병술, 3번째 기사.

적은 93.139㎡(28.175평)이며, 성채 내부에 있던 관아 등의 건축물들은 아직 복원되지 않은 상태다. 하지만 현재까지 병영성 내의 당시 건물 또한 복원하는 사업을 진행 중에 있다.

강진 전라병영성은 1992년 전라남도 기념물 제140호 전라병영성지로 지정되었다가, 1997년 사적 제397호로 승격 지정됐다.

국방력 신장에 기여 - 사후 영의정 추증

김점(金漸)은 아뢰기를, "장흥군(長興君) 마천목(馬天牧)은 노장(老將)이온데, 신에게 이르기를, '국가가 제방(堤防) 사업에 힘을 쓰고 있으니, 그도 그렇게 해야 하겠지만, 성보(城堡)가 보다 근본이라, 지금 변방의 성보를 혹시 수선하지 않고 있다가, 만약에 급한 일이 있다면 장차 어찌할 것이냐.'고 하였습니다. 마천목의 말도 일리가 있는 듯하오니, 원컨대 제방의 역사에 손을 돌려 성보를 수선하도록 하여 주시옵소서." 하였다.

金漸言 : "長興君 馬天牧, 老將也。 謂臣曰: 國家以堤堰爲務, 是誠然矣, 然城堡爲本也。 今沿邊城堡, 或不修葺, 設若有急, 將如之何? 天牧之言, 似或有理。 願移堤堰之役, 以修城堡。"

ⓒ『세종실록』 3권, 세종 1년, 1월 9일, 갑인 3번째 기사.

마천목이 전라도 병마도절제사로 임용되었을 때 몸소 축성을 주도하기도 하였지만, 이후 세종대에 이르러서도 성보(城堡) 축조의 중요성을 강조하였다는 사실을 상기시켜주고 있다.

마천목이 중앙에서 도성의 순찰이라든지 더욱이 궁궐의 숙위를 관장하는 군사적 직임을 수행하였지만 그에 더하여 외침에 대비하는 등 국방의 문제에도 관여하였던 인물이었다.

예컨대 여진의 움직임이 심상치 않자 고위 무신을 선발해 각 도(道)

로 보내어 그에 대비토록 조치하였는데, 당시 마천목이 전라도의 병마도절제사로 임용되어 나간 일도 그와 연관된 일이었다.

위 기사에도 확인되듯 마천목은 그 후에도 계속 성보의 축조와 보수가 시급한 중대사임을 강조하였다. 태종대에 들어 주로 왜구에 대비하고자 산성(山城), 읍성(邑城)을 수축하는 사업이 추진되었는데, 태종에 이어진 세종 조에도 마천목은 성보 축조의 중요성을 강조하며 축성 정책의 지속성 건의, 국방력 강화의 필요성을 제기했다고 할 수 있다.

마천목은 1431년 음 2월1일, 향년 74세로 별세했다. 사후 세종에 의해 영의정에 추증되고, 화산서원(禾山書院)[29]과 충현사(忠顯祠)[30]에 배향되었다.

---

29) 경상북도 의성군 단촌면 하화리 산47-4에 있는 화산서원은 장흥 마씨 문간공파의 집성촌이다. 2013년 5월 28일 의성군의 문화유산 제10호로 지정되었다. 임진왜란 때 진주 남강 전투에서 큰 공을 세웠던 장흥 마씨 17세손 3형제(운종, 온종, 창종)가 1602년 화곡(禾谷)에 들어와 대대로 살다가, 입향조 마온종(馬溫宗)의 후손들이 11세조 마천목(馬天牧, 1358~1431)의 영정을 봉향하기 위해 1855년(철종 6)에 지역 사림이 모여서 '오천영당(梧川影堂)'을 설립한 것이 시초이다. 그 후 1925년 영당을 '숭절사'로 개칭하였고, 강당인 '소훈당'을 신축하였으며 이후 1976년 지방 유림의 발의로 마천목의 장자인 마승을 배향하면서, 다시 '화산서원'으로 이름을 고쳤다. 마천목의 호를 따서 '오천재(梧川齋)'라고 이름을 붙였다.

30) 충현사(忠顯祠)는 1796년(丙辰) 향중유림의 제발로 설단하고 주벽은 조선 좌명공신 11세 충정공(馬天牧)과 18세 주촌공(馬河秀, 1538~1597)을 배향하기 위해 1831년 향의 제발에 의하여 단소에 충현사를 창건하고, 20세 과와공(河龍, 1697~1738)을 추배하였다. 1868년 국령(國令)으로 훼철되었다가 1902년 복향되면서 12세 조은공(馬전)을 추배하였다. 4位의 위폐를 봉안하고 매년 陰 9월 9일 제향을 봉행한다. 사당 내에는 충정공(忠靖公) 마천목(馬天牧) 영정 사진, 영정사기, 충정공에 대한 세종대왕 친필 사본과 해석문이 소장되어 있다.

마천목의 연보

- 1358년(고려 공민왕7년) 7월 25일 장흥부 모원에서 탄생.
- 1362년 5세 : 스승에게 나아가 공부를 하니 재예가 총명하였다.
- 1368년 11세 : 경서와 사기에 널리 통달하니 향리가 다 크게 성공할 것으로 기대하였다.
- 1372년 : 부모와 더불어 곡성군 당산 마을로 이사하다. 이때 완력이 또래에서 뛰어나고 꾀가 뛰어났다.
- 1374년(17세) : 날마다 동쪽 10리 밖에 있는 순자강 하류 두계천에서 은어를 잡아 봉양하고 지성으로 효도했다.
- 1376(고려 우왕 2년), 19세 : 귀신 호랑이가 밤마다 짐승을 잡아 사립문 안에 던져주어 부모 봉양을 하였다고 전한다.
- 1378년, 21세 : 경주 이씨(父 牧使 彬)와 혼인하다.
- 1381년, 24세 : 산원(散員)(정8품 무관)에 임명되다.
- 1385년, 28세 : 부친상을 당하다.
- 1393년(조선 태조 2년), 36세 : 장남 승(勝)이 출생하다.
- 1394년, 37세 : 사직(司直)(정5품 무관)에 승진하다.
- 1395년, 38세 : 차남 전(腆)이 출생하다.
- 1398년, 41세 : 제1차 왕자의 난을 평정함. 삼남 반(胖)이 출생하다.
- 1399년(조선 정종 원년), 42세 : 절충장군(정3품)으로 승진하다.(상장군)
- 1400년, 43세 : 태종을 도와 박포(朴苞)의 난(제2차 왕자의 난)을 평정하다.
- 1401년(조선 태종 원년), 44세 : 좌명공신에 서훈되고 동지총제(同知摠制)(정2품)에 보임되다.
- 1402년, 45세 : 회령군에 봉하다.
- 1403년, 46세 : 사남 춘(椿)이 출생하다.

- 1404년, 47세 : 개국공신 정사공신 좌명공신이 회맹(會盟)하다.
  (임금이 공신들과 산 짐승을 잡아 하늘에 제사 지내고 피를 서로 나누어 빨며 단결을 맹세하다.)
- 1406년, 49세 : 行영변 대도호부사 역임하다.
- 1408년, 51세 : 건원릉(태조의 능) 비에 개국공신 정사공신 좌명공신의 공훈을 표창하고 그 이름을 새기다.
- 1412년, 55세 : 전라도 병마도절제사 판나주목사에 임명되다.
- 1413년, 56세 : 자헌대부(정2품)로 승진하다.
- 1414년, 57세 : 장흥군에 봉함(邑號 회령을 장흥으로 개칭).
- 1416년, 59세 : 도총관 전라도 병마도절제사(再任)가 되다.
- 1417년, 60세 : 광주에 있는 전라도 병영을 남해안 왜구의 오르내리는 길목에 옮기는 것이 전략상 유리함을 임금에게 아뢰어 윤허를 받아 강진 수인산 밑에 옮겨 몸소 병영성을 쌓았다.
- 1420년(조선 세종 2년), 63세 : 정헌대부 병조판서에 임명함(정2품).
- 1422년, 65세 : 개국공신 정사공신 좌명공신의 공훈을 표창하고 그 이름을 헌릉(태종의 능) 비에 새기다.
- 1423년, 66세 : 판우군부사에 전임.
- 1424년, 67세 : 모친상을 당하다.
- 1429년, 72세 : 보국숭록대부(정1품)에 승진하고 장흥부원군에 봉함. 영돈령부사겸 영중추부사에 임명함.
- 1431년, 74세 : 정월 25일 편안하게 별세하시다.
* 세종대왕이 부음을 듣고 크게 슬퍼하시며 예조에 명하여 예장(국장)을 법도에 따라 정성껏 모시게 하고 '대광보국숭록대부 의정부 영의정 겸 영경연'을 추증하시고 시호를 충정(忠靖)이라 하다. 지관에 명하여 좋은 묏자리 잡아 곡성 통명산 밑 방주동 계좌 벌판에 예장으로 모시고 4방 10리의 땅을 내려주시다.

▲ 장흥 충현사(안양면 학송리). 마천목 장군이 배향돼 있다.(좌측) 경북 의성군에 소재한 화산서원. 마천목 장군이 배향돼 있다.(우측)

*마천목 장군의 가족

조부(祖父) : 마치원(馬致遠)

부(不) : 마영(馬榮)

모(母) : 평산 신씨(平山 申氏)

장인 : 목사 이빈(李彬)

부인 : 경주 이씨(慶州 李氏)

장자 : 마승(馬勝) - 경주부윤, 숭정대부

며느리 : 정경부인(貞敬夫人) 덕수 이씨(德水 李氏)

차자 : 마전(馬腆, 1395~1463) - 단양군수. 이조판서 추증

삼자 : 마반(馬胖, 1398~?) - 구례현감

사자 : 마춘(馬椿, 1403~?) - 병조참판

딸 : 장흥 마씨(長興馬氏)

사위 : 신평(申枰) - 신숙주(申叔舟)의 숙부(叔父)

외손녀 : 장흥부부인(長興府夫人) 고령 신씨(高靈 申氏)

외증손녀 : 폐비 윤씨 - 조선 제9대 왕 성종의 계비이자 제10대 왕 연산군의 어머니.

*마천목 장군 관련 유물

1) 전라병영성

1417년(태종 17년)에 병마도절제사 마천목 장군이 축조한 강진 전라병영성(全羅兵營城)은 전라도의 53주 6진을 총괄한 육군의 총지휘부였다. 대한민국의 사적 제397호로 지정되었다.

전라남도 강진군 병영면은 조선 초에 전라병영이 있던 지역이라 하여 마을 이름도 병영이라 하는데, 지로·삼인·하고리 등 여러 마을이 인접해 있는 면 소재지로 800여 가구가 작은 도읍을 이루고 있지만, 100여 년 전만 해도 전라도 최대의 군사 주둔지였다.

조선 시대 지방군제는 관찰사가 겸임하는 본영과 병마절도사가 관장하는 병영이 있었는데 전라도 본영은 전주에 있었고 병영은 오늘날 일개 면이 된 강진군 병영면에 있었던 것이다. 처음 전라도 병영은 광주에 있었으나 1417년(태종17년) 강진으로 옮겼는데 이것은 이 무렵 국내 사정이 고려에서 조선으로 옮겨가는 과도기로서 상당히 혼란했던 탓으로 왜구들의 침략이 잦아 연안 가까이 군대를 배치할 필요가 있었던 것이다.

역성혁명에 의한 왕조의 전복 위험성을 잘 알고 있었던 태종은 가장 신뢰할 만한 인물에게 군지휘권을 주었는데 심복이었던 마천목을 전라도병마절제사로 제수하였다.

▲전라병영성.

2. 마천목좌명공신녹권(馬天牧佐命功臣錄券)

- 종목 : 보물 제 1469호(2006년 4월 28일 지정)[31]
- 수량 : 1축
- 시대 : 조선 시대
- 소유 : 장흥마씨중앙종회
- 위치 : 국립고궁박물관(대한민국)
- 정보 : 문화재청 국가문화유산포털 정보. 마천목좌명공신녹권(馬天牧佐命功臣錄券)은 서울특별시 종로구 국립고궁박물관에 있는 조선 시대의 교지이다. 2006년 4월 28일 대한민국의 보물 제1469호로 지정되었다.[32]
- 지정 사유 :

  마천목좌명공신녹권은 조선 태종 1년(1401) 공신도감에서 절충장군 웅무시위사상장군(折衝將軍 雄武侍衛司上將軍) 마천목(馬天牧)에게 발급한 것으로 필사본이다.

  좌명공신은 조선 초기 제2차 왕자의 난을 평정하는데 공을 세운 사람에게 내린 공신호로 마천목은 후에 태종(1367-1422)이 되는 정안군을 도와 난을 평정하는 데에 앞장섰다. 태종은 태조가 즉위한 직후 태조개국공신(太祖開國功臣)을 책봉한 예를 좇아, 자신을 도운 47명의 공신을 선정하여 좌명공신(佐命功臣)으로 칭하(稱下)하고 4등급으로 나누어 포상(褒賞)하였는데 이때 마천목은 3등 공신으로 녹권을 사급받았다.

  마천목 좌명공신녹권은 좌명공신 47명에게 발급된 것 중의 하나

---

31) 마천목좌명공신녹권 - 문화재청 국가문화유산포털
32) 문화재청고시제 2006-40호,『국가지정문화재(보물) 지정』, 문화재청장, 대한민국 관보 제16244호, 2006-04-28.

로 현재까지는 유일본이다. 조선 초기에 사급된 개국공신녹권 및 개국원종공신녹권과 비교해 볼 때 도평의사사(都評議使司) 출납(出納)에서 의정부(議政府)의 관(關)으로 바뀐 것 이외에는 서식(書式)을 그대로 유지하고 있어 공식녹권의 체제나 양식 변화를 알 수 있는 자료이다. 또한 공신호의 부여와 등급별 포상 내용, 특전 등은 공신 관계 연구 자료로서, 공신도감 구성원은 공신도감의 조직 및 운영 관계를 파악할 수 있는 자료로서 중요한 가치를 지닌다.

조선 초기에 지정된 녹권들이 대부분 원종공신녹권이며 이화개국공신녹권(국보 232호)만이 정공신 녹권이란 점을 상기하면 마천목 좌명공신 녹권은 역사적으로나 학술적으로 대단히 가치가 있다고 할 수 있다.

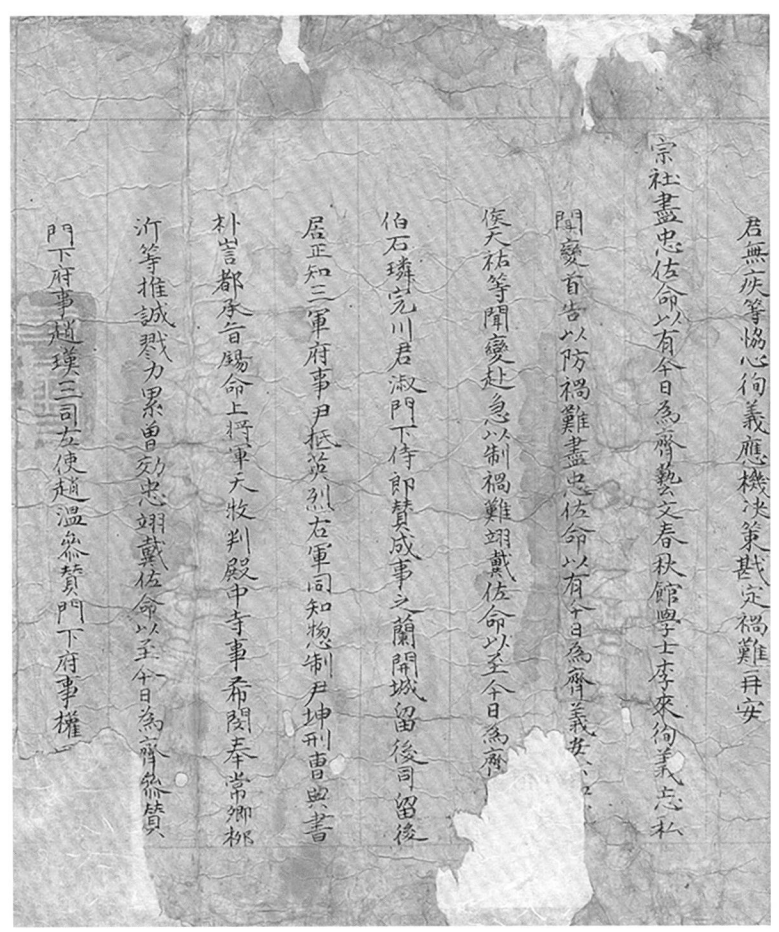

▲ 마천목좌명공신녹권(馬天牧佐命功臣錄券).

3. 곡성 마천목 묘와 재실

- 종목 : 기념물 제252호(2019년 12월 26일 지정)
- 면적 : 1,197m2
- 소유 : 장흥마씨종회
- 위치 : 곡성군 방송리

(주소-전라남도 곡성군 석곡면 방송리 276 외 4필지)
- 정보 : 문화재청 국가문화유산포털 정보.
  곡성 마천목 묘와 재실(谷城 馬天牧 墓와 齋室)은 전라남도 곡성군 석곡면 방송리에 있다. 2019년 12월 26일 전라남도의 기념물 제252호로 지정되었다. [33]
- 지정 사유 : 장방형의 묘는 묘표, 무인석, 망주석, 장명등 등 석물을 갖췄고, 곡장(曲牆)을 둘러 조선 시대 초기 묘제 연구의 중요 유적으로 문화재 지정이 필요하다.
  영모재(재실)는 가구 구조나 치목 수법이 뛰어나고, 충정묘(사당)는 「마천목 좌명공신녹권(보물 제1469호)」을 보관한 장소로 의미가 부여되어 일괄 지정하여 관리한다
- 주요 인물 : 충정공(忠靖公) 마천목(馬天牧, 1358~1431)은 고려 말 조선 초의 인물로 1400년(정종 2년)에 태종 이방원을 도와 왕자의 난을 평정하여 1401년에 좌명공신(佐命功臣)에 추대됐고, 1429년(세종 11년)에는 장흥부원군(長興府院君)에 봉해졌다.

---

33) 전라남도 고시 제2019-459호, '전라남도 지정문화재 지정 고시', 전라남도지사, 전라남도 도보 제2019-62호, 19-27면, 2019-12-26.

▲마천목 장군의 묘.

▲마천목 장군의 재실.

제3절
마천목의 네 아들

1. 장남 마승(馬勝), 문간공파(文簡公派) 파조
2. 차남 마전(馬腆), 조은공파(釣隱公派) 파조
3. 3남 마반(馬胖), 현감공파(縣監公派) 파조
4. 4남 마춘(馬椿), 참판공파(參判公派) 파조

제3절
마천목의 네 아들

천목의 부(父)는 마영(馬榮,10세)이다.

영(榮)은 태종 때 관산군(冠山君)에 봉해진 치원(致遠)의 아들로 사마봉시경(司馬奉寺卿)을 역임했다. 귀향해서는 회천면 모원리에 살며 회령산성을 보수하여 왜구를 막는 한편 후학에 진력하다가 천목이 어렸을 때(15세 전후) 곡성 오곡면 오지리로 이거하였고, 만년에 회령군(會寧君)에 추봉되었다

11세 마천목(馬天牧)의 아들 4형제는 모두 현달하여 마승(馬勝)의 문간공파(文簡公派), 마전(馬腆)의 조은공파(釣隱公派), 마반(馬胖)의 현감공파(縣監公派), 마춘(馬椿)의 참판공파(叅判公派)의 4파를 이루었다.

이중 조은공파의 마하수(馬河秀)는 임진왜란 때 명량해전(鳴梁海戰)에서, 현감공파의 마응방(馬應房)은 정유재란 때 남원 싸움에서 용맹을 떨쳐 장흥 마씨의 의기(意氣)의 위상을 대내외에 드러냈다.

1. 장남 마승, 문간공파(文簡公派) 파조

4형제 중 마승(馬勝, 1393~1463)은 천목의 장남이어서 자연스럽게 종가로서 입지하며 곡성에서 터를 잡았다. 마승이 곡성에서 종가를 이룸으로써 마승은 곡성 지방을 중심으로 한 문간공파(文簡公派)의 파조가 된다.

천목의 4자(四子) 중 가장 현달한 인물이 마승이다. 마승은 조선의 문신이다. 자는 노부(魯夫), 호는 지곡(智谷), 시호는 충간(忠簡)이다. 비록 부친 천목의 영향으로 음서로 관직에 진출하였지만, 이조참판(吏曹叅判), 경주 부윤(慶州府尹), 중추원사(中樞院使) 등을 역임하고, 장흥군(長興君)에 봉해졌던 인물이다.

상계를 보면 증조 할아버지는 좌찬성에 추증된 회령군(會寧君) 마영(馬榮)이고, 아버지는 장흥부원군(長興 府院君) 마천목(馬天牧)이며, 어머니는 목사 이빈(李彬)의 딸 경주이씨(慶州 李氏)이다. 부인은 정경부인(貞敬夫人) 덕수이씨(德水 李氏)이다.

마승의 생애를 좀 살펴보자. 마승(馬勝)은 1393년 3월 11일 전라도 곡성군 당산촌(堂山村)에서 태어났다. 장흥 마씨 12세손이다. 풍모가 단아하고 기량이 크고 재주가 뛰어났으며 경서(經書)와 사기(史記)에 밝고 재예(才藝)도 뛰어났다고 한다.

1410년 처음 관직에 나가서 시위(侍衛)를 지내고, 1413년에 병조좌랑(兵曹佐郞)을 거쳐, 1415년 조봉대부(朝奉大夫) 춘추관 편수관(春秋館 編修官)을 역임하였다.

1417년 개국공신·정사공신·좌명공신의 적장자(嫡長子) 회맹(會盟)에 참여하였으며, 1420년 봉정대부(奉正大夫) 호군(護軍), 1423년 중훈대부(中訓大夫) 대호군(大護軍)을 거쳐, 1426년 통훈대부(通訓大夫) 상호군(上護軍)에 올랐다. 1434년 통정대부(通政大夫) 행상호군(行上

護軍)을 역임하였다.

1442년 2월 30일 마승(馬勝)이 하직하니, 세종대왕이 인견(引見)하고 이르기를, "충청도는 근년에 흉년이 들어서 백성들이 시름과 탄식으로 지낸다 하니, 가서 구휼에 힘을 다하시오. 창고를 열어서 곡식을 내는 것도 또한 시기를 맞추어서 후환이 없게 하시오."라고 하였다.[1)]

1446년 6월 6일 마승(馬勝)이 경상도 처치사(處置使)에 제수되었다.[2)] 1449년 7월 13일 마승(馬勝)은 판안주목사(判安州牧事)로 임명되었다.(『세종실록』125권, 31년-1449년 기사.)

1449년(세종 31) 10월 16일 우의정 남지(南智), 중추원부사(中樞院副使) 조수량(趙遂良), 동지중추원사 권맹경(權孟慶)과 함께 진하사(進賀使)로 명나라에 다녀왔다. 세종은 마승(馬勝)을 북경에 보내어 정조(正朝)를 하례하고, 겸하여 황태자의 책봉(冊封)을 하례하게 하였다.[3)]

---

1) 洪州牧使馬勝辭, 引見曰 : "忠淸道近年失稔, 民生愁嘆. 汝往盡救恤, 至於開倉發粟, 亦宜趁時, 毋致後患." ⓒ『세종실록』95권, 세종 24년 2월 30일 신유 3번째 기사.

2) 이양(李穰)·권맹경(權孟慶)으로 아울러 동지중추원사(同知中樞院事)를, 연경(延慶)으로 충청도 수군 처치사(水軍處置使)를, 마승(馬勝)으로 경상도 처치사(處置使)를, 배환(裵桓)으로 판진주목사(判晉州牧事)를 삼다. 사헌부에게 아뢰기를, "연경(延慶)은 용렬하여 처치사의 직임에 합당하지 않습니다." 하매, 정부(政府)에 내려 의논하여 마침내 체임하였다. ○以李穰、權孟慶竝同知中樞院事, 延慶 忠淸道水軍處置使, 馬勝 慶尙道處置使, 裵桓判晋州牧事. 司憲府啓 : "延慶庸劣, 不合處置之任." 下政府議之, 竟遞之. ⓒ『세종실록』112권, 세종 28년 6월 6일 임인 4번째 기사.

3) 우의정 남지(南智)·중추원 부사(中樞院副使) 조수량(趙遂良)을 보내어 북경에 가서 등극(登極)을 하례하게 하고, 동지중추원사 권맹경(權孟慶)·경창부 윤(慶昌府尹) 마승(馬勝)을 보내어 정조(正朝)를 하례하고, 겸하여 황태자의 책봉(冊封)을 하례하게 하였다. ○癸亥/遣右議政南智, 中樞院副使趙遂良, 如京師賀登極 : 同知中樞院事權孟慶, 慶昌府尹馬勝, 賀正朝, 兼賀冊封皇太子世子. ⓒ『세종실록』126권, 세종 31년 10월 16일 계해 1번째 기사.

1450년(문종 즉위년) 4월 6일 마승(馬勝)은 판강계도호부사(判江界都護府事)에 제수되었다. 마승(馬勝)이 청렴하고 부지런하며 근신하니 백성들이 그를 칭송하였다.[4]

1450년 7월 16일 평안도 우도 도절제사(平安道右道都節制使), 동년 7월 27일 중추원부사(中樞院副使), 1450년 12월 13일 강원도 도순무사(江原道都巡撫使)가 되었다.

1451년(문종 2년) 1월 5일, 마승(馬勝)은 충청도조전절제사(忠淸道助戰節制使)로, 1월 8일 경기 조전절제사(京畿助戰節制使)로 임명되었다.

1451년 6월 20일 전라도 처치사(全羅道處置使)가 되었다. 6월 26일 전라도처치사(全羅道處置使) 마승(馬勝)이 사조(辭朝)하니, 임금이 인견(引見)하였다. 마승(馬勝)은 일찍이 부산포처치사(富山浦處置使)로 있을 때 오직 군사(軍士)를 어루만지고 길들이기에 힘썼다. 수령(守令)으로부터 공궤(供饋)하는 주찬(酒饌)이 있으면 반드시 군사들과 함께 나누어 먹었으며, 혹 증물(贈物)을 얻으면 사사로이 쌓아 두지 않고서 군장(軍裝)에 보태었으므로, 전보되어 돌아올 때에는 다만 옷과 이부자리 두 상자뿐이었다.[5]

1452년 개성유후사 유수(開城留後司 留守)를 지내고, 1453년(단종 1년) 동지중추원사(同知中樞院事)로 제수되었으며, 1454년 가정대부(嘉政大夫) 이조 참판(吏曹叅判)이 되었다.

---

4) …마승(馬勝)을 판강계도호부사(判江界都護府事)로 삼았다. 마승(馬勝)이 청렴하고 부지런하고 근신하니 그때 사람들이 그를 칭찬하였다. 馬勝判江界都護府事。勝淸廉勤, 謹時人多之… ⓒ『문종실록』 1권, 문종 즉위년 4월 6일 기묘 3번째 기사.

5) 全羅道處置使馬勝辭, 上引見。勝嘗爲富山浦處置使, 惟務撫卒鍊兵。守令有饋酒饌者, 必與士卒共之, 或得贈物, 不私畜, 以補軍裝, 及遞還, 但衣衾二笥而已。ⓒ『문종실록』 8권, 문종 1년 6월 26일 계사 11번째 기사.

1454년(단종 2년) 5월 21일 세조(世祖)가 마승(馬勝) 등 4공신(功臣) 등을 거느리고 경회루(慶會樓) 아래에서 풍정(豊呈)을 올렸다.(『단종실록』 11권, 단종 2년 5월 21일 신미 1번째 기사.)

1455년(세조 1년) 자헌대부(資憲大夫) 경주 부윤(慶州府尹)이 되었고, 12월 27일 원종공신에 녹훈되었다.(『세조실록』 2권, 세조 1년 12월 27일 무진 3번째 기사.)

1456년 중추원사(中樞院使)로 임명되었다.

1457년 종1품(從一品) 숭정대부(崇政大夫)로 장흥군(長興君)에 봉해졌다. 마승이 관직에 있을 때는 청백리(靑白吏)라 칭송되었다.[6]

1463년 9월 16일 장흥군(長興君) 마승(馬勝)이 졸(卒)하였다.

다음은 『세조실록』에 실린 마승의 졸기(拙記)다.

> 장흥군(長興君) 마승(馬勝)이 졸(卒)하니, 다음날 서산(西山)에 거동하여 친히 대열(大閱)하려 하다가 부음(訃音)이 들리자 곧 정지하고 2일 동안 철조(輟朝)하였다. 시호(諡號)를 충간(忠簡)이라 하였으니, 청렴(淸廉)하고 방정(方正)하고 공정(公正)한 것을 충(忠)이라 하고, 경건하고 관대하게 행동간 것을 간(簡)이라고 한다.
>
> ○壬申/長興君 馬勝卒。明日將幸西山親閱, 及訃聞乃停之, 輟朝二日。贈諡忠簡, 廉方公正 '忠', 居敬行簡 '簡'.
>
> ⓒ『세조실록』 31권, 세조 9년 9월 16일 壬申 1번째 기사 1463년.

마승이 관직에 있을 때는 '청백리(靑白吏)'라고 칭송받았다. 아래의 예문에서 보듯, 그의 청렴함은 "벼슬로 나간 임지서 돌아올 때 옷과 이불 보따리 두 상자뿐이었다. 及遞還 但衣衾二笥而已"고 적은 문종의

---

6) 승은 관직을 떠날 때 옷과 이불 보따리 2개만 가지고 집으로 돌아올 정도로 청렴했다고 한다. ⓒ'문화통' 2020. 04. 03(http://m.mtong.kr/article.php?aid=158587533717099050)

치제문에서 잘 나타나 있다.

> 전라도처치사(全羅道處置使) 마승(馬勝)이 사조(辭朝)하니, 임금이 인견(引見)하였다. 마승(馬勝)이 일찍이 부산포 처치사(富山浦處置使)로 있을 때에 오직 군사(軍士)를 어루만지고 길들이기에 힘썼다. 수령(守令)으로부터 공궤(供饋)하는 주찬(酒饌)이 있으면 반드시 군사들과 함께 나누어 먹었다. 혹 증물(贈物)을 얻으면 사사로이 쌓아 두지 않고서 군장(軍裝)에 보태었으므로 갈려서 보직이 바뀌어 임지에서 돌아올 때에는 다만 옷과 이부자리 두 상자뿐이었다.
>
> 全羅道處置使馬勝辭 上引見 勝嘗爲富山浦處置使 惟務撫卒鍊兵 守令有饋酒饌者 必與士卒共之 或得贈物 不私畜 以補軍裝 及遞還 但衣衾二笥而已
>
> ⓒ『문종실록』1년, 辛未年, 명景泰 2년, 전라도처치사 마승이 사조하니, 임금이 인견하다.

또한 마승은 1457년에 세조의 왕위 찬탈에 대해 항시 의분을 품고 있었는데, 이후 단종 복위 운동이 일어나자 벼슬을 버리고 고향으로 돌아왔다.

특히 1457년 10월에 장릉사(莊陵事 : 단종의 장인 송현수, 금성 대군의 사사賜死, 노산군 결사結死 사건)의 사변을 듣고 북망 통곡하며 문을 닫고 의(義)를 지켰다.

마승의 묘는 전라남도 곡성군 석곡면 방송리 통명산 기슭 방주골 마천목의 묘소에서 계좌(癸坐) 정향(丁向)에 있다.

마승의 사후, 세조는 증직으로 '보국 숭록대부(輔國 崇綠大夫) 의정부 좌의정 겸 경연자(經筵者)'로 추증하였다. 마승은 사후에 화산서원에 배향되었다.

화산서원(禾山書院)은 경상북도 의성군 단촌면 하화리 산47-4에 있다. (2013년 5월 28일 의성군의 문화유산 제10호로 지정되었다.)

화산서원이 있는 의성군 단촌면 하와리는 장흥 마씨 문간공파의 집성촌이다.

이 마을의 입향조인 17세 마온종(馬溫宗)은 1602년 화곡(禾谷)에 들어와 대대로 살았다. 이들 3형제(운종, 온종, 창종)는 임진왜란 때 창의, 진주 남강 전투에서 큰 공을 세웠다. 이들은 이때의 공으로 원종공신(原從功臣)이 되었다.

1855년(철종 6) 마온종의 후손들이 11세조 마천목을 기리기 위해 오천영당(梧川影堂)을 설립하였는데, 이것이 화산서원의 전신이다.

그 뒤 1925년 영당을 '숭절사'로 개칭하였고, 강당인 '소훈당'도 신축하였다. 이후 1976년 지방 유림의 발의로 마천목의 장자인 마승을 배향하면서, 다시 '화산서원'으로 이름을 고쳤다. 1986년 훼손된 숭절사와 동명문을 중수하면서, 서원의 서편에 신식 건물로 재실을 만들었는데, 마천목의 호를 따서 '오천재(梧川齋)'라고 이름을 붙였다.

마승의 후인들인 문간공파에서는 매년 음력 삼월 초정일에 마승의 부친 마천목과 같이 유림에서 봉사하고 시제(時祭)는 매년 음 10월 9일 전라남도 곡성에서 봉행하고 있다.

2. 2남 마전(馬腆), 조은공파(釣隱公派) 파조

천목의 2남인 마전(馬腆, 1395~1465)[7]의 자(字)는 후경(厚卿), 호(號)는 조은(釣隱)이다. 일찍이 호학(好學)하였으며 단양 군수(丹陽郡守)를 지냈다. 1456년(세조 2) 장흥(長興)으로 낙향(落鄕)하여 회포(懷抱)를

---

7) 혹은 마전(馬驥)으로도 쓴다.

예양강(汭陽江)에서 시(詩)로써 읊었다.

『장흥마씨대동보』에 의하면, "공(公)은 을해(乙亥) 1395년 생으로, 품계가 자헌대부(資憲大夫)(정2품)로서 단양 군수를 역임했다. 증직(贈職)이 이조 판서(吏曹判書)이다. 1456년에 퇴임하여 장흥 예양강상에 은거하였다. '남귀영회(南歸詠懷 : 남쪽고향에 돌아온 회포를 읊은 시)와 '가숙계좌명(家塾戒子銘 : 서당의 후진을 재계하는 교훈의 말)' 등 여러 편의 시를 남겼다. 뒤에 함양 군수, 평양 접렴사(接廉接使)를 제수하였으나 부임하지 않았다."고 기술되어 있다.

마전은 현재 장흥군 안양면 학송리를 중심으로 장흥 각지에서 살고 있는 조은공파(釣隱公派)의 파조이다.

매년 음력 10월 13일 장흥 학송리 경모당(景慕堂)에서 12세 조은공(驚) 이하 19세간 선조 15위 제향을 봉행한다.

3. 3남 마반(馬胖), 현감공파(縣監公派) 파조

마반(馬胖, 1398~?)의 자는 윤경(允卿), 호는 규당(規當)이다. 태조 무인(戊寅) 1398년 생으로 통훈대부(通訓大夫)(정3품)로 구례 현감을 지내다가 세조조에 관직을 사직하고 향리에 돌아왔다. 이후 조정에서 여러 번 불렀으나 부임하지 않았다. 반은 이후 도강(道康)[8]으로 내려가 후진양성에 일생을 바쳤다. 묘는 강진군 작천면 척동(尺童)에 있으며

[8) 강진 지역의 옛 지명. 원래 백제의 도무군(道武郡)이었는데, 757년(경덕왕 16) 양무군(陽武郡)으로 고치고 침명(浸溟)·안국(安國)·황원(黃原)을 영현(領縣)으로 하여 무주(武州)에 예속시켰다. 940년(태조 23) 도강으로 바꾸었고, 1018년(현종 9) 영암군에 속하였으며, 1172년(명종 2) 감무(監務)를 두었다. 1417년(태종 17) 탐진(耽津)과 합쳐 강진(康津)으로 바꾸었으며, 병영(兵營)을 이곳에 두었다.

비석이 있다.(『장흥마씨대동보』)

　반의 후손들이 강진군 작천면 척동리에 터를 잡고 생활했다. 그런데 반의 4세 손들이 작천과 군동, 옴천으로 갈라졌다. 마희정(16세)이 작천으로 이거하고 둘째 마희상(16세)이 강진군 군동으로, 마희조가 옴천으로 이거해 가면서 장흥 마씨 세거지가 되었다.

　작천의 희정은 응방·응두·응허를 두고, 군동의 희상은 응정을 두는데 4촌 간인 응정과 응방 두 형제가 정유재란 때 남원성에서 순절했다. 마응방은 승정원 좌승지 겸 경연 참찬관으로 추증되었으며 전라도 남원의 충렬사(忠烈祠)에도 배향되어 있다.

　반의 후손은 중신(13세) - 인동(14세) - 승창(15세)으로 이어지며 승창이 희정·희상·희조 3형제를 둔 것이다. 매년 음 10월 15일 강진 작천의 영모당(永慕堂)에서 12세 현감공반 외 이하 선조의 제향을 봉행한다.

4. 4남 마춘(馬椿), 참판공파(參判公派) 파조

　참판공파의 파조로 천목의 4남인 마춘(馬椿, 1403~ ?)의 자(字)는 성경(聖卿), 호(號)는 만죽(萬竹)이다.

　마춘은 태조 계미(癸未) 1403년 생으로, 장흥에 세거하며 문학(文學)과 행의(行義)로 누차 관직에 추천되었으나 벼슬은 참봉에 그치고 그 후로 누차의 부름에도 응하지 않았다.

　일생을 학문(學問)과 함께 하였다. 그러다가 당시 북방개척(北方開拓)을 상소(上疏)한 부원군(府院君)의 뜻을 따라 입북하여 함경북도 경성의 남쪽에 있는 포구 어랑포(魚郞浦) 지방리(智防里)에서 활동하였는데, 이름도 원제(原齊)로 개명했다고 한다.

마춘은 북방 개척에 선도적(先導的) 역할을 하고, 미개한 향민(鄕民)들에게 학문(學問)을 가르쳤다. 성종(成宗) 때 병조참판(兵曹參判)에 추증(追贈)되었다.

묘는 어랑(漁浪) 주통산(朱通山) 갑좌(甲坐)에 있다. 표석(表石)이 있다.(『장흥마씨대동보』)

참판공파 후예는 이후부터 주로 함경북도 길주군 웅평면 용천동에 기거한다고 한다. 남북 분단으로 인한 혈족 간의 비애의 한 단면일 듯 싶다.

제4절
마하수 윗대 인물들

1. 조은공(釣隱公) 아들부터 마하수 부(父)까지
2. 마하수 부(父) 마인서(馬麟瑞)

제4절
마하수 윗대 인물들

1. 조은공 아들부터 마인서 부(父)까지

장흥 마씨 17세요, 충정공 6대손인 마인서와 충정공 7대손인 마하수는 조은공파(釣隱公派) 후예이다. 마인서의 상계 인물 중 마천목(馬天牧, 11세)과 조은공 마전(馬腆, 12세)은 앞에서 소개했으므로 조은공의 아들 대부터 살펴보자.

조은공이 장흥으로 내려와 예양강 변에서 은거했다는 기록으로 보아 또 조은공의 아들 중보(仲寶)의 묘가 장흥 북면(北面) 응동(鷹洞)의 선친 묘역에 있다는『장흥마씨대동보』의 기록으로 보아, 조은·중보 대까지는 장흥읍 예양강 변에서 살았던 것으로 추정이 된다.

그리고 중보의 아들인 득진(得眞) 대부터 마인서 부친 팔준(八駿) 대까지는 모두 장흥 안양면 수락리 뒷산이기도 한 회천면 전일산에 묘가 있어, 아마 이들 세대는 모두 회천면 일대에서 살았을 것으로 추정된다.

그리고 팔준의 아들 인서(麟瑞) 대부터는 안양면 주암촌(장수리)으로 이거해 와 주암촌과 학송리 일대에서 살았던 것으로 추정된다.(인서는 안양면 주암촌 및 학송리 입향조였다.)

　조은공의 아들 중보(仲寶)는 장흥 마씨 13세요 천목의 2대손이다. 중보의 자는 국거(國擧), 호는 미학재(媚學齋)이다. 태조 때 1413년 생으로 과거 공부를 하여 계유년(癸酉年)에 사마시(司馬試)에 합격한 후 과거 보는 것을 포기하고 유학(儒學)의 진리를 탐구하고 문학과 행의(行誼 : 옳은 의를 행하는 일)로 이름이 높았다.
　서재(書齋)의 이름이 원운재(原韻齋)이다. 세종 조에 누차 관직에 천거되었으나 나아가지 않았다. 배(配)는 청주 심씨(淸州沈氏)이고 묘는 부친 선영에 있다.

　조은공의 손(孫)이요, 중보의 아들은 득진(得眞)으로 장흥 마씨 14세요 천목의 3대손이다. 자는 운직(運直)이다. 세종조 1437년 생으로 품계가 조산대부(朝散大夫)(종 4품)에 군기사(軍器寺) 첨정(僉正)을 지냈다. 배(配)는 장성(長城) 서씨(徐氏)이고, 묘는 장흥부 안하(安下)[1] 전일산 자좌(子坐)에 있다.

　득진의 아들은 이건(以乾)으로 장흥 마씨 15세요, 천목의 4대손이다. 자는 원옹(元翁)이다. 세조조 경진(庚辰) 1460년 생이다. 벼슬은 봉직랑(奉直郞)(종 5품)으로 사담사(司膽寺) 주부(主簿)를 지냈다. 배(配)

---

1) 안하(安下) : 지금의 안양면은 고려 때부터 조선 조 중기까지 안양향(安壤鄕)이었다. 그러다가 1789년(정조 13년)의 『호구 총수(總數)』에서는 안양면(安壤面)으로 바뀌지고 이어 1886년(고종 23년)에는 안양면이 안상면(安上面)과 안하면(安下面)으로 나눠진다. 이때 안하면 소속 여리(마을)는 교동·해창·사촌·율산·수문·수락·신촌·장수·학송리였다.

는 공인(恭人)²⁾은 장택 고씨(長澤高氏)이고 묘지는 부친 묘소에 있다.

이건의 아들 팔준(八駿)은 장흥 마씨 16세이며 천목의 5대손이다. 팔준의 자는 세달(世達)이다. 성종 계축(癸丑) 1493년 생으로 봉사(奉事)를 지내고 수직(壽職)이 통훈대부(通訓大夫) 판결사(判決事)로 승급했으며 정축(丁丑) 1577년 6월 18일 별세했다. 배(配)는 초계 변씨(草溪卞氏)로 부(父)는 원손(元孫)이요 조(祖)는 생원 효인(孝仁)이고 증조는 현감 온(溫)으로서 판윤(判尹) 정암공(靜菴公) 남용(南龍)이다. 묘는 장흥부 전일산 자좌에 쌍으로 있다. 팔준공은 바로 마하수의 부(父) 인서(麟瑞)의 부(父)이다.
ⓒ『장흥마씨대동보』(坤), 1996, 13-33쪽.

2. 마하수의 부(父) 마인서

마하수의 부친은 사직공 마인서(馬麟瑞)다. 다음의 예문들은 마인서에 대한 기록들이다.

■사직공(司直公)이 적에게 해를 당하니 공(마하수)은 죽음을 무릅쓰고 복수할 것을 맹서하였다. 壬辰 司直公 遇賊被害. 公矢死復讐.
ⓒ『호남절의록』, 마하수 조.

■사직공(司直公-마하수 부친)이 왜적을 피하여 근해에 머물렀다가 피살되었다. 공(마하수)은 피눈물을 흘리며 하늘에 호소하였다. 더욱 왜적과 함께 살고 싶지 않았다.
未幾。 司直公避寇。 沒于海。 公血泣呼天。 益不欲與賊俱生。
ⓒ『淵泉先生文集』 권26, 豊山洪奭周成伯著, 馬河秀墓碣銘.

---

2) 조선 시대 외명부 중 정·종 5품 문관·무관의 정처(正妻)에게 내린 작호(爵號).

■ 공(마하수)이 마침내 (배흥립 군수의 부관을 맡고) 큰아들 성룡으로 하여금 부친을 배에 모시고 피난토록 하였다. 그해 7월에 사직공(司直公)이 왜적을 수색하다 죽었는데, 아들 성룡은 다행히 뭍에 오르면서 흉살을 피하였다.
使長子成龍泰司直公乘舟避兵于扶安邊江 同年七月司直公遇搜賊歿于海成龍幸免登陸凶于公
ⓒ『장흥마씨대동보』(乾), 마하수事蹟(魏伯珪).

■ 공(마하수)이 큰아들 성룡으로 하여금 사직공을 모시고 부안 변강으로 피난케 하였다. 왜적의 피해로 사직공이 바다에서 사망하였다.
使一長子成奉龍司直公避兵于扶安邊江遇賊被害歿于海
ⓒ『장흥마씨대동보』(乾), 마하수 행장.

■ 마인서(馬麟瑞,1512~1595)는 장흥인이다. 자(字)는 성중(聖仲), 관(官)은 부사직(副司直), 부(父)는 팔준(八駿-副修撰), 조(祖)는 이건(以乾-叅奉), 현조(顯祖)는 천목(天牧-忠靖公)이다.
공(마인서)은 임진왜란 때 의병을 일으켜 무수히 많은 적을 참살하다가 부안(扶安) 변강(邊江)에서 순절하였다. 옷만으로 이장(衣履長)하고 부사직(副司直)에 제수되었다.
ⓒ『광주·전남五亂忠義史錄』(마인서馬麟瑞편), (사)광주·전남충의사현창회, 1992. 265쪽.

■ 마인서((馬麟瑞) : 자(字)는 성중(聖中)이다. 중종 1512년 2월 29일 출생. 충무위(忠武衛) 부사직(副司直) 상호군(上護軍)을 역임하여. 품계가 어모장군(禦侮將軍)에 이르다.
만년에 임진왜란을 당하여 부안(扶安) 변강(邊江)에 피난하다 왜적을 만나 싸우다가 을미(乙未) 1595년 7월 9일에 서거(逝去)하였다. 신과 의복을 거두어 학송리 우평 언덕(右崗) 경태룡(更兌龍) 경좌(庚坐)에 안장하다. 기일(忌日)은 2월 2일이다.

ⓒ『장흥마씨대동보』(坤), 33쪽.

　이상 6건의 예문은 마하수의 부친 마인서(馬麟瑞)에 관련된 전대 기록의 일부분이다. 여기서 주목되는 점이 마인서 공의 사망에 관한 부분이다. 『호남절의록』, '마하수 행장' 등의 기록에 의하면, 왜적을 피하여 근해, 또는 부안 변강에서 왜적에게 피살되었다는 등의 내용이고, 존재 위백규가 쓴 '마하수 사적(事蹟)'에서는 보다 구체적으로 "왜적을 수색하다 죽었다."는 내용이 나온다. 장소는 부안 변강이다.
　그런데 왜적을 만난 것은 사실일 것이다. 또 마인서 공이 무장 출신이므로 당연히 소수의 왜적과 싸우다, 몇몇의 왜적을 죽이다가 사망했을 것이다. 동행했던 손자 성룡이 살아 있었고 유품을 수습했다는 점을 상기하면 이 내용이 맞을 것이다. 이는 『장흥마씨대동보』(坤)의 마인서 편에서도 "부안(扶安) 변강(邊江)에 피난하다 왜적을 만나 싸우다가 서거하였다."라는 내용과 일치된다. 아마 그 전투 장소가 변강(邊江)이어서 마인서 공이 수장되면서 시신을 수습하지 못했을 것이고, 그런 까닭으로 신과 옷만으로 장사를 치렀을 것으로 유추된다. 거의 모든 기록대로 마하수의 장자 성룡과 함께 부안 강변으로 피난 중에 왜적을 만나 싸우다가 전사한 것은 사실일지언정, 『광주·전남 五亂忠義史錄』에서의 기록대로 "의병을 일으켜 무수히 많은 적을 참살하다."는 것은 와전으로 유추된다. 또 부안 변강에서 순절한 이후 부사직(副司直)에 제수된 것은 아니다. 『장흥마씨대동보』(坤)의 기록 즉 "…충무위(忠武衛) 부사직(副司直) 상호군(上護軍)을 역임하여, 품계가 어모장군(禦侮將軍)에 이르다. 만년에 임진왜란을 당하여 부안(扶安) 변강(邊江)에 피난하다 왜적을 만나 싸우다가 서거하다."가 맞을 것으로 추정된다.

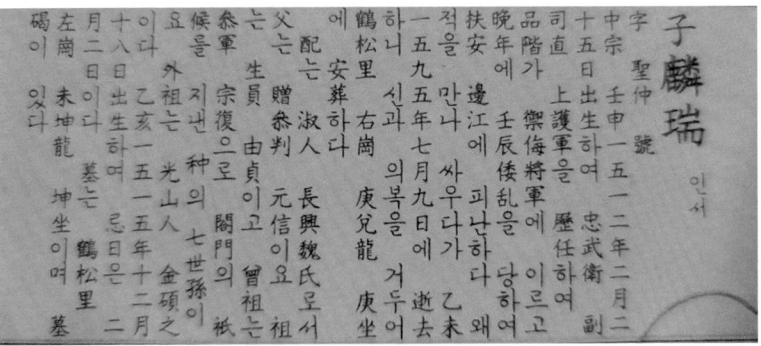

▲ 『장흥마씨대동보』(坤), 마인서 편.

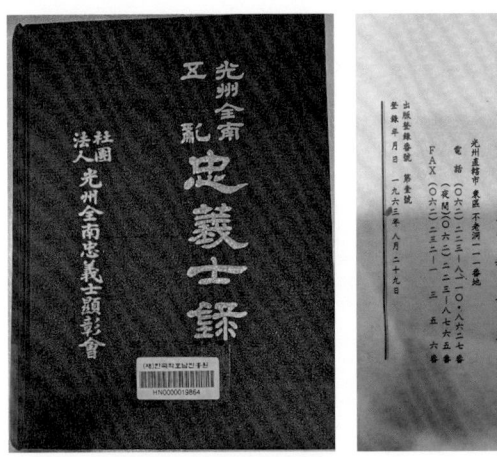
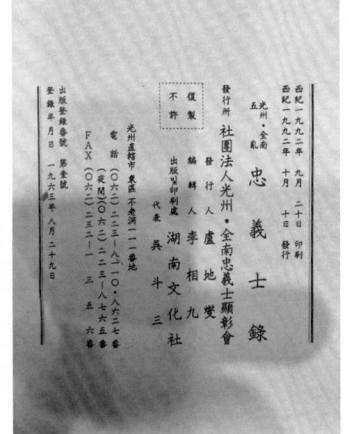

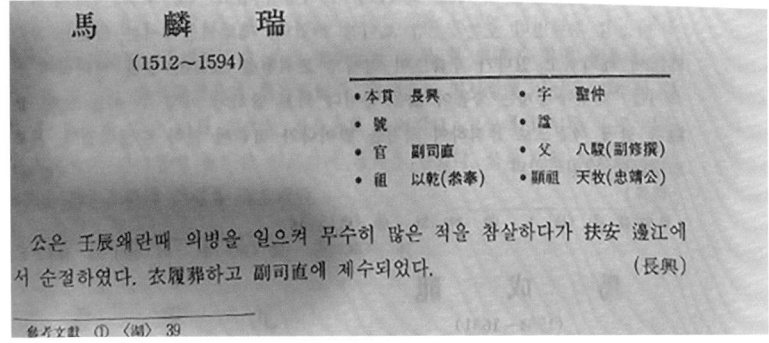

▲ 『광주·전남 五亂忠義史錄』('마인서 馬麟瑞'편).

제5절
정유년 조선의 영웅 마하수(馬河秀)

1. 마하수, 그는 누구인가
2. 『충무공전서』의 '마씨가장(馬氏家狀)'
3. 마하수의 묘갈명(墓碣銘)
4. 존재 위백규의 마하수 사적(史蹟)
5. 마하수의 행장
6. 정명열(丁鳴說)의 '정유년 일기'
7. 마하수(馬河秀)의 유허비명(遺墟碑銘)

제5절
정유년 조선의 영웅 마하수(馬河秀)

1. 마하수, 그는 누구인가

정유재란 때 명량해전에서 충무공 이순신을 구하기 위해 적진에 뛰어들어 장렬히 순절하였던 장흥 출신의 정유재란 영웅이 있었다. 마하수(馬河秀, 1538~1597)가 그 주인공이다.

마하수(馬河秀), 그는 누구인가.

조선 중기의 무신이다. 자는 선천(先天), 호는 주촌(舟村), 본관은 장흥(長興)이다. 선공감 주부(繕工監主簿)를 역임하고, 명량해전(鳴梁海戰)에서 전사하였다.

마하수는 장흥부원군(長興府院君) 충정공(忠靖公) 마천목(馬天牧)의 7세손이고, 장흥 마씨 조은공파(釣隱公派) 파조 마전(馬腆)[1]의 6세

---

1) 마천목의 아들 4형제가 모두 현달하였다. 마승(馬勝)은 문간공파(文簡公派), 마전(馬腆)은 조은공파(釣隱公派), 마반(馬胖)은 현감공파(縣監公派), 마춘(馬椿)은 참판공파(叅判公派) 등 4파를 이루었다. 마전(馬腆)의 자(字)는 후경(厚卿), 호(號)는 조은(釣隱). 일찍이 호학(好學)하였으며 단양군수(丹陽郡守)를 지냈다. 1456년(세조 2) 장흥(長興)으로 낙향(落鄕)하였다.

손이다.

공은 무술년(戊戌年) 3월 8일에 장흥(長興) 안양방(安壤坊) 주암촌(舟岩村 : 현 장흥군 안양면 장수리)에서 태어났다.

공은 어려서부터 효성이 지극하고 기개와 절의를 숭상하였다.

남계(南溪) 김윤(金胤)[2]의 문하(다른 기록은 남계의 맏아들 김공金公의 문하생)에서 수학하였다. 김윤이 공에게 무예를 익히도록 권하여 무예를 익혀 명종 19년(1564년)에 무과에 급제하여 선공감(繕工監) 주부(主簿)를 역임하였다.

마하수에 대한 기록 중에 일부에서 "(마하수는) 1564년(명종 19) 무과에 합격하여 선공감주부(繕工監主簿)가 되었다. 임진왜란 때 거북선 건조에 참여하여 이순신(李舜臣)을 도왔다. 1597년 이순신이 투옥되자 관직을 사퇴하였다"(『한국민족문화대백과사전』, 『위키백과』 등)는 기록이 나온다. 여기서 "거북선 건조에 참여하여 이순신(李舜臣)을 도왔다"는 내용은, 아마 마하수의 직책이 당시 '토목과 영선(營繕)에 관한 일을 관장하기 위해 설치했던 관서인 선공감'의 주부였기 때문에 추정한 기사로 보인다. 마하수에 대한 장흥마씨대동보나 행장 등에서는 이 내용을 뒷받침할 내용이 나오지 않는다.[3]

---

2) 김윤(金胤,1506~1571) : 광산인(光山人). 자는 찬중(纘中). 호는 남계(南溪). 영천(靈川) 신잠(申潛)의 문하에서 수업, 선조 3년(1570사) 사마시 급제하였다. 영천은 자신의 학문을 이을 사람은 김윤과 임분(林蕡,1501~1556)이라고 하였다. (임분은 부안인. 자는 성보成甫. 호는 서곡書谷. 영천 신잠의 문인. 중종 35년, 1540년에 사사마시에 급제하고 1540년 교수敎授가 되었다. 평생을 경전經傳과 역전易傳을 강구講究하고 현량지사와 교분을 나누었다). 백광훈(白光勳), 최경창(崔慶昌) 등과 동문 수학한 사실이 『옥봉집(玉峯集)』에 실려 있다. 문장과 학문에 뛰어나 기산 팔문장(八文章)의 한 사람으로 인정받았다. 효행으로 천거되어 참봉을 제수받았으나 나아가지 아니하고 학문에만 전념하였다.

3) 임진왜란 초기에 사용된 거북선은 3,4척으로 이 거북선들은 전라좌수영 선소(현재

공이 김윤 문하에서 수학할 때였다. 이때 김 공(김윤)이 쌍고송(雙枯松 : 두 그루의 마른 나무)을 제목으로 글을 짓게 하였다. 이에 공은 쌍고송(雙枯松)에 대한 글(賦)을 지으며 순(巡), 원(遠), 휴양(睢陽)[4]이라는 글귀를 써서 식자(識者)들이 놀라워하였다.

남계 선생도 이 시를 보며 감탄하고 말하기를, "장차 크게 될 것이다."고 기대하였다.

이 시는 다음과 같다.

> 말라죽은 쌍 소나무 賦-雙枯松
> 본래 겨울나무인데 추위를 못 이기고 / 爾本歲寒物
> 어찌하여 눈 속에서 말라죽었느냐 / 如何雪枯悅
> 장순과 허원처럼 휴양성 지키다 안록산 보고 / 見眼陽壘遠巡
> 깜짝 놀라 죽었듯이 죽었느냐 / 共棄軀抵"
> ⓒ『장흥마씨대동보 건(乾)』, 마하수 遺詩.

오래지 않아 공은 관직을 사직하고 부모를 섬기다가 임진왜란을 당하여 안양면의 사자산(獅子山) 깊은 골에 피난하면서 차남 위룡(爲龍)

진남관 망해루 정문 앞), 여수시 시전동에 위치한 순천부 선소, 돌산읍 군내리에 위치한 방답진 선소 등 모두 지금의 여수 지역에서 건조되었던 것으로 확인되고 있다. 그러므로 장흥부 출신으로 선공감 주부였던 마하수였으므로 이 3곳 중 어느 곳에서 거북선 건조 업무에 관여했을 것으로 추정되고 있을 뿐이다.

4) 순(巡), 원(遠), 휴양(睢陽) : 순(巡)은 장순(張巡), 원(遠)은 허원(許遠), 휴양(睢陽)은 지금의 하남성의 땅 이름이다. 당나라 현종 14년(755)에 안녹산이 반란을 일으켜 장안을 향해 파죽지세로 밀려올 때, 그 유명한 휴양(睢陽. 하남성 상구현 남쪽) 방어전에서 이들을 맞아 싸우다가 장렬하게 전사했던 장수가 장순(張巡, 709~757)과 허원(許遠, 709~757)이었다. 이 두 장수를 가르켜 순원(巡遠)이라고 한다 '순원(巡遠)과 휴양(睢陽)'은 나라를 위해 순국한 충절을 의미한다. 소나무는 예부터 충절을 의미했다.

을 선산군수 정경달(丁景達)의 의병 막하에 참여토록 하였다.

　을미년(1595년)에, 장흥군수(당시 장흥부사) 배흥립(裵興立)[5]이 향병을 거느리고 왜적을 치려고 공을 부관으로 임용할 때, 공이 부친을 걱정하니, 부친이 말하기를, "군(君, 임금)과 부(父)는 일체이다. 충(忠)과 효(孝)는 둘이 아니다. 아비는 걱정하지 말고 나아가 싸워라."고 하였다.

　이에 공이 마침내 배 군수 부관을 맡고 큰 아들 성룡으로 하여금 부친을 배에 모시고 피난토록 하였다. 그해 7월에 부안강변에서 사직공(司直公)이 왜적을 수색하다 죽었는데, 아들 성룡은 다행히 뭍에 오르면서 흉살을 피하였다. 다행이 화를 면한 성룡은 부친에게 이 소식을 전하였다. 공은 배 군수 진중에서 피를 토하며 통곡하고 말하기를, "충신도 되기 전에 불효한 죄를 저질렀다."고 한탄하면서 복수를 맹세하였다. 공은 장사를 지내고 나서 그 뜻(복수를 맹세한 일)을 실천하려고 적(원수)에 대한 복수와 적과 함께 살고자 하지 않았으며 적을 섬멸할 것을 결심하였다. (부친 별세 관련은 위백규의 '마하수 사적' 참조)

　1597년 정유년에 왜적이 다시 침공하니, 공은 창의(倡義) 계획을 세웠다. 이에 동참하는 사람이 많이 없었지만 그 중에서도 향인 중에 의로운 사람들이 있었다. (이들은) 백진남(白振男), 정명열(丁鳴說), 김성원(金聲遠), 문영개(文英凱), 변홍원(卞弘源), 김택남(金澤南), 임영개

---

[5] 배흥립(裵興立, 1546~1608) : 시호는 효숙(孝肅), 자는 백기(伯起)이다. 1592년 임진왜란이 발발하자 조방장(助防將)으로 권율, 이순신과 함께 행주·당포·옥포·견내량·진도·칠전 전투에 참가하여 공을 세우고 이순신의 천거로 공신에 오른 후 장흥부사와 전라도방어사, 경상우수사, 전라좌수사를 거쳐 공조참판(工曹叅判)에 올랐다. 인조 때 원종공신(原從功臣), 병조판서(兵曹判書), 좌찬성(左讚成)에 추증되고 효종 때 정려가 내려졌다.

(任永凱) 등 10여 명이었다. 이들은 각각 피란선(避亂船)에 자제들과 자제들의 노복들, 군량미와 무기 등을 가지고 모여들었다. 이들 모두는 정세를 엿보아 적이 지쳐있을 때 전격적으로 적을 토벌한다는 계책을 세웠는데, 7월에 이통제(李統制)가 복직되어 부임한다는 말을 듣고 다들 매우 기뻐하였다.

공이 말하길, "이공이 왔으니 우리가 무엇을 근심하겠느냐?"하고 말하고 마침내 후원군에 참여하는 선비들과 함께 회령포(會寧浦)의 이충무공을 찾아가 만났다. 이공(충무공)이 말하기를, "창칼 속에서 찾아오느라 수고하셨다. 한 고을의 사람들이 뜻을 같이하는 배가 얼마나 되는가?"라고 하였다. 공이 이르기를, "십 수 척(隻)입니다."하니 이공이 다시 말하길, "내가 어지러운 상태에서 직임을 받았다. 게다가 군수품이 탕진되어 여세(군세)가 미약한 상태이다. 그러므로 여러분이 모여들고 여러분 향선(鄕船)이 우리의 후원군(後援軍)이 되어준다면 우리 군대의 진용에 크게 보탬이 될 것이다."고 하였다.

이에 공이 말하기를, "복(僕 : 자신의 겸칭)이 비록 노쇠하였지만 흉중(胸中)에는 다만 의(義) 한 글자가 있을 뿐입니다. 마땅히 공(公)과 생사를 함께 할 것입니다."고 하였다. 이에 이공이 매우 기뻐하며 공을 크게 칭찬하였다. (정유년 마하수의 모의 계획 추진과 충무공 면담 부분, '위백규의 마하수 사적' 참조)

회령포에서 충무공을 만난 이후 마하수 공이 지은 시가 있다.

    예(禮)·악(樂)·의관(衣冠)이 바른 성스러운 나라 / 禮樂衣冠聖祖基[6]
    추악한 오랑캐 쳐들어오니 어찌 말 달려가지 않으랴 / 那令醜虜肆驅馳
    내 머리는 세었지만 마음은 장정이다 / 男兒白首心猶壯

---

6) 46면, 주2) 참조.

연원[7]처럼 이제 왜적과 싸워 죽을 때이다 / 正是文淵裏革時[8]

  그해 9월 명량해전 때에는 왜선에 포위되어 위급하게 된 이순신을 보자, "장부로 태어나서 이때가 죽을 때이다."라고 결의를 굳히고 아들 마성룡(成龍)·마위룡(爲龍)·마이룡(馬而龍)·마화룡(馬化龍) 네 아들(다른 기록에는 첫째 둘째 아들만 거명된다. 이는 당시 첫째가 33세, 둘째가 21세로 성인이었기 때문에 당연히 거명되었지만, 셋째 마이룡은 16세, 넷째 마화룡은 10세로 약관이 되기전인 어린아이였기 때문에 굳이 이름을 거명하지 않은 것으로 추정된다.) 함께 왜적선을 향하여 돌진하였으나, 적의 총탄에 맞아 전사하였다.

  다음은 마하수 공의 순절 전후의 상황을 묘사한 '위백규의 마하수 사적' 내용이다.

    …공은 모든 배(향선)을 진영 바깥 바다에 배진(排陣)하였다. 후원(後援)의 의병(疑兵)이 참여한 가운데 시작된 명량(鳴梁)의 전투였다. 적선(賊船) 삼백(三白)여 척이 명량해를 가리며 포위하였다. 이공(李公)이 매우 급박한 상태였다. 이공 휘하의 장수들이 모두 물러나 행방을 알 수 없었다. 그러므로 그들 (왜적의) 공격의 예봉을 꺾을 수 없는 아주 위급한 상황이었다. (이러한 충무공의 위태로운 상황을 본 마하수 공이) 바로 그때, 칼을 뽑아들어 돛대를 치며, "장부가 난리에 임하여 죽음에 처했을 뿐이니 어찌 구차히 살기를 바라겠느냐! 丈夫死耳豈可臨難苟免"고 크게 외치고 네 아들 성룡, 위룡, 이룡, 화룡과 함께 적진으로 돌격하여 싸우다가 순직하였다.

    공의 네 아들은 비상(秘喪)을 당하였지만, 그럼에도 좌우에서 적을 찔러죽이며(衝殺) 나갔다가 부친을 부축하여 빠져나왔고 이어 향배(鄕

---

7) 46면, 주3) 참조.
8) 46면, 주4) 참조.

輩)를 옹호하면서도 시체를 보호하는 수단을 써서 두 번이나 적을 진격하였다. 또 이충무공도 거군들을 연이어 격파하니, 왜적이 숨을 곳이 없었다. 네 아들이 부친의 시신을 모시고 육지로 올라왔다.

(뭍에서 공의 순절을 확인한) 정명열(丁鳴說)이 탄식하며 말하길, "육십 노쇠한 분이 백의종군하고 나라를 위하여 목숨을 바쳤건만 조정에서 이 사실을 모르고 있으니 누가 호남의사라고 칭할 것이며 또 누가 나라에 상계할 것인가?"하였고, 이어 만장(輓章)에서, "공이 육십세에 순절하시니 충렬의 위업을 햇님이 비추고 혈강에 울화가 맺힌다. 충절의 넋은 어느 곳에 의지할 것인가 벽파정 저문 썰물이 안벽을 치며 울더라."라고 하였다.

ⓒ『장흥마씨대동보』(乾),마하수 사적(위백규), 353-357쪽.

이처럼 명량해전에서 장렬히 순사한 마하수 공은 후에 병조참판에 추증되고, 경기도 충현사(忠顯祠), 장흥 학송리 충현사(忠顯祠)에 배향되었다.

조선 말, 좌의정에 오를 정도로 대석학이었던 풍산 홍석주(洪奭周)는 마하수 공의 묘갈명에서 공을 찬하는 글을 지으니 다음과 같다.

오호라.
바람을 가르며 날갯짓하였구나!
아주 작은 힘이 아니었구나 (터럭 하나의 힘이 아니었구나).
광대한 건물은 결코 나무 한 그루로 이루지 못한다(大廈之成, 非一木之材也)[9]

---

[9] "대하지성(大廈之成), 비일목지재야(非一木之材也)" : "대해지윤(大海之潤), 비일유지귀야(非一流之歸也)." 이 말은 『동주열국지(東周列國志)』에서 재상 관중(管仲,약B.C 732~B.C 645)이 제환공(齊桓公, ?~B.C 643)에게 큰 뜻을 이루려면 많은 인재를 등용해야 한다고 제언할 때 한 말이다. 즉 관중은 "신이 듣기로 높은 건물은 나무 한 그루로 이루지 못하고(臣聞大廈之成, 非一木之材也), 넓은 바다는 강물 한 줄기로 이루지 못한다(大海之潤, 非一流之歸也)"라고 하였다. 이 말의 의미는

이공(이순신)은 비록 충용(忠勇)이면서 용병(用兵)을 잘한다 하여도
백 번 싸우면 백번 모두 승리하여 대항할 적이 없었던 것은
뭇 의사(義士)가 힘을 같이하는데 어찌 도움이 되지 않았겠는가.
이 또한 이공(이순신)의 공이다.
오직 이공에게는 사직(社稷)과 백성만 있었다.
만세에 이르도록 이를 힘입게 되었다.
능히 이러한 이공(李公)의 공(功)을 도와준 자가 있었다.
이것 또한 사직(社稷)이 의지하는 바이다.
하물며 그러한 그(마하수)가 의(義)를 위해
순순히 죽음을 무릅쓴 경우야 말할 나위가 더 있었겠는가.

이어 홍석주는 공을 찬하는 시문도 지었다.

북두성(北斗星, 維斗)10) 남쪽에 / 維斗之南
빛과 기운이 휘황 찬란히 빛나는구나 / 光氣熊熊
그 누가 그 빛나는 정기 타고 났는가 / 孰乘其精。
바로 혁혁한 이충무공이구나 / 赫赫李公

높은 건물은 목재 하나로 이루지 못하고 넓은 바다는 강물 한 갈래로 적시지 못한다는 것이다.

10) 여기서 유두(維斗)는 천지의 중심으로 여겼던 북두칠성, 북두성을 가르킨다. "…도(道)는 정(情)과 신(信)은 있지만 작용이나 형체는 없는지라, 전해 줄 수는 있지만 받을 수는 없으며, 터득할 수는 있지만 볼 수는 없으니, 스스로를 근본으로 삼아 아직 천지(天地)가 있기 이전에 예로부터 이미 엄연히 존재하여 온 것이다.…북두성(北斗星)은 그것을 얻어서 영원토록 어긋나지 않으며, 일월(日月)은 그것을 얻어서 영원토록 쉬지 않는다. 伏戱氏得之 以襲氣母 維斗得之 終古不忒 日月得之 終古不息…"라고 했다.(『장자』, 第6篇, 大宗師, 제1장). 그런데 이에 대한 주석 중 '유(維)'에 대해 이이(李珥)는 "천하의 중심축[綱維]이기 때문에 유두(維斗)라고 표현했다 所以爲天下綱維."고, 성현영(成玄英)은 "뭇 별의 중심축[綱維]이기 때문에 유두(維斗)라고 했다 爲衆星綱維 故謂之維斗." 안동림(安東林)은 "세계를 매달아 떨어지지 않게 하는 밧줄"이라고 풀이하였다.

> 공(마하수)은 이충무공에서 나왔구나 / 公於李公。
> 별(마하수)이 달(충무공)을 따랐던 것과 같구나 / 若星從月
> 나는 묘비에 이 말을 새기노니 / 我琢其石
> 백세(百世)에 이르도록 길이 남으리라. / 百世不滅
> ⓒ『淵泉集』卷26, 豊山洪奭周成伯著, 墓碣銘上.

 장흥의 대표적인 실학자 존재 위백규 선생도 마하수 공의 사적을 밝히는 글 맨 마지막에 공을 찬하는 글을 다음과 같이 남겼다.

> 공은 실로 정절의 장부(丈夫)요 완전한 인재로서 나라를 위하여 바친 공훈과 영특한 성품으로 마땅히 합당한 지위에 천거되어야 할 터이나. 시운에 어긋나더라도 만약에 요행으로 몸소 직분을 다하고 친상을 당했더라면 떳떳한 효자가 될 것인데, 하늘이 이를 도와주지 아니하니 당황스럽고 근심할 뿐이다.
> 거적자리에 누워 병란을 생각하니 원흉을 쳐부술 조급한 생각에 공은 피를 뿜어 바다에 맹세하고 이순신을 후원하기로 했다. 당시에 나라가 믿고 의지한 이순신이 왜적에게 포위되었을 때, "이순신을 구하지 못하면 바로 나라가 망한 판국인데 내 목숨을 바쳐 나라를 구하리라. 또 내 부친이 왜적에게 피살되었으니 왜적을 쳐 물리친다면 부모의 원수도 갚는 길인데 내 몸을 어찌 아끼겠는가?" 하고 만경창파에 쏟아지는 화살과 적탄을 무릅쓰고 위기일발에 처한 이순신을 구했건만 하늘이 어찌 그 정성을 몰랐는가.
> 그러나 감히 충렬의 그 속마음과 높은 품격이 하늘의 명령에 부응하는 것이 주촌공의 평소의 뜻이었으니 가히 흠 없는 인간이로다.
> 우뚝하게 솟은 의로운 담력으로 피를 쏟아 높은 이상을 아득한 남쪽 바다 푸른 파도 위에 펼치고 순절하시니 고요하게 애국지사를 애도하는 눈물에 옷깃을 적시는 것이 어찌 나만의 생각이겠는가?
> 슬프고 애석하도다. 공의 드러내지 못한 공적에 대한 보답은 마땅히 자손에게로 미칠 것이다.

그 누구도 닦기 어려운 그 공덕을 두고 어찌 밝히지 않겠는가. 후손들은 공의 두텁고 깊은 공적을 선양하고 하늘은 반드시 이를 증거하리로다.
　ⓒ『장흥마씨 대동보』건(乾), 마하수 사적(위백규), 354쪽.

완산인 이정인(李廷仁)은 마하수 행장의 말미에서 다음과 같이 찬했다.

　주촌공이 전사하니, 이순신은 크게 애통해하며 애석해하였다.
　정명열(丁鳴說)이 탄식하며 하는 말이, "육십 노쇠한 분이 백의종군하여 목숨을 바쳤건만, 조정이 이 사실을 모르니 누가 호남의사라 호칭할 것이며 또 누가 나라에 상계(上啓)할 것인가?"
　아, 슬프다. 공경대부(公卿大夫)는 충신을, 당나라 때 충신의 안진경(顔眞卿)[11]을 예로 든다. 그러나 주촌공도 그에 못지않은 조선의 충신이다. 나라를 위해 죽은 사람은 모두 조정이 포상을 베풀었으나 유독 공에 대한 헤아림이 없었음은 아직 이에 대한 인식이 미치지 못한 탓이리라. 그러나 국난에 임하여 싸우다 순절하였으며 족히 기록된 사연에 따라 이후에라도 옳고 그름과 성패가 의논될 것이라 믿는다.
　ⓒ『장흥마씨 대동보』건(乾), 마하수 행장, 358쪽.

마하수 공의 명량해전에서의 순절에 대해 정명열은, "육십 노쇠한 분이 백의종군하고 나라를 위하여 목숨을 바쳤건만 조정에서 이 사실

---

[11] 안진경(顔眞卿, 709~785) : 중국 당나라(唐) 때의 대신이자 명필가이다. 현종(玄宗) 때 평원태수(平原太守)로 있을 무렵, 안녹산의 난이 일어나자 사촌 형인 안고경(顔杲卿)과 함께 의용병을 모집하여 난의 진압에 참여한 바 있다. 그러나 안고경은 안녹산에게 욕을 퍼붓다가 사로잡혀 처형되었다. 국가의 혼란 중에도 변치 않았던 강직한 성품은 유명하다. 이러한 충직성은 그가 남긴 여러 서예 작품의 필체에 잘 반영되어 있다. 글씨에도 뛰어나 구양순·우세남·저수량 등과 함께 당나라 서예의 4대가로 불린다. 저서로『안로공집』이 있다.

을 모르고 있으니 누가 호남의사라고 칭할 것이며 또 누가 나라에 상계할 것인가?"라고 말한 대목은 많은 점을 시사해주고 있다.

아마 당시의 현실이 그러했고, 그 후에도 그러한 상황은 여전했을 것이다. 마공의 순절의 의미가 큼에도, 원종공신(原從功臣)에 등재되지도 않았다. 하다못해 여타 일반적인 다른 경우에서처럼 누구 한 사람 마공의 그 순절을 논한 사람도 없었다. 여타의 일반적인 다른 경우에서처럼 정려(旌閭)의 표창이나 정려문(旌閭門)을 상신하지도 않았다.

한 마디로 명량해전에서 전사했지만, 그것으로 거의 잊혀진 사람이었다. 지금까지도 그러했다. 장흥에서도 그러했다.(이는 마하수 공을 배향한 학송리 충현사가 군지정문화재로도 등재되지도 않았음이 이를 증명하고 남는다.)

그러나 정명열의 말처럼 당시에도 그러했고, 그 후에도(장흥마씨를 제외하고) 장흥에서도 거의 잊혀진 사람이었지만, 당시 명량해전에의 마하수의 전사는 대단한 상징성과 많은 의미를 갖는다.

마하수공은 이충무공의 막하에서 전투를 사명시하는 전투병도, 왜군과 싸우기 위해 동원된 의병(義兵)도 아닌, 단순한 후방에서 후원을 하는 후원군이었다.

전투는 주로 젊은이들의 몫이다. 그런데 50도 아니고 60 고령의 나이였다.

당시 마하수 공이 승선한 배는 무장된 전투선도 아니고 단순히 피난선일 뿐이었다.

당시 마하수 공이 승선한 배는 네 명의 아들을 포함, 수십 명의 가솔이나 노비들이 타고 있었다. 육지에서라면 홀홀 단신으로 전투현장으로 능히 달려갈 수도 있었겠지만, 해전이므로 향선 자체가 적진으로 가야 전투를 할 수 있었다. 그러므로 자기 혼자만의 목숨이 걸린 것이 아니고 네 아들이며 수십 명의 가솔들의 목숨도 걸린 일이었다. 그런데도 마하수 공은 그 향선으로 적진을 향해 돌격한 것이다. 전혀 무장되지 않은 향선 자체가 철저히 무장된 왜군 전투선으로 침몰할 수도 있는 상황이었는데도.

마공의 그러한 결행은 무엇이었을까. 한 마디로 굳건한 선비로서 나라를 위해 죽음도 불사한 대단한 결기(決起)의 충절이요 절의(節義) 정신의 발현이 아닐 수 없었다. '조선의 영웅' 같은 대단한 절의와 기개가 아니면 도저히 시도할 수 없는 숭고한 결행이었던 것이다.

당시 임진왜란이나, 정유재란 중에 수많은 군병들과 의사(義士)들이 목숨을 내던졌지만, 마하수 공의 상황과 같은 경우에서도 결행한 경우가 또 있었을 것인가를 생각해 보면, 아마 마하수 공의 그와 같은 결행이 거의 유일했을 것이다.

(가히 마하수 공의 그때의 그 충절과 절의의 표상으로서 결행은 당시 조선 땅에서는 최초요 유일한 경우였다고 필자는 확신한다. 그리하여 마하수 공의 그 절의 정신은 장흥의 영웅을 넘어 '조선의 영웅'으로서의 표상이었다고 필자는 거듭 확언한다.)

이것이 마하수에 대한 대략의 내용이다.

상기의 내용은 ①『호남절의록(湖南節義錄)』(권3 상, 壬辰義蹟, 忠武李公舜臣同殉諸公事實)[12] ②『이충무공전서』(권14, 부록6, 기실紀實 하, 마씨가장) ③『연경재전집』(卷61권, 蘭室史料四, 督府忠義傳) ④『淵泉集』(卷26, 豊山洪奭周成伯著, 墓碣銘上) 등과 『장흥마씨대동보』(乾-坤) 등에 출전된 내용을 중심으로 요약한 것이다.

이제, 마하수가 출전된 사료 중 『호남절의록』, 『충무공전서』, 『연경재전집』, 『연천집』(묘갈명)『장흥마씨대동보』 등을 살펴보자. 다만,

---

12) 『교감·역주 호남절의록』, 고정헌 저, 김동수 교감·역주, 경인문화사, 2010.

『호남절의록(湖南節義錄)』[13], 『연경재전집』[14], 『이충무공전서』(마씨가장) 에 실린 마하수 관련 기사는 내용이 거의 대동소이하므로 『호남절의록』 『연경제전집』 내용은 생략하면서 주)에서만 원문을 소개하고 조금 다른 기사는 『이충무공전서』에 추가해 넣기로 한다.

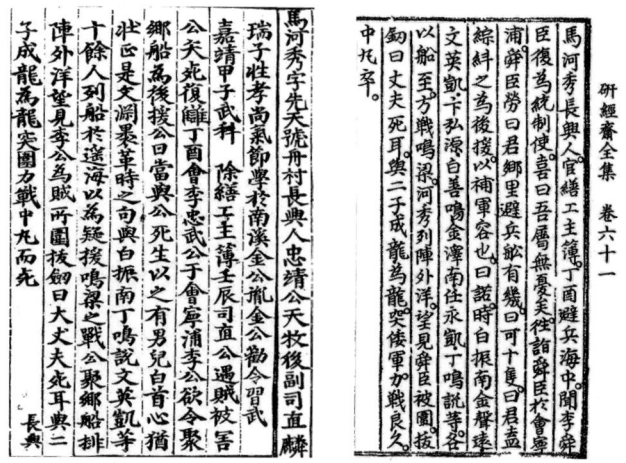

▲『호남절의록』, 忠武李公舜臣同殉諸公事實, 마하수(좌). ▲『연경재전집』, 독부충의전, 마하수(우).

13) 『湖南節義錄』, 壬辰義蹟, 忠武李公舜臣同殉諸公事實：馬河秀. 字先天 號舟村 長興人. 忠靖公 天牧後 副司直麟瑞子. 性孝尙氣節 學於南溪金公胤. 金公勸令 習武嘉靖. 甲子武科除 繕工主簿. 壬辰 司直公 遇賊被害. 公矢死復讐.丁酉會李 忠武公于會寧浦. 李公欲令聚鄕船爲後援. 公曰當與 公死生以之有. 男兒白首心 猶壯正 是文淵裵革時之句與. 白振南 丁鳴說 文英凱 等十餘人列船於. 遙海以爲 疑援. 鳴梁之戰. 公聚鄕船排陣外洋望見. 李公爲賊所圍. 拔劍曰大丈夫死耳 與 二子 成龍爲龍 冞圍 力戰中 丸而死[長興]ⓒ『湖南節義錄』, 壬辰義蹟, 忠武李公 舜臣同殉諸公事實.

14) 『硏經齋全集』권61, 蘭室史料四, 督府忠義傳馬河秀長興人：官繕工主簿。丁 酉避兵海中。聞李舜臣復爲統制使。喜曰吾屬無憂矣。往詣舜臣於會寧浦。舜 臣勞曰君鄕里避兵船有幾。曰可十隻。曰君盡綜絆之爲後援。以補軍容也。曰 諾。時白振南, 金聲遠, 文英凱, 卞弘源, 白善鳴, 金澤南, 任永凱, 丁鳴說等。各 以船至。方戰鳴梁。河秀列陣外洋。望見舜臣被圍。拔釖曰丈夫死耳。與二子 成龍, 爲龍, 突倭軍。力戰良久。中丸卒。

2.『충무공전서』의 '마씨가장(馬氏家狀)'

"내가 전쟁 터에서 죽음을 맞이할 때다"

마하수는 장흥인(長興人)이다. 관선공 주부(官繕工主簿)이다.
정유년(丁酉年)이다. 배 한 척을 준비한다. 바다 가운데 난을 피한다.
들으니, 이통제(李統制 : 이순신)가 복직되었다고 한다.
크게 기뻐하며 말하였다. "우리들이 어찌 근심하겠는가!"
마침내 회령포(會寧浦)로 가서 이공(이순신) 앞에 엎드렸다.
이공(李순신)이 말하기를, "칼날을 무릅쓰고 찾아오시느라 고생하였습니다. 공이 소유한 고을에서 모은 피란선(避亂船)이 몇 척인가요?"
공이 "10여 척은 됩니다." 하였다.
이공(李公)이 말하길, "공이 향선을 모아 저를 후원해주십시오. 군용(軍容), 즉 군대의 위용을 보여준다면 큰 도움이 안 될 리 없습니다."
공이 말하길, "제가 비록 노쇠하였으나 마땅히 이공과 생사(生死)를 함께하겠습니다."
이공이 공을 극력 칭찬하고 상을 내렸다.
공이 이공으로부터 물러났다. 이때 공이 시(詩)를 지었다.

  예(禮)·악(樂)·의관(衣冠)이 바른 성스러운 나라[15]
   /禮樂衣冠聖祖基
  추악한 오랑캐 쳐들어오니 어찌 말 달려가지 않으랴
   /那令醜虜肆驅馳
  남아의 머리가 희었지만 마음은 아직도 굳세도다

---

15) 성조기(聖祖基) : 성스러운 나라의 터전이다.

/男兒白首心猶壯

문연(文淵)[16]처럼 전쟁터에 나가 죽음을 맞이할 때이다

/正是文淵裏革時[17]

이때 백진남(白振南)[18]과 김성원(金聲遠)[19], 문영개(文英凱)[20], 변홍

---

16) 46면, 주석 3) 참조.
17) 46면, 주석 4) 참조.
18) 백진남(白振南,1564~1618) : 본관은 해미(海美). 자는 선명(善鳴), 호는 송호(松湖). 할아버지는 참봉을 지낸 백세인(白世仁)이며, 아버지는 옥봉(玉峯) 백광훈(白光勳)이다. 부인은 선전관 윤관중(尹寬中)의 딸 해남윤씨(海南尹氏)다. 문장으로 이름이 높았던 백광홍(白光弘), 백광안(白光顔)의 조카이다. 1597년 정유재란이 일어나자 백진남은 통제사 이순신(李舜臣)의 진중에 머물며 호남의 선비 정운희(丁運熙)·김성원(金成遠)·마하수(馬河秀) 등과 함께 이순신을 도왔다. 당시 명나라 장수 계금피(季金皮)와 승덕(承德) 등은 백진남의 시초(詩草)를 보고 크게 칭찬하였다고 한다. 1606년 4월 명나라에서 문장과 글씨로 이름 높았던 주지번(朱之蕃)이 사신으로 오자 대제학 유근(柳根)이 천거하여 백진남은 접반을 맡았다. 주지번은 백진남의 묵적(墨蹟)을 칭찬하며 소중히 간직하였다고 한다. 이후 백진남은 두문불출하며 후진 양성에 전념하다 1618년(광해군 10) 사망하였다.
19) 김성원(金聲遠,1567~?) : 광산인. 시중공파. 자(字)는 달문(達聞). 호(號)는 수암(秀巖). 참판(叅判) 청(淸)의 증손이고 진사 극수(克粹)의 아들이다. 성격이 곧았고 대절(大節)이 있었으며 부모의 상에 여묘(廬墓)를 하였다. 임진란 때 백진남(白振南)·문영개(文英凱) 등 여러 사람과 배를 모아 이충무공의 후원세력이 되어 명량(鳴梁) 싸움에서 승첩을 이루게 하였다. 갑자란(1624: 이괄의 난)에 또 의병을 모았다.(『湖南節義錄』)
20) 문영개(文英凱,1565~1620) 남평인, 자는 휴암,『장흥읍지(정묘지)』(천포방)에 출전. '읍청정 문위지(1532~1610)' 아들들인 '3남 문형개, 4남 문홍개, 5남 문여개' 등도 명량해전에 참여했다.

원(卞弘源)²¹⁾, 백선명(白善鳴=白振南과 동일인), 김택남(金澤南)²²⁾, 임영개(任永凱)²³⁾ 등 10여 명이 각각 피란선(避亂船)을 가지고 와서 모여들었다.

정명열(丁鳴說) 또한 그 가운데에 포함되어 있었다.

정공(정명렬)이 와서 공을 보고서 말하였다.

"우리들은 평소에 쌓아 온 것(충성심)이 있습니다. 오늘에 이를 사용하는 것을 늦출 수는 없습니다. 들으니, 이통상(李統相, 이순신)이 지금 피란선(避亂船)과 멀리 떨어져 있습니다. (전투 현장에서) 우리는 먼 바

---

21) 변홍원(卞弘源,1554~1593) : 자(字)는 경원(景源). 본관은 초계(草溪). 이조참판(吏曹叅判) 효경(孝敬)의 후손이고 수사(水使) 국형(國衡)의 아들이다. 정유란(1597) 때 고을 사람 정명렬(丁鳴說)·마하수(馬河秀)·김성원(金成遠) 등 수십여 명과 함께 배를 모아서 명량(鳴梁)전투에 나아가 충무공(忠武公) 이순신(李舜臣)을 후원하였다. 그 공으로 통정대부(通政大夫)를 제수 받았다. (『湖南節義錄』)

22) 김택남(金澤南) : 부친이 김정(金珽, 1527~1613)이다. 김정의 자(字)는 공서(公瑞). 호(號)는 남계(南溪). 본관은 광산(光山). 문과에 급제한 사예(司藝) 호(瑚)의 현손이고 참봉(叅奉) 중겸(仲謙)의 아들이다. 명종 10년(1555) 사마시(司馬試)에 합격하였다. 임진란 때 송강(松江) 정철(鄭澈)과 이충무공이 여러 차례 참모로 도와줄 것을 요청했으나 공은 "신하의 도리는 마땅히 먼저 근왕을 하는 것이다."라 하고 아우인 진사(進士) 구(玖)와 용만(龍灣)까지 호종(扈從)하였다. 선조 31년(1598)에 귀향하였다.(『湖南節義錄』). 김정의 큰아들이 택남(澤南)이다. 택남은 정유란(1597) 때 이충무공을 후원하여 명량(鳴梁) 싸움에서의 승리 후 참봉(叅奉) 벼슬을 받았다. 둘째 아들 식남(式南)은 광해군 때 과거(科擧)를 포기하였는데 후일 참봉(叅奉) 벼슬을 받았다.

23) 임영개(任永凱) : 자(字)는 사화(士和). 호(號)는 동강(東岡). 본관은 장흥(長興). 증판서(贈判書) 관산군(冠山君) 광세(光世)의 현손이고 생원(生員) 주(氵+廚)의 아들이다. 대범하여 세속에 얽매이지 않았고 의기(義氣)가 많았다. 임진란 때 좌의병장(左義兵將)을 따라 험난한 곳들을 옮겨 다니며 많은 공을 세웠다. 군자첨정(軍資僉正)을 제수 받았다. 정유란(1597) 때에 고을의 배 10여 척으로 이충무공(李忠武公)을 도와 군선(軍船)인 척 꾸며 후원(後援)하여 마침내 명량해전(鳴梁海戰)에서 승리를 이룰 수 있게 하였다.(『湖南節義錄』)

다에 열을 지어 군대같이 가장하는 의병(疑兵 : 의문의 병사)이 된다고 합니다. 기회를 틈타 일제히 진군해야 합니다. 즉 파죽지세(破竹之勢)로 진군해야 합니다.[24] (승기勝氣는) 오직 이 한 번에 달려 있을 것입니다." 하였다.

공이 말하였다. "제 마음은 이미 확고히 정해졌습니다."

명량의 전장이었다.

향선 10여 척은 이전과 동일하다. 공은 외양(外洋)에 진을 쳤다.

이공(이순신)이 왜적에게 포위되었다는 보고를 들었다.

공이 칼을 뽑아 들고 외친다. "장부에게 죽음이 있을 뿐이다!"

두 아들 성용(成龍)과 위룡(爲龍)도 함께 적진을 행해 돌격하였다.

한참 동안 힘써 싸웠다. 그러나 공은 기어이 적의 탄환을 맞아 전사하였다.

성룡(成龍), 위룡(爲龍)이 시신을 배 안에 안치하였다.

그리고 검을 뽑아들고 적진으로 돌격했다.

적은 이공(이순신)에게 크게 패하였다. 적은 군사를 데리고 달아났다.

더 이상 시행할 것이 없었다.

이상이 마씨(馬氏)의 가장(家狀)이다.

---

[24] 파죽지세(破竹之勢) : 진(晉) 무제(武帝)가 오나라 정벌에 나섰을 때 대장군 두예(杜預)가 작전회의서 "우리 군사들의 사기는 하늘을 찌를듯이 높아, 마치 대나무를 쪼갤 때의 맹렬한 기세(破竹之勢)와 같다. 대나무는 일단 쪼개지기만 하면 그 다음부터는 칼날을 대기만 해도 저절로 쪼개지는 법인데, 어찌 이런 절호의 기회를 놓칠 수 있단 말인가."하고 말했다. 이어 두예는 곧바로 군사를 재정비해 글자 그대로 파죽지세처럼 단숨에 오나라 수도를 함락시켰다. (『진서(晉書)』) 이처럼 파죽지세는 '대나무를 쪼개는 기세'라는 뜻으로, 세력이 강대해 상대를 거침없이 물리치는 형세를 일컫는다. 오늘날에는 거침없이 일이 잘 풀리거나 처리되는 것을 비유하는 말로 사용된다. 세여파죽(勢如破竹)도 같은 뜻으로 쓰인다.

▲『충무공전서』馬氏家狀.

『李忠武公全書』14권, 附錄六〇紀實[下], 馬氏家狀 : 馬河秀。長興人。官繕工主簿。丁酉。備船一隻。避亂海中。聞李統制復任。喜曰。吾輩何憂。遂往拜于會寧浦。李公曰。冒刃來訪辛苦。君之一鄕避亂船幾隻。公曰。可十隻。李公曰。君聚鄕船。爲我後援。以補軍容。亦不無助也。公曰。僕雖衰老。當與公死生以之。李公極加稱賞。公旣退。有詩曰。禮樂衣冠聖祖基。那令醜虜肆驅馳。男兒白首心猶壯。正是文淵裹革時。時白振南，金聲遠，文英凱，卞弘源，白善鳴，金澤南，任永凱等十餘人。各以避亂船來會。丁鳴說。亦在其中。來見公曰。吾輩素所蓄積者。不可歇後於今日。聞李統相方令避亂船。列於遙海爲疑兵云。乘機竝進。則破竹之勢。惟在此擧。公曰。吾心已定矣。及鳴梁之戰。與鄕船十餘隻。排陣外洋。望見李公爲賊所圍。拔劍曰。丈夫死耳。與二子成龍，爲龍。突入賊陣。力戰良久。中丸而卒。成龍，爲龍。扶屍還置鄕船。手

劍突進。賊爲李公所敗。擧軍而遁。更無所施。馬氏家狀

　ⓒ한국고전번역원, 영인표점 한국문집총간,1990 / 『李忠武公全書』 14권, 附錄六○紀實[下], 馬氏家狀.

3. 마하수의 묘갈명(墓碣銘)

전 좌의정 연천 홍석주 찬

　정종 17년 계축년(1793년) 가을이었다. 임금(正宗)은 신종황제단(神宗皇帝壇)에 참배하였다.[25] 정종은 두렵게도 임진년 동원했을 때(명나라가 원군을 보내준 일)의 공적을 생각하였다. 또 충무공(忠武公) 이순신(李舜臣)이 나라를 다시 일으켜 세운 공을 생각하였다.

　그에 대한 공적을 포상하라 명하시고 그가 남긴 글과 사적을 모아 전서(全書)를 편찬, 반포하였는데, 이 편찬에서 태사씨(太史氏 : 역사를 맡은 사관)가 빠뜨리고 기록하지 않았다. 그러나 이때 빠진 이들이 조금씩 세상에 드러나고 있다.

　당대의 충신과 지사(志士)들을 연명(聯名)하여 추록한 이가 수십 여 명인데, 선공감 주부(繕工監主簿) 마공하수(馬公河秀)는 그 중 한 사람이다.

　공(公)의 자는 선천(先天)이다.

　마씨는 중국에서 건너온 성씨다. 당(唐) 나라 원수(元帥)가 동정(東征)할 때 따랐다. 백제(百濟)의 말에 마사량현(馬斯良縣)에 머물렀는

---

25) 명(明)나라 제14대 황제 신종(神宗)에 제사하였다는 뜻이다.

데, 마침내 현의 성씨로 삼았다. 그 현은 지금의 장흥부(長興府)다. 마씨(馬氏)는 고려와 조선국 초(國初)에도 있었다. 그 때에 현인(顯人)이 있었으니 이름이 천목(天牧)이다. 태종조(太宗朝)에 좌명공신(佐命功臣)에 훈공(勳功)되었다. 태종은 그를 장흥부원군(長興府院君)으로 봉하였다. 충정(忠靖)이라는 시호(諡號)도 하사했다. 그가 공(公,마하수)의 7대조이다. 충정의 공적은 일곱 세대 동안 이어졌다.

공의 증조(曾祖)는 이건(以乾)으로 참봉이었고, 조부(祖父)는 팔준(八俊)으로 판결사였고, 공의 부(父)는 인서(麟瑞)로 사직(司直)이었다. 사직(司直) 인서는 동현(同縣)의 위씨(魏氏)와 혼인하였다.

가정(嘉靖) 무술년(戊戌年,1538년)에 공(마하수)을 낳았다.

공이 일찍이 어렸을 때 집안에 있던 쌍소나무 즉 쌍고송(雙枯松)에 대한 글(賦)을 지으며 순(巡), 원(遠), 휴양(睢陽)[26]이라는 글귀를 써서 식자(識者, 학자들)들이 놀라워하였다.

이 시는 다음과 같다.

> 말라죽은 쌍 소나무 賦-雙枯松
> 너는 본디 겨울철 나무인데 / 爾本歲寒物
> 어찌 눈 속에서 멀라 죽었느냐 / 如河雪裏枯
> 장순(張巡)과 허원(許遠)이 휴양진을 지키다 / 悅見睢陽壘
> 안록산을 보고 깜짝 놀라 죽었더냐? / 遠巡公棄軀

공(마하수)은 27세에 무과(武科)에 급제하였다.
벼슬이 이미 주부(主簿)에 이르렀다.
임진년(壬辰年)에 왜적이 침략해 왔다.
배흥립(裵興立,1546~1608)과 힘을 다하고 적을 토벌하겠다고 약조

---

26) 122면, 주 4) 참조.

하였다.

얼마 안 되어 사직공(司直公 : 마하수 부친)이 왜적을 피하여 근해에 머물렀다가 피살되었다.

(다른 기록에서는, 왜적을 만나고 왜적을 수색하다가 피살되었다고 기록되었다. -'위백규 마하수 마하수 사적')

공(公)은 피눈물을 흘리며 하늘에 호소하였다. 더욱 왜적과 함께 살고 싶지 않았다.

이보다 앞서, 이 충무공(李忠武公)이 삼도통제사(三道統制使)가 되었다. 충무공이 적(賊)을 공격하여 적이 남해(南海) 먼 바다로 달아났다. 그런데 얼마 뒤에 이충무공이 참소를 당해 사직하였다.

적이 또 크게 쳐들어와 아군의 수사(水師)를 모조리 섬멸하였다. 새 통제사(統制使) 원균(元均)을 죽였다. 조정이 크게 놀랐다. 즉일로 적소(謫所)에 이공(李충무공)을 내보냈다. 옛 직임도(수군통제사) 돌려주었다.

당시 공은 왜적을 피해 바다 가운데 있었다.

들으니, 이충무공이 (장흥부 회령포로) 왔다고 한다. 공은 크게 기뻐하였다. 마침내 군문(회령포)에 나아가 이충무공을 만났다. 이공(이순신)도 놀라워하며 기뻐하였다.

이순신이 말하길, "칼날을 무릅쓰고 달려 오느라고 고생하였다. 공에게 배가 얼마나 되는가?" 하였다.

공이 대답하기를, "10여 척이 될 만합니다." 하였다.

이공이 다시 말하길, "공이 우리의 후원자가 돼 주십시오."

공(마하수)이 말하길, "왜적은 우리 모두의 공적입니다. 마땅히 생사를 함께할 것입니다."

하였다.

이때 향인(鄕人) 정명열(丁鳴說, 정경달의 아들)과 백진남(白振南,

백광훈의 아들) 등 10여 명의 무리가 당도했다.
　공은 해선(海船)을 해구(海口)에 포진하였다.

　9월 16일이었다. 이순신은 배의 선주들(舟師)을 모두 모았다. 그리고 명량(鳴梁) 앞바다에서 적을 맞이하였다.
　공은 이순신을 관망하였다. 적(賊)이 이순신을 위급히 포위하였다.
　두 아들 성용(成龍)과 위룡(爲龍)과 함께 큰소리치며 적진 안으로 돌진하였다. 힘써 싸우기를 한참 만에 공이 결국 적의 탄환을 맞아 숨을 거두고 말았다. 왜적도 대패하여 달아났다.
　감히 왜적이 감히 이충무공과 다시는 각을 세울 수가 없었다.

　오호라.
　바람을 가르며 날갯짓하였구나!
　아주 작은 힘이 아니었구나 (터럭 하나의 힘이 아니었구나).
　광대한 건물은 결코 나무 한 그루로 이루지 못한다(大廈之成, 非一木之材也)[27].
　이공(이순신)은 비록 충용(忠勇)이면서 용병(用兵)을 잘한다 하여도 백 번 싸우면 백 번 모두 승리하여 대항할 적이 없었던 것은
　뭇 의사(義士)가 힘을 같이하는데 어찌 도움이 되지 않았겠는가.
　이 또한 이공(이순신)의 공이다.
　오직 이공에게는 사직(社稷)과 백성만 있었다.
　만세에 이르도록 이를 힘입게 되었다.
　능히 이러한 이공(李公)의 공(功)을 도와준 자가 있었다.
　이것 또한 사직(社稷)이 의지하는 바이다.

---

27) 126면, 주 9) 참조.

하물며 그러한 그(마하수)가 의(義)를 위해
순순히 죽음을 무릅쓴 경우야 말할 나위가 더 있었겠는가.

공(마하수)의 나이 62(61세)세였다.
아들이 공의 시신을 받았다. 화개산(華蓋山)의 곤(坤; 방위는 서남)의 자리에 장사를 지내게 되었다. 공의 묘지에 공의 부인 함풍노씨(咸豊魯氏)도 합장하였다.
공의 아들은 넷이다. 그 중 둘은 이룡(而龍)·화룡(化龍)이다. -공의 네 아들은 성룡(成龍)·위룡(爲龍)·이룡(而龍)·화룡(化龍)인데, 앞 명량해전에서 첫째 성룡(成龍)과 둘째 위룡(爲龍)을 거명했으므로 여기서 명량해전에서 이름이 거명되지 않았던 셋째 이룡(而龍), 넷째 화룡(化龍)을 거명한 것으로 보인다.-
측실(側室)의 아들도 둘인데, 이름이 기룡(起龍), 운룡(雲龍)이라고 하였다.
사위 1인은 김여순(金汝順)인데, 궁궐의 첨정(僉正, 조선시대 중앙관서에 설치한 종4품의 관직)이 된다. 후에 김여순(金汝順)은 선전관이 되었다.
그 나머지와 여러 손자는 모두 뚜렷하지 않다.

공의 별세 후 200여 년이 되었다.
7세손 마언모(馬彦模)가 비로소 묘비문(銘墓)을 나에게 지어주기를 요청했다.
내가 충무서(忠武書, 충무공의 책)를 많이 살폈다.
이것을 미덥게 여기리라 믿는다. 마침내 묘비명을 쓴다.

북두성(北斗星, 維斗)²⁸⁾ 남쪽에 / 維斗之南
빛과 기운이 휘황 찬란히 빛나는도다 / 光氣熊熊
그 누가 그 빛나는 정기 타고 났는가 / 孰乘其精
바로 혁혁한 이충무공이구나 / 赫赫李公
공(마하수)은 이충무공에서 나왔구나 / 公於李公
별(마하수)이 달(충무공)을 따랐던 것과 같구나 / 若星從月
나는 묘비에 이 말을 새기노니 / 我琢其石
백세(百世)에 이르도록 길이 남으리라. / 百世不滅

통정대부 승정원 동부승지 겸 경연참판관 춘추관 수찬관
규장각 검교 직각 지제교 풍산 홍석주(洪奭周)²⁹⁾가 짓다

馬河秀 墓碣銘 :
正宗十七年癸丑秋。上親拜神宗皇帝壇。怵然念壬辰東援之績。
以李忠武公舜臣有再造國家功。命裒其遺文遺事。爲全書以頒。於
是太史氏之闕而未書者。稍稍得見于世。而一時忠臣志士。得奉聯

---

28) 127면 주 10) 참조.
29) 연천(淵泉) 홍석주(洪奭周,1774-1842) : 조선의 문신이다. 홍낙성의 손자로 홍길주, 홍현주의 형제이다. 자는 성백(成伯), 호는 연천(淵泉), 본관은 풍산(豊山), 시호는 문간(文簡)이다. 1795년(정조 19년) 식면문과에 갑과로 급제하여 검열·수찬·교리 등을 거쳐 이후 당상관이 되어 승지, 이조참의에 오르고 홍문관부제학, 홍문관제학 등을 지내고 이조참판과 전라도관찰사에 이어 한성부판윤, 형조판서, 병조판서 등에 이르렀다. 이후 형조·공조·병조·호조·예조 판서 등과 대제학을 지내고 후에 좌의정까지 역임했다. 1834년 순조가 죽자 실록청 총재관에 임명되어 『순조실록』 편찬에 참여하였다. 그는 주자학에 밝았을 뿐 아니라, 정치·경제·과학 등의 학문에도 이름이 높았다. 많은 저술을 하였는데 『풍산세고』 6권, 『상예회수』 10권, 『학강산필저』 4권, 『연천집』 등이 있다.

以托名于卷者。數十餘人。繕工主簿馬公河秀其一也。公字先天。其先出中國。有從唐元帥東征者。留處于百濟之馬斯良縣。遂以縣氏。縣今長興府也。馬氏在高麗及國初。世有顯人。有諱天牧。策太宗朝佐命勳。封長興府院君。謚忠靖。於公爲七世。叄奉諱以乾。奉事諱八俊。司直諱麟瑞。公之曾祖祖若考也。司直娶同縣魏氏。以嘉靖戊戌生公。公生而有異姿。兒時嘗賦雙枯松。有巡遠睢陽之句。識者異之。二十七。擢武科。仕旣至主簿。一朝以親老棄去。壬辰倭冠作。與邑宰裵興立相約。戮力討賊。未幾。司直公避冦。沒于海。公血泣呼天。盆不欲與賊俱生。先是。李忠武以三道統制使。破賊南海上。旣而遭讒去。賊又大入。盡殲我水師。殺新統制使元均。朝廷大震。卽日起李公于謫戍中。還其舊任。公時逃難在海中。聞李公來。大喜。遂詣軍門上謁。李公亦驚喜曰。冒白刃相尋良苦。君有船幾何。對曰。可十餘艘。李公曰可矣。君爲我後援。公曰。當死生以之。於是與鄕人丁鳴說，白振南等十餘輩。布船海口。爲疑兵。九月十六日。李公悉舟師。邀賊于鳴梁。公望見。賊圍李公急。與二子成龍，爲龍。大呼入賊陣中。力戰良久。公竟中丸死。而賊亦大敗遁走。不敢復與李公角矣。嗟乎。衝風之翮。非一毛之力也。大廈之搆。非一木之材也。李公雖忠勇善用兵。其所以百戰百勝。而莫爲之敵者。亦豈非羣義士同力之助哉。李公之功。在社稷生民。萬世賴之。有能贊李公之功者。是亦社稷之所賴也。而況其以身殉義者乎。公死時年六十二。子奉公柩。葬于華蓋山坤坐之原。以其配咸豊魯氏祔。公之子四人。其二曰而龍，化龍。側室子二人。曰起龍，雲龍。女壻一人曰金汝順。爲龍官僉正。而龍官虞侯。化龍官判官。金汝順爲宣傳官。其餘及諸孫。俱不顯。公歿後二百餘年。七世孫彦模。始乞銘墓之文于余。余取忠武書。徵之而信。遂爲之銘曰。

維斗之南。光氣熊熊。孰乘其精。赫赫李公。公於李公。若星從月。我琢其石。百世不滅。

通政大夫行承政院同副承旨 兼 經筵叅贊官 春秋館 修撰官

奎章閣 檢校 直閣 知製敎

豐山 洪奭周 撰

ⓒ한국고전번역원, 영인표점 한국문집총간, 2002 / 『淵泉先生文集(연천집)』권26, 豐山 洪奭周成伯著, 墓碣銘[上], 繕工監主簿 馬公, 墓碣銘.

贈工曹主簿馬公墓碣銘

正宗十七年癸丑秋 上親拜 神宗皇帝壇愾然
念壬辰東援之績以李忠武公諸臣有再造國家功
命衆其遺文遺事爲金書以頒於是太史氏之闕 而

淵泉集 卷二十六

未書爲悄悄得見于世丙(一)時忠臣志士傳序映以
托名于卷高數十餘入緝工主簿馬公河秀其一也
公字先夫其先出中國從唐元帥蘇征者陷虜于
百濟之鳥斯軒遂以縣今爲府也馬氏在
高麗及 國初有顯人有諱天牧者
太宗朝佐
命勳封長興府院君諱遂以世孫諱誌以
乾葬寿諱八俊曾祖麟琥公生而有異姿記
皆司銀魏氏嘉靖戊生公公生而有異姿紀
時懵誠使枯松有巡逵雕陽之旬識者異之二十七
擢武科仕既至主簿一朝以魏老棄去壬辰倭氛作

興邑宰裴興立相約禦賊來荣司真公過庭設
于海公血泪呼天益不欲與賊俱生先是
公字先大其中國索征者脇虞於
三道統制使既而遭讒去職大本盡
職我水師殺都元帥翻李公起兵
於謫仕中遣其儒仕于海中開李公來大
喜誠其何對曰胄向刀鋒自指身
拔公曰宜死之於是與鄉人丁鳴說合衆
十餘筆布報海口烏疑兵九月十六日李公恭母師
邀賊于鳴浪公見賊圍李公急與二少將龍馬龍

五八一

淵泉集 卷二十六

大呼入賊陣中力戰良久公竟中九矢乃內賊亦大敗
遁走不敢復與李公角矣噫守節死之朝挾一七之
力也大廈之掕非一木之材也李公雖忠勇善用兵
其所以百戰百勝砥社稷爲之散者京嶽非學議上同
力之助我李公之功在社稷被丘民萬世賴之甫紀籏李
公之功者是杜社稷之所翰也而抛其以勇狗義者
子公宛時年六十二子奔公挺葉于華鉴山坤坐之
原以其配臧豊營氏祔公側有子四人其二曰而龍
化龍卿室子二曰起龍曇龍女婿一人曰金汝順
爲龍官僉正砥龍官廛倭化龍官判官金汝順爲室

傳官共餘及諸孫興不顯公歿後二百餘年七世係
彦模始乞銘墓之文于余余永忠武書徵之而信遂
爲之銘曰
維斗之南光氣熊燕魏魏其精赫赫李公炜李公
若是從月我琢其石百世不滅

4. 위백규, 마하수의 사적(事蹟)

존재 위백규 찬…주촌 공의 기본이 되는 전기(傳記)

옛 임진왜란 때 나의 5대 족조(魏德毅)[30]가 임금의 수레를 모시고 용만관(의주)에 갔다 온 후에 고향에서 정유재란을 당했다. 가족과 더불어 배를 타고 법성포에서 피란한 후 5형제가 모두 무사하여 가족의 잔치를 베풀고 놀았다.

이때 공(魏德毅)이 잔치 끝에 말하길, "우리 장흥 고을에서 마 주부(馬河秀)가 이순신의 명량 해전에 향선 10여 척으로 후원하다가 순절하였다. 우리도 만약 그 마공의 후원군에 참여하였다면 우리가 오늘 이같이 무사할 수 있겠는가?" 하였다.

내가 공의 순절한 사적(事蹟)을 보았다. 마공(馬公)의 그 순절을 매우 장하고 자랑스럽게 생각한다. 제암(霽巖, 정명열)의 난중일기(정유재란 일기)를 보았다. 정공(丁公)은, 마(馬) 주부가 이충무공의 후원군으로 싸우다가 마침내 순절하였다고 기록하였는데, 백세가 지났어도 감탄하지 않을 수 없다. 또 마씨가승(家乘)에 실린 사적(事蹟-『충무공전

---

[30] 위덕의(魏德毅,1540~1613) : 진사(進士). 호는 동호(桐湖) 또는 청계(聽溪). 위곤(魏鯤)의 子. 1573년 사마시에 합격했다. 임란 때 왕이 피난했다는 소식을 듣고 장흥에서 90일간 걸어서 의주(義州) 용만(龍灣) 행재소에서 임금을 알현하니 군신(君臣) 모두가 놀라 마지않았다. 그 자리에 있던 명나라 장수(將帥) 려응종(呂應鍾)이 공을 보고, "동국(東國)의 산(山)은 천관산(天冠山)이 있고, 사람은 위덕의(魏德毅)가 있어 보배롭다."고 했다. 왕이 귀경한 후 공에게 영남(嶺南) 운향관(運餉官)을 제수했으나 취임하지 않았다. 이어 호종(扈從)의 공으로 진원현감(珍原縣監)에 제수해도 취임하지 않으니 호종원종훈(扈從原從勳)에 록(錄)하고 병조참의(兵曹叅議)에 추증됐다. 졸 후 1806년 죽천사(竹川祠) 입사(立祠)와 함께 주벽(主壁)으로, 광산 대촌 황산사(黃山祠)에 배향됐다.

서』를 일컬음) 또한 이와 같았으니, 진실로 마공(馬公)은 열사(烈士)요, 장부(丈夫)로다!

　　공의 이름은 하수(河秀)요, 자는 선천(先天)이다. 대대로 녹을 받은 세가(世家)이다. 옛날 백제(百濟)의 온조왕을 보좌하던 마려(馬藜)[31]는 온조왕(溫祚王)의 왕십제(王十濟)[32]와 함께 원훈(元勳)으로 마사량현을 받았다. 이 현은 대대로 마씨에게 속하고 장흥부(長興府)에 속했고, 마씨는 그대로 부(府-장흥부)의 사람으로 되었으며, 승국(勝國)[33] 시대에는 대대로 대관(大官)이 되었다.
　　우리 태종(太宗) 때는 좌명공신(佐命功臣)으로 장흥(長興) 부원군(府院君)으로 진봉되고 시호를 충정(忠靖)으로 받은 천목(天牧)이 공(公)의 7대조이다.
　　충정공 둘째 아들 조은공(腆) 경태(景泰)는 군수를 역임한 후 예강(예양강)에서 사셨다. 조은공이 중보(仲寶)를 낳으니 생원이며 문학(文學)으로 세상에 이름을 떨쳤다. 그 호가 미학재(媚學齊)이다. 미학재가 득진(得辰)을 낳으니 벼슬이 첨정(僉正)이다. 첨정이 이건(以乾)을 낳으니 벼슬이 주부(主簿)다. 주부공이 팔준(八駿)을 낳으니 벼슬이 봉사(奉事)다. 봉사공이 인서(麟瑞)를 낳으니 벼슬이 사직(司直)이다. 이분이 곧 공(公)의 부친이다. 공의 어머니는 장흥 위씨(魏) 참판 원신(元信)의 여식이다.

---

31) 장흥 마씨(長興馬氏)의 득관시조(得貫始祖) 마려(馬藜)는 백제의 개국 공신이다.
32) 백제 왕십제, 즉 십제공신(十濟功臣)은 마려(馬藜), 오간(烏干), 전섭(全攝), 을음(乙音), 해루(解婁), 흘간(屹干), 한세기(韓世奇), 곽충(郭忠), 범창(范昌), 조성(趙成)이다. 백제 개국 공신 중 마려(馬藜)는 마(馬)씨의 시조, 전섭(全攝)은 전(全)씨의 시조, 조성(趙成)은 직산 조씨의 시조이다.
33) 승국(勝國) : 전대의 왕조. 조선의 경우 고려를 칭함. 마하수나 위백규는 조선인이므로 여기서 전대의 왕조는 고려를 의미한다.

공은 무술년(1538년) 3월 8일에 장흥 안양방(安壤坊) 주암촌(舟岩村, 지금의 장수리)에서 태어나셨다. 후인들이 그 충절(忠節)을 그리면서 호를 주촌(舟村)이라 하였다. 공이 어렸을 때 김남계(金南溪) 선생의 맏아들 김공(金公)의 문하생으로 수학하였다. (金公이) 쌍고송(雙枯松, 두 그루의 마른 나무)을 제목으로 글을 짓게 하였다. 이에 공이 다음과 같은 시를 지었다.

본래 겨울나무인데 추위를 못 이기고 / 爾本歲寒物
어찌하여 눈 속에서 말라 죽었느냐 / 如何雪裏枯悅
장순과 허원처럼[34] 휴양성 지키다 안록산 보고 / 見眼陽壘遠巡
깜짝 놀라 죽었듯이 죽었느냐 / 共棄軀抵

이에 남계(南溪) 선생이 감탄하고 말하기를, "장차 크게 될 것이다." 고 기대하였다. (공은) 갑자년(1564년)에 과거에 급제하고 을유년(1585년)에 선공감주부(당시 47세)로 있었다. 그러나 오래지 않아 사직하고 부모를 섬기다가 임진왜란을 당하여 사자산(獅子山) 깊은 골에 피난하면서 아들 위룡(爲龍)을 선산 군수 정경달(丁景達)의 의병 막하에 참여케 하였다.

을미년(1595년)에는 장흥 군수(당시 장흥 부사) 배흥립(裵興立)이 향병을 거느리고 왜적을 치려고 공을 부관으로 임용할 때, 공이 부친(麟瑞)을 걱정하니, 부친이 말하기를, "군(君, 임금)과 부(父)는 일체이다. 충(忠)과 효(孝)는 둘이 아니다. 아비는 걱정하지 말고 나아가 싸워라" 하시었다.

---

34) 장순(張巡, 709~757) : 唐(당) 때의 사람이다. 당 현종(玄宗) 때 안녹산의 난이 일어나자 허원(許遠)과 함께 군사를 일으켜 휴양성(睢陽城)을 지켰다. 후에 성의 백성을 독려하여 인육을 먹으면서도 10개월이나 버티다가 성의 함락과 함께 포로가 되었으나 장렬하게 죽음을 택했다.

이에 공이 마침내 (배 군수 부관을 맡고) 큰아들 성룡으로 하여금 부친을 배에 모시고 피난토록 하였다. 그해 7월에 사직공(司直公)이 왜적을 수색하다 죽었는데, 아들 성룡은 뭍에 오르면서 흉살을 피하였다. 다행히 화를 면한 성룡은 공에게 이 소식을 전하였다. 공은 배 군수 진중에서 피를 토하며 통곡하고 말하기를, "충신도 되기 전에 불효한 죄를 저질렀다."고 "한탄하면서 복수를 맹세하고 장사를 지내고 나서 그 뜻(복수를 맹세한 일)을 실천하려고 적(원수)에 대한 복수와 적과 함께 살고자 하지 않았다.

정유년(1597년)에 왜적이 재침하니, 공은 창의(倡義) 계획을 세웠다. 이에 동참하는 사람이 없었지만 그중 향촌 사람 중에 의로운 사람들이 있었다. (이들은) 백진남(白振男), 정명열(丁鳴說), 김성원(金聲遠), 문영개(文英凱), 변홍원(卞弘源), 김택남(金澤南), 임영개(任永凱) 등 10여 명이었다. 이들은 각각 피란선(避亂船)에 자제들과 자제들의 노복들, 군량미와 무기 등을 가지고 모여들었다. (우리는) 정세를 엿보아 적이 지쳐있을 때 전격적으로 적을 토벌한다는 계책을 세웠는데, 7월에 이통제(李統制, 충무공)가 복직되어 부임한다는 말을 듣고 기뻐하였다.

공이 말하길 "이공이 왔으니 우리가 무엇을 근심하겠느냐?"하고 말하고 마침내 회령포(會寧浦)로 이공(李公)을 찾아가 만나 뵈었다. 이공이 말하기를, "창날 속에 찾아오느라 수고하셨다. 한 고을의 사람들이 뜻을 같이하는 배가 얼마나 되는가?"하고 물었다. 공이 이르기를, "십수 척(隻)입니다."하니 이공이 다시 말하길, "내가 어지러운 상태에서 직임을 받았다. 게다가 군수품이 탕진되어 여세(군세)가 미약한 상태이다. 그러므로 여러분이 모여들고 여러분 향선(鄕船)이 우리의 후원군(後援軍)이 되어준다면 군대의 진용에 보탬이 될 것이다."라고 하였다.

이에 공(公)이 말하기를, "복(僕 : 자신의 겸칭)이 비록 노쇠하였지만 흉중(胸中)에는 다만 의(義) 한 글자가 있을 뿐입니다. 마땅히 공(公)과 생사(生死)를 함께할 것입니다."라고 하였다. 이에 이공(李公)이 기뻐하며 공을 크게 칭찬하였다.

이때 공이 다음과 같은 시(詩)를 지어 일렀다.

예악과 문물이 열리고 예의 바른 성왕의 터에 / 禮樂衣冠聖祖基
어찌 방자하고 더러운 왜적이 말을 몰아 달리게 할손가 / 那令醜虜肆驅馳
내 머리는 세었지만 마음은 장정이다 / 男兒白首心猶壯
연원처럼 이제 왜적과 싸워 죽을 때이다 / 正是文淵裏革時[35]

공은 모든 배(향선)를 진영 바깥 바다에 배진(排陣)하였다. 후원(後援)의 의병(疑兵)이 참여한 가운데 시작된 명량(鳴梁)의 전투였다. 적선(賊船) 삼백(三白)여 척이 명량 해를 가리며 포위하였다. 이공(李公, 충무공)이 매우 급박한 상태였다. 이공 휘하의 장수들이 모두 물러나 행방을 알 수 없었다. 그러므로 그(왜적의) 공격의 예봉을 꺾을 수 없는 위급한 상황이었다. 바로 그때 공이 칼을 뽑아 들어 돛대를 치며, "장부가 난리에 임하여 죽음에 처했을 뿐이니 어찌 구차히 살기를 바라겠느냐! 丈夫死耳豈可臨難苟免"고 말하고 네 아들 성룡, 위룡, 이룡, 화룡과 함께 적진으로 돌격하여 싸우다가 순직하였다.

사자(死子)가 된 공의 네 아들은 비상(秘喪)을 당하여 좌우에서 적을 찔러 죽이며(衝殺) 나갔다가 부친의 시신을 가지고 빠져나왔고 이어 향배(鄕輩)를 옹호하고 시체를 보호하는 수단을 써서 두 번이나 적을 더 진격하였고, 이공(李公, 충무공)도 왜적을 격파하니 왜적이 숨을 곳이 없었다.

---

35) 46면, 주 3), 4) 참조.

네 아들이 부친의 시신을 모시고 육지로 올라왔다.

이에 정명열(丁鳴說)이 탄식하며 말하길, "육십 노쇠한 분이 백의종군하고 나라를 위하여 목숨을 바쳤건만 조정에서 이 사실을 모르고 있으니 누가 호남의사라고 칭할 것이며 또 누가 나라에 상계할 것인가?" 하였고, 이어 만장(輓章)에서 "공이 육십 세에 순절하시니 충렬의 위업을 해님이 비추고 혈강에 울화가 맺힌다. 충절의 넋은 어느 곳에 의지할 것인가 벽파정 저문 썰물이 안벽을 치며 울더라."라고 하였다.

공은 실로 정절의 장부(丈夫)요 완전한 인재로서 나라를 위하여 바친 공훈과 영특한 성품으로 마땅히 합당한 지위에 천거되어야 할 터이나. 시운에 어긋나더라도 만약에 요행으로 몸소 직분을 다하고 친상을 당했더라면 떳떳한 효자가 될 것인데, 하늘이 이를 도와주지 아니하니 당황스럽고 근심할 뿐이다.

거적자리에 누워 병란을 생각하니 원흉을 쳐부술 조급한 생각에 피를 뿜어 바다에 맹세하고 이순신을 후원하기로 했다. 당시에 나라가 믿고 의지한 이순신이 왜적에게 포위되었을 때, "이순신을 구하지 못하면 바로 나라가 망한 판국인데 내 목숨을 바쳐 나라를 구하리라. 또 내 부친이 왜적에게 피살되었으니 왜적을 쳐 물리친다면 부모의 원수도 갚는 길인데 내 몸을 어찌 아끼겠느냐?" 하고 만경창파에 쏟아지는 화살과 적탄을 무릅쓰고 위기일발에 처한 이순신을 구했지만 하늘이 어찌 그 정성을 몰랐는가.

그러나 감히 충렬의 속마음과 높은 품격이 하늘의 명령에 부응하는 것이 주촌공의 평소의 뜻이었으니 가히 흠 없는 인간이로다.

우뚝하게 솟은 의로운 담력으로 피를 쏟아 높은 이상을 아득한 남쪽 바다 푸른 파도 위에 펼치고 순절하시니 고요하게 애국지사를 애도하는 눈물에 옷깃을 적시는 것이 어찌 나만의 생각이겠는가?

슬프고 애석하도다.

공의 드러내지 못한 공적에 대한 보답은 마땅히 자손에게로 미칠 것이다.

누구도 닦기 어려운 그 공덕을 두고 어찌 밝히지 않겠는가.

후손들은 공의 두텁고 깊은 공적을 선양하고 하늘은 반드시 이를 증거하리라.

이와 같이 간략하게나 써서 전하고 하늘의 명(命)을 기다리겠노라.

수령(遂寧) 위백규(魏伯珪)가 삼가 짓다.

舟村公 諱河秀 事蹟:

在昔壬辰之變我五代族祖叅議公扈 駕龍灣回 鑾後下鄕丁酉契家眷乘舟避兵于法聖浦亂己而歸五兄弟闔室之人無一見䤋遂設慶飮公記之 其末曰李統制鳴梁之役吾鄕義士以鄕船十餘隻爲其後援至若馬主簿殺身以殉我若以起勤龍灣之心同入南洋今日莚上豈無少一人之嘆耶余奉玩遺墨壯其馬公之死而以未得其詳爲恨及 見霽巖丁公亂中日記始得公當初赴義之擧畢竟殉節之 狀瞭然於目前百歲之下勝激感欽歎又索觀

馬氏家牒所載其實蹟與丁公日記相胐始信公果是烈丈夫也 公諱河秀 字先天 長興家 古百濟佐輔 諱黎以溫祚王十濟元勳受封於 馬斯良縣 世食其邑縣今 屬長興仍爲府人 勝國時奕 世大官至之我 太宗朝有諱天牧爲佐 命親勳封長興府院君 諡忠靖公其七代孫也 忠靖生諱腆景泰丙子以前郡守退老 汭江號釣隱郡守生 諱仲寶生貝 以文行爲世名儒號媚學齊生 員生諱得辰僉正僉正生 諱以乾主簿主簿生 諱八駿奉事 奉事生諱麟瑞司直卽 公之考也 妣長興魏氏贈叅判元信女以

嘉靖戊戌三月初八日生 公於長興安良坊之舟岩村 後人慕其節以舟

村稱 焉幼時受學於 金南溪胤 金公以雙枯松爲題命賦之 公應聲對曰
爾本歲寒物 如何雪裏枯悅 見眼陽壘遠巡 共棄軀抵 南溪異之語人曰
且看此兒將來成就如何耳 甲子別試登 萬曆乙酉遷繕工注簿 久不調
遂棄官歸養及 壬辰變作奉老避兵于獅山深谷 送子爲龍赴善山幸 丁
公景達募義 乙未地主裵公興立率鄕兵討賊請公爲副貳公以 親老憂之
司直公 曰君父一體 忠孝無二 致汝其勿辭 公遂許之使 長子成龍奉司
直公乘舟避兵于扶安邊江 同年七月司直公遇搜賊歿于海成龍幸免登
陸凶于公 公時在裵公陳中噴血大慟曰 進未及爲忠臣徒負終天不孝之
罪遂矢復而葬自是志復讐盆不欲與賊俱生 丁酉倭寇再猖 公心計無可
往從約鄕人之有氣義者 白公振男 丁公鳴說 金公聲遠 文公英凱 卞公
弘源 金公澤南 任公永凱十餘人 各備避亂船載子弟僮僕及糧餉器械
以爲乘機覘勢並進勦賊之計矣 七月聞李統制復任喜 曰李公來吾輩何
憂遂往拜于會寧浦李公曰 昌刃來訪勤苦君之一鄕同志之船幾何 公曰
可十數隻 李公曰 吾受任於板蕩之餘勢寡力單君聚鄕船爲我後援以補
軍容 公曰 僕雖衰老胸中只有一義字當與公死生以之 李公極加稱賞
公 常因有曰詩 禮樂衣冠聖祖基 那令醜虜肆驅馳 男兒白首心猶壯 正
是文淵裏革時 遂與約中諸船排陣外洋 爲後援疑兵及鳴梁之戰 賊船
三白餘艘蔽海而來圍李公甚急 管下諸將皆退在杳然之地莫敢嬰其鋒
公拔劒擊楫曰 丈夫死耳豈可臨難苟免 與四子成龍爲龍而化龍突入賊
律力戰良久中丸而 死四子秘喪 左右衝殺而出屬鄕船護屍手劍再進賊
爲 李公所破擧軍而遁更無所施四子奉柩返陸 丁公鳴說嘆曰 六十衰
翁身無見職而激義殉節孰謂湖南義士竟是 朝廷不識何狀人也 以詩
送柩曰 公年六十死於邦烈日秋霜照血腔鬱結忠魂何處托碧波亭下暮
潮撞鳴呼 公寔貞丈之全材苟當推轂之地必樹干城之勳特之性不苟合
命與時違不敢僥倖於倘來自甘盡職於庭闈適丁時艱方圖移孝天不弔
我遘羅鞫凶胸中之甲仍添苫枕之戈噴血誓海幸遭李公當時邦國之所

恃者李公也方其李公之爲賊所圍也 公之心以爲不救李公是無國也吾
獨生無所用也治李公是活國也國苟活矣吾一死分也又以爲吾親歿賊
賊若殲討親讐亦快復也親讐可復也吾何愛吾親之所遺哉於是 溟波萬
頃視爲平地節雨丸 雷恬若無事單 舸獨擧突入於長蛇封 豕之口救活
吾 王之瓜牙天豈不愁其誠烈閃蔽基飛丸哉然且不免豈烈膽 上格天亦
欲成公之素志就之爲完人哉如斗 義膽血射靑 冥而南洋雲水一死寂寥
志士 沾衿之淚豈特一公一身而巳哉嗚呼惜哉 公娶 咸豊魯氏生員 希
益女生 六男一女 男成龍從仕郎 爲龍僉正 而龍虞候 化龍奉訓郎 騎龍
雲龍 女適宣傳 金汝順 靈光人 公不食之報宜在胤子四難而猶未大闡
豈厚積濬發於其後孫耶究之天理必有可徵余略叙爲傳執右契以侯

　遂寧 魏伯珪 謹撰

　ⓒ『장흥마씨대동보』(乾), 354-357쪽.

5. 마하수의 행장

완산인 이정인(李廷仁)[36] 찬(撰)

내가 『충무공전서』를 읽다가 주촌공의 명량전 순절 기록에 이르니, 과연 그의 격렬한 절의(節義)에 찬탄을 금할 수가 없었다.

그런데 정묘년(1807년) 겨울에 주촌공 7세손 심(沈)이 내게 와 행장을 써 줄 것을 여러 번 청하므로 불문을 불구하고 행장을 쓴다.

주촌공의 임진란(명량 해전)에 참전하며 읊은 시를 보니 참으로 충렬(忠烈)의 장부(丈夫)이다.

그의 자(字)는 선천이요 호는 주촌이다.

(주촌공의 행장에서 이하의 기록은 존재 위백규의 사적(事蹟) 등과 거의 유사하여, 이하부터 말미의 공을 찬(讚)하는 부문 이전까지 생략한다).

…네 아들과 함께 적진으로 돌격하여 선전 분투하다가 9월 16일 적탄에 맞아 순절하였다.

아들이 영구를 모시고 고향으로 돌아와 화개산에 안장하였다.

아, 슬프다.

공은 타고난 기품이 의연하고 출중하여 의지와 기개가 강개(慷慨)하였다.

---

[36] 이정인(李廷仁, 1734~?) : 자(字)는 선장(善長). 본관은 전주(완산). 거주지는 한성. 영조(英祖) 50년(1774) 갑오(甲午) 증광시(增廣試, 진사시)에 입격했다. 부(父)는 가선대부(嘉善大夫) 이상성((李相晟)으로 황해도병마절도사(黃海道兵馬節度使)를 역임했다.

집에서는 효도하고, 관직에 있을 때는 권력과 부귀에 아부하지 않았다.

항상 임금에 충성하고 나라의 은혜에 보답하고자 하는 지사(志士)로서, 때로 몹시 흥분한 상황에서도 중도(中道)에 의지하여 진리를 구하고 생각과 말이 하나같이 옳았으니 그 평소에 쌓은 인품이 알만하다.

결전 당시 흉악한 도적의 세력이 걷잡을 수 없이 일어날 때 군사를 벌리어 진을 치고 선봉에 서서 왜적을 흩어지게 하여 사람으로서는 더 할 수 없는 용맹으로 적을 물리쳤다. 이는 늙은 주촌공이 제 몸을 돌아보지 아니하고 이미 맹세한 대로 나라와 어버이에 보답하고 원수를 갚기 위하여, 대장기를 바라보며 큰 바다 넓은 하늘을 평지에서처럼 달리며 화살과 돌, 방패를 휘둘러 적을 치다가 마침내 순졸하니 어찌 장렬한 죽음이 아니랴!

그러니 이순신이 명량 해전에서 이긴 것은 주촌공의 장렬한 죽음이 기여한 바가 크다 하지 않겠는가?

주촌공이 전사하니, 이순신은 크게 애통해하며 애석해 하셨다.

정명열(丁鳴說)이 탄식하며 하는 말이, "육십 노쇠한 분이 백의종군하여 목숨을 바쳤건만, 조정이 이 사실을 모르니 누가 호남의사라 호칭할 것이며 또 누가 나라에 상계(上啟)할 것인가?"

아, 슬프다. 공경대부(公卿大夫)의 충신을 흔히 당나라 충신으로 안진경(顔眞卿)[37]을 예로 든다. 그러나 주촌공도 그에 못지않은 조선의 충신이다. 나라를 위해 죽은 사람은 모두 조정이 포상을 베풀었으나 유독 공에 대한 헤아림이 없었음은 아직 이에 대한 인식이 미치지 못한 탓이리라. 그러나 국난에 임하여 싸우다 순절하였으며 족히 기록된 사연에 따라 이후에라도 옳고 그름과 성패가 의논될 것이라 믿는다.

---

37) 129면, 주 11) 참조.

…(하략)

완산인 이정인(李廷仁) 글을 짓다.

馬河秀 行狀:
余讀忠武公全書至馬主簿河秀殉節未嘗不擊節漢而嘆歲歲丁卯冬其七世孫沈來請狀又三復公赴難詩眞熱丈夫也 公字先天號舟村上世左輔…

…

與四子突入賊陣力戰良久中流丸而絶卽 九月十六日也 四子奉柩而還葬于華蓋山坤坐原

嗚呼 公天禀俊毅志氣慷慨居家事親以孝爲官不媚權貴常以忠君報國之志激昂于中觀於胸中一義字之語可知其素蓄積矣是以當凶賊 猖獗之時列鎭瓦解人莫敢嬰其鋒 公以一箇 老主簿奮不顧身誓報君親之讐隻舸滄溟失石彌空擊塾櫓揮旗視若平 地竟以殉身豈不熱 哉然李公鳴梁之捷安知不由於公之一死耶公歿之日 李公慟惜不巳 丁公嘆曰身無見職激義殉命孰謂湖南義士 竟是朝廷不識何狀人也 悲夫公卽唐顔眞卿也 苟使公受專城委任之責其中興偉熱豈在眞卿之下也 哉惜悟乎當時千忠義之士死於固事者皆蒙聖朝之褒贈惟蔑蔑無稱 焉豈以未及成功而然歟然臨亂 一死足以元而足以有辭於來後惡可以成敗論哉…

完山 李廷仁 撰

◎『장흥마씨대동보』(乾), 舟村公河秀行狀, 358쪽.

6. 정명열(丁鳴說)의 '정유년 일기'

정명열, 마하수와 함께 명량해전 참전

정명열의 정유일기[38]

이충무공이 통제사로 재임되어 회령포에 닿았다는 말을 들었다. 공(丁鳴說)이 크게 기쁜 얼굴로 말하길, "호남인이 안고 있는 근심은 다시는 없겠구나. 천도(天道)가 바로 펴지니 임금의 살핌이 밝구나." 하였다. 오늘날 이공(李公,이순신)을 보니 통제사로 재임된 것은 바로 인심(人心)이 천리(天理)로 인하여 스스로 그리된 것이니, 어찌 인간의 힘으로 하는 일이겠는가? 백성의 무거운 짐에 비로소 재생(再生)의 기운이 쌓일 수 있겠다. 의사(義士)들은 다 죽기를 원하는 마음이고, 나 역시 그와 한 가지가 아니겠는가. 다만, 아버지(정경달)가 천리 밖에서 나라에 충성을 다하고 옛집에 있는 어머니를 봉양할 사람이 없으니 자식된 도리로 어머니 곁에서 떠날 수가 없구나.

… 지금 곧 이통상(李統相)에게 적 탕진(蕩盡)의 명을 받았으나, 남은 배나 군사(軍師)가 박약(薄弱)하고 병량(兵糧)도 부족한데 도움을 받지 못해 적을 막을 수 없다. 만일 적을 섬멸하는데 도움이 된다면 피란선(避亂船) 1척과 군량미 오석(五石)이라도 이통상에게 보내드려야겠다.

…고향 사람인 마하수, 백진남, 김성원, 변홍원, 백선명, 김택남, 문영개 등이 각각 피란선을 같이 불러 모을 때, 공(정명열)은 어머니를 봉양하며 피란 중에 있었지만 곧 그들을 찾아가서 여러분을 만났다. 공

---

38) 이 글은 『장흥마씨대동보-乾-』(363쪽)에 '霽岩公 丁鳴說 丁酉日記'의 제목으로 게재돼 있다.

이 말하길, "예전의 악야(岳爺)39)나 오늘날의 이야(李爺, 이충무공)가 얻은 사람은 모두 죽을 각오로 행동하였다. 우리들도 이때에 그들과 다를 수가 있겠는가."고 하였다.

이통상(이순신)이 먼바다에 피란선이 진열됐다는 말을 듣고, 의원(疑援)40)해 하다가 곧 이해하며 이르길, "이른바 만전(萬全)의 책(策)을 얻었구나." 하고는 "오직 이 강한 병세(兵勢)을 보며 적(賊)이 두려워하겠구나." 하였다.

이후 이공(이순신) 후원자들과 이통상 등이 적의 세력을 엿보고 기회를 틈타서 힘을 모아 공격하니, 그 파죽지세는 오로지 하늘을 들어 올리고도 남았다.

명량 전투에서 공은 마하수(馬河秀)가 이통상을 후원하던 중에 적진으로 달려가 싸움을 독려하던 중 적탄을 맞아 순절하였다는 말을 들었다. 이에 공은 크게 탄식하며 말하길, "육십의 쇠옹(衰翁)이 적에게 달려가 죽다니, 노익장(老益壯)의 의기(義氣)가 참으로 가상하구나." 하였다.

10월 29일에 공은 피란 중에 우수영(右水營)으로 가 이통상을 만나뵙고, 명량대첩에 대하여 말하길, "남도(南道)의 백성은 저의 삶입니다."하고 이공(이순신)에게 인사하고, 이내 말하길, "마하수(馬河秀)는 당년 60세로 이공(李公)을 후원하러 달려가 싸움을 독려하던 중 적탄

---

39) 악야(岳爺)는 악비(岳飛, 1103~1141)를 가리킨다. 중국 남송 초기 무장이며 학자. 북송이 멸망할 무렵, 의용군으로 참전하여 전공을 쌓았으며, 남송 때 호북 일대를 영유하는 대군벌이 되었다. 그러나 무능한 고종과 재상 진회에 의해 살해되었다. 중국 저장성 항주에 있는 악옥묘에 관우와 함께 배향되었다. 이야(李爺)는 이순신의 이칭이다. 야(爺)는 '어르신'이라는 뜻으로 중국인에게는 존경의 의미이다.
40) 의원(疑援) : 구원(救援)을 의심하다.

에 맞아 죽었습니다." 하니 이통상은 심히 탄식하였다.

정명열의 마하수에 대한 만장(輓章)

이어 공은 (마하수의) 만장(輓章)에서, "공이 육십 세에 순절하시니 충렬의 위업을 해님이 비추고 혈강에 울화가 맺힌다. 충절의 넋은 어느 곳에 의지할 것인가. 벽파정 저문 썰물이 안벽을 치며 울더라."라고 하였다.

丁酉…聞李忠武公 再爲統制來到 于會寧浦 公大有喜色 語左右曰 湖南人屬復憂無矣 天道必伸 聖鑑孔昭 今見李公 在爲統制 人心天理 自有然者矣 豈是人力之所爲哉 荷擔小民始有再生之氣蓄 義士皆有 願死之心 至於如我亦基一也 但以父在千里 勤王無暇 母在高當無人 奉養 人子之道 不可斯須離側 … 則今李統相受命於蕩敗之 餘舟師甚 單兵糧不足 未可以禦賊不如助其萬一以成殲賊之功遂隱 以避亂船一 隻 糧米五石送呈 于統相 時有呈文而逸

…鄕人白振南 金聲遠 卞弘源 馬河秀 白善鳴 金澤南 文英凱 等 各 以避亂船 齊聲響應時 公奉母夫人在避亂中 往見諸公曰 古有岳爺 今 有李爺得人 死心無不響應 吾輩所素蓄積者 不可歇後於此時 聞李統 相方今避亂船列於遙海 以爲疑援云 可謂得萬全策也 一以强兵勢 一 以畏賊心 爲其後援者乘機覗勢 與李統相戮力並進 則破竹之勢 惟在 此擧云.

…及鳴梁之戰 公聞馬河秀 爲李統相後援赴賊 而督戰中毒丸 以死 歎曰 六十衰翁 赴死於賊 可尙義氣老益壯矣

…十月二十九日. 公避亂往右水營 謁李統相 賀鳴梁大捷曰 南民生 活我 公所賜仍稱訟馬河秀死曰 馬河秀年當六十 爲公後援赴賊督戰

中 毒丸而死 李統相心甚磋惋.

…挽章曰, 公年六十死於邦烈日秋霜照血腔鬱結忠魂何處托碧波亭下暮潮撞嗚呼

ⓒ『霽岩集』(장흥문화원, 2019), 105-111쪽.)

▲『霽岩集』 정유년 일기.

7. 마하수(馬河秀)의 유허비명(遺墟碑銘)

안동 김영한(金甯漢) 찬(讚)[41]

정부자(程夫子)[42]가 안락정(顏樂亭)을 각(刻)하여 가로되[43], 물은 얕

---

41) 김영한(金甯漢, 1878~1950) : 대한제국 때 용인 군수, 양근 군수, 비서원승 등을 역임한 대한제국의 문신이며 학자. 본관은 안동(安東). 자는 기오(箕五). 호는 동강(東江). 아버지는 군수(郡守) 김홍진(金鴻鎭)이었다. 어려서부터 영특하여 1894년에 17세의 나이로 사마시에 합격하고, 1898년 희릉참봉(禧陵叅奉)으로 출사하여 영릉참봉(寧陵叅奉)·영릉참봉(英陵叅奉)을 거쳐서 시강원시종관(侍講院侍從官)이 되었다가 비서원승(秘書院丞)에 이르렀으나 을사조약(乙巳條約)이 일본과 체결되자 세상에 뜻이 없어져 조정에 나아가지 아니하였다. 경술국치(庚戌國恥)로 양부(養父) 김석진(金奭鎭)이 음독자진(飮毒自盡)하고 일본(日本)이 강권한 작위와 돈을 받는 것은 불충불효(不忠不孝)라 하여 끝내 받지 아니하였다. 김영한 선생은 당대의 문장가로 세상에 알려지며 일생을 마쳤다. 저서로는 『급우재집(及愚齋集)』이 있다.
42) 정호(程顥,1032~1085) : 중국 송나라 도학의 대표적인 학자. 정호의 동생 정이(程頤,1033~1107)도 중국 송나라 도학의 대표적인 학자로 이들은 성리학과 양명학 원류의 학자로 불리며, 이 둘을 '정부자(程夫子)', '정이천(程伊川)'으로 부른다.
43) 북송(北宋)의 정부자(程夫子, 程伊川)가 지은 '안락정에 새긴 안락정명(顏樂亭銘)'이 있다. '안락정(顏樂亭)'은 공자의 제자인 안연(顏淵)이 안빈낙도(安貧樂道)하며 살던 옛터에 지은 정자(亭子)이다. 여기서 정부자(程夫子)는 그 명(銘)의 마지막 장에 "우물을 차마 버려둘 수 없으며 땅을 차마 황폐하게 내버려 둘 수 없네. 아, 올바른 그의 학문 어찌 잊을 수 있겠는가. 水不忍廢 地不忍荒 嗚呼正學 其何可忘" 하였다.(『性理大全 卷76』). 이것은 안연의 즐겨 살던 곳에 후현(後賢)들이 그 장소의 유서마저 인몰(湮沒) 될까 염려하여 정자를 세우고 명(銘)을 찬술(撰述)하여 영원토록 모앙(慕仰)하려 한다는 뜻을 표현한 글이다. 그러므로 "우물을 차마 버려둘 수 없으며 땅을 차마 황폐하게 내버려 둘 수 없네. 水不忍廢 地不忍荒"라는 구절은 후인들이 선대(조상)가 기거하던 장소에 추모하는 표상을 남기거나 추모비를 세울 때 흔히 이용하는 구절이다.

음을 싫어하고 땅은 거치름을 참지 못하다 하였으니, 후학(後學)이 선생(先生)을 우러러 은모(恩慕)함이 진실로 이와 같은 일이다.

선조(先祖)가 묻힌 장흥의 화개산(華蓋山)[44] 밑에 주암촌(舟岩村 : 지금의 장수리)이 있으니 곧 공(公)의 생장(生長)의 땅이다. 팔궁산(八穹山)과 고리재(環寺)가 있어 지금까지도 길지(吉地)라 말하더니, 점점 개척(開拓)하여 논밭이 됨에 후손들이 모두 자탄(自嘆)하였다. 주암촌(舟岩村)에서 수백 보 떨어진 곳에 마을이 있으니 바로 학송리(鶴松里)다. 여기는 곧 공(公)께서 활쏘기를 익히던 땅이다.

이에 (후손들이) 논의하여 비석(碑石)을 세워 그 공적(功績)을 기록하기로 하여 운하(雲河)로 하여금 내게 비문(碑文)을 청(請)하거늘, 내가 병들어 붓과 벼루를 멀리한 지 이미 오래 되었으나, 그 충(忠)과 효(孝)의 정신이 족히 사람을 감동케 함이 있어 마침내 사양치 아니하였다.

공(公)의 휘(諱)는 하수(河秀)요, 자(字)는 선천(先天)이다. 충정공 휘 천목(忠靖公諱天牧)의 7세손이다. 공(公)은 태어날 때부터 기이(奇異)한 데가 있었고, 지혜(智慧)와 용기(勇氣)를 겸비하였다.

무과(武科)에 올라 벼슬이 선공감(繕工監) 주부(主簿)에 이르렀으나

---

44) 화개산(華蓋山 230m) : 장흥 마씨의 집성촌인 학송 마을의 주산이요 뒷산이다. 화개산은 안양면의 사자산(666m)의 낙맥이 동으로 뻗치며 검암산(500m), 삼비산(664m), 상제봉(620m), 투구봉(520m), 매봉산(370m) 등을 형성하며 서남으로 뻗어 내리다가 검암산(칼바위산)에서 뻗어 내리다 뭉친 곳에 화개산이 위치한다. 동(東)으로는 장수리, 서(西)로는 요곡재를 넘어 요곡 마을과 경계하며, 남쪽으로 뻗어 내린 줄기 끝에 학송리가 자리한다. 북(北)으로는 학송 저수지와 사자산 끝머리인 골치산에 이른다. 마하수(馬河秀) 선친인 마인서(馬麟瑞,1512~1594)가 인근 장수리 주암촌에서 이곳 화개산 아래 해발 70~80m 자락으로 입촌한 후 마을을 조성하니, 바로 학송 마을이었다. 이때부터 화개산 기슭의 소나무 군락지에 학(鶴)들이 서식하여 마을 명을 학송(鶴松)으로 불리게 되었다고 한다.

어버이가 늙으심에 벼슬을 버리고 고향으로 돌아와서 봉양(奉養)하였다.

선조 때 임진왜란을 당하여 부친(父親) 사직공(司直公) 휘(諱) 인서(麟瑞)가 왜구(倭寇)를 피하려다 바다에서 전사하였다. 이에 공(公)이 피를 토하여 하늘에 호소하기를, 적과 같이 살 수가 없음을 맹세하며 사자(四子, 네 아들)를 데리고 이충무공(李忠武公)에게 나아가니, 이공(李公, 이순신)이 그 용맹(勇猛)을 장하게 여기며 후원(後援)을 하라고 하였다.

수군(水軍)을 거느리고 명량(鳴梁, 현 해남 우수영)의 싸움에 임할 때 공(公)이 바라보니, 왜적이 이공(李公)을 포위하여 형세가 심(甚)히 급하게 되었다. 이에 공(公)이 크게 호령하고, 적진으로 돌진하여 진충갈력(盡忠竭力)⁴⁵⁾하여 왜적 수백을 타살(打殺)하고 마침내 적탄(敵彈)에 맞아 순절(殉節)하였다.

적(賊)도 또한 대패하여 감히 재침치 못하니 이공(李公)이 도리어 크게 승전하였다.

아! 슬프다! 공(公)이 한번 군사를 일으키니 충(忠)과 효(孝)가 쌍전(雙全)이라. (충과 효를 모두 온전하게 다 하였다). 본래 타고난 성정이란 누구나 다르겠지만, 다만 화복(禍福)으로 인하여 난(亂)을 당하니, 살기를 꾀하고 임금을 잊어버리고 어버이를 배반한 자 허다하거늘, 오직 공(公)은 다만 임금과 어버이가 있음만 알고 그 몸을 생각하지 아니하고, 팔을 걷고 눈을 부릅뜨고 화살과 돌로써 싸워 임금과 어버이의 원수(怨讐)를 원망하는 마음을 갖고 또 중흥(中興)의 높은 공(功)을 이룩하니 어찌 장하지 않겠는가.

연천(淵泉) 홍문간(洪文簡) 공(公)⁴⁶⁾이 공의 묘표(墓表, 묘비문)를 지

---

45) 진충갈력(盡忠竭力) : 충성을 다하고 있는 힘을 다 바친다는 의미.
46) 마하수의 묘갈명을 지은 연천(淵泉) 홍석주(洪奭周,1774~1842)를 가르킨다. 마하

을 때 자세히 기록한지라. 특히 그 대략을 뽑아 그 유허(遺墟)를 문표(文表)하여 자손들의 효성스러운 마음을 위로한다.

명(銘)하여 가로되,

거치른 산 빈 터에 조그마한 땅이구나
우뚝 솟은 유허비(遺墟碑)를 지나가는 자
반드시 발을 머무르고 그 뜻을 알고자 할진대
충(忠)과 효(孝)가 있는 마공(馬公)의 옛적 살던 곳임을 알길 바란다.

안동(安東) 김영한(金甯漢)이 삼가 찬(讚)하다.
癸未 1943년 8월 일 삼가 비를 세우다.
유사 후손 윤하(輪河)가 석순(錫珣) 석인(錫仁) 종기(鍾基) 상섭(相燮) 등과 서로 의논하여 세우다.

舟村公遺墟碑文:

程伯子銘顏樂之亭曰 水不忍廢地不忍荒後學之 景莫先哲固當如是 而況後裔之 於先祖平長興華蓋山之下 舟岩之村卽舟村馬公生長之地也 有八穹石環峙焉人到于今指點矣耕犂所侵渾成水田凡爲後喬者齎咨嘆息而 距舟岩數百步有村曰 鶴松寔公習射之墟也 乃合謀琢珉以紀其績使雲河甫徵余語余病廢筆肇硏久矣而其忠孝有足感人者不終辭 公諱河秀字 先天 忠靖諱天牧之七代孫也 公生有異 姿智勇兼備擢登科仕至繕工主簿而以 親老棄官歸當穆陵龍蛇之亂皇 考司直諱麟瑞避寇沒于海公 血泣號天誓不與賊俱生率其 四子謁忠武李公李公壯其

수 공의 묘갈명은 『淵泉先生文集(연천집)』(권26)에 수록돼 있다. 연천은 형조·공조·병조·호조·예조 판서 등과 대제학을 지내고 후에 좌의정까지 역임했던 당대 대석학이었다.

勇使之殿悉舟師邀賊于 鳴梁公望見圍李公急 大呼入賊陣力戰良久竟
中九死 然賊亦大敗不敢復與李公角而遂成大捷 嗚呼 公之一舉忠孝
雙全矣秉彝之性人孰不賊而但怵於禍福臨難苟免遣君後親者滔滔也
公則只知有君親而不知有其 身奮臂裂皆衝昌矢石以報君親之探讐助
成中興之偉烈曷不 韙歟淵泉洪文簡公鑣公墓者詳矣特撮其大者表厥
遺墟以慰后孫之孝思云 銘曰 荒山之址數畝之墟茁茁艸申國過必躊躇
尚識具爲有忠有孝焉 公之舊居
　安東 金窗漢 撰 檀紀 四千二百七十六年 癸未 八月 日 謹堅
　有事後孫 輪河以 錫珣 錫仁 鍾基 相燮 相議 建設記載及愚齊集
　ⓒ『장흥마씨대동보』(乾), 412쪽.

『주촌공 유허비 시집』도 발간

　주촌공 유허비는 1943년 8월에 세웠고, 이로부터 41년이 지난 1984
년에 아마도 주촌공 유허비를 다시 세우며, 유허비 제막식 같은 행사
를 치렀고, 이때 전라도 각지에서 많은 선비들이 참배하러 와 주촌공
에 대한 찬시(讚詩)를 지어, 그해『주촌집(舟村馬公遺墟碑詩集)』[47])을
발간한 것으로 보인다.
　그런 이유로 주촌공 유허비명은, 위 비명의 말미에서 보듯 1943년에
지은 것이고,『유허비시집』은 1984년에 발간한 것으로 유추된다.
　주촌공 유허비 시집에 의하면, 제막식 때 강진, 보성 회천과 웅치면,
곡성군, 광주시 등 전라남도 각지에서 참석한 120여 명이 쓴 주촌공에
대한 찬시가『주촌집(舟村馬公遺墟碑詩集)』에 엮어져 있다. 본『주촌
마공유허비시집』은 목활자본(木活字本) 1책으로 1984년(정해년)에 간

---

47) 이 유허비 시집은 겉표지는 '舟村集'으로 속표지는 '舟村馬公遺墟碑詩集'으로 되
　　어 있다.

행되었다. 이 책자의 크기는 19.5×28.3cm이고, 쪽수는 66쪽이다.

이 책의 권두에는 성주(星州) 이성원(李誠洹)이 서문을 썼으며, 11세손 마석순(馬錫珣), 12세손 마윤하(馬輪河), 13세손 마동신(馬東信)이 발문을 썼다.

▲마하수 유허비(遺墟碑).

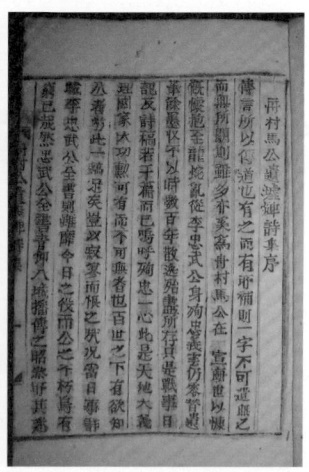

▲마하수 유허비 시집 표지와 속지.

제6절
절의(節義)에 빛나는 마하수 자손들

1. 마하수 장남 마성룡
2. 마하수 차남 마위룡
3. 마하수 3남 마이룡
4. 마하수 4남 마화룡
5. 마하수 손(孫) 마시웅

제6절
절의(節義)에 빛나는 마하수 자손들

마하수 아들과 손(孫) … 절의(節義) 정신 실천

명량 해전에 함께 참여했던 마하수 공의 아들들은 어찌 되었는가. 마하수 공의 기개(氣槪) 높은 절의(節義) 정신은 자손들에게도 그대로 전승되어, 장남·차남·삼남과 차남 마위룡의 아들 시웅 등이 모두 충절(忠節)을 실천하여 『호남절의록』에 등재되었다.

마하수의 장자(長子) 마성룡(馬成龍, 1564~1631)은 성품이 소박하고 정직하였으며 어버이에 대한 효성이 지극했다. 정유재란 때 부친을 도와 아우 위룡(爲龍), 이룡(而龍) 등과 함께 향선 10여 척을 모아 충무공 후원군으로 명량 전투에 참전하였다. 이때 부친이 전사한 후, 성룡도 부상 당한 상처를 싸매고 부친의 시신을 거두어 배 안에 안치한 후 아우 위룡 등 4형제 모두 칼을 들고 적진을 돌격하여 적을 대파하였다.

공은 명량 해전에서 귀향한 후 생(生)을 마칠 때까지 동남방(일본 쪽)을 향하여 앉지도 않았고 의복·음식 등에서 일본의 물산(物産)이면 가까이하지 아니하였고 선친 시묘살이 3년간을 하루 같이 묘소에 올라 슬프게 통곡함이 도에 지나쳐서 피눈물이 되었다고 한다.

마하수의 차자(次子) 마위룡(馬爲龍,1576~1638)은 효성도 지극하였지만 특히 학문에도 힘썼다. 임진왜란 때 선산 부사 정경달의 군영으로 들어가 전략을 함께 세워 큰 공을 세웠다. 이에 공은 판관(判官)에 제수되고 다시 첨정(僉正)으로 승차되었다. 정유재란 때는 부친을 도와 형 성룡 등 4형제 모두 충무공 후원군으로 참여하였다. 부친이 전사한 후, 시신을 거두고 염을 한 후 상복을 입고 장례를 치른 후 다시 충무공 진중으로 들어가 충무공 진중에서 함께 왜적과 싸우다 충무공이 전사한 후에 귀향하여 시묘살이를 하였다.

마하수의 삼남(三男) 마이룡(馬而龍,1581~1653)은 광해군 4년(1612) 무과에 급제하였다. 병자호란(1636) 때 전라좌수영(全羅左水營)의 우후(虞侯)에 제수되어 수사(水使) 안몽윤(安夢尹)과 함께 관하의 전함(戰艦)으로 근왕(勤王)하러 출전하였다. 이때 조카 시웅(時雄) 또한 따라와 근왕군 참모로서 함께 출전했으나 충청도 경계에 이르렀을 때 화의(和議)가 성립되었다는 소식을 듣고 통곡하며 돌아와 무인년(戊寅年)에 근왕 차 출정했던 군대를 해산하여 향촌으로 돌아온 후 벼슬길에 더는 나가지 않았다. 임진년(壬辰年)에 민정중(閔鼎重)[1] 선생이 본도(전라도)에 암행어사로 와 공을 만난 후 공의 재능과 학문을 인정하여 공을 낙안 군수(樂安郡守)에 제수였으나 끝내 부임하지 않았다.

마하수의 4남(四男) 마화룡(馬化龍,1587~1664)은 4형제 중 가장 조

---

[1] 민정중(閔鼎重,1628~1692) : 호는 노봉(老奉). 조선 효종~숙종 초반 시기의 학자. 송준길(宋浚吉)과 송시열(宋時烈)의 문인이었다. 숙종의 계비 인현왕후의 아버지 민유중(閔維重)의 형이었다. 1649년(인조 27) 정시문과에 장원, 호남어사(湖南御史)를 지낸 뒤 대사헌을 거쳐 이조·공조·호조·형조판서를 역임하였다. 1675년 남인이 득세하자 서인으로서 장흥부(長興府)에 유배되었다가 1680년 풀려나 좌의정이 되었다. 1689년 기사환국(己巳換局) 때 남인이 다시 득세하자 벽동(碧潼)에 유배되어 그곳에서 죽었다. 장흥 연곡서원 등에 배향되었다.

용하게 생을 살다 간 분이다. 관직에만 충실했다고 전해졌다. 봉훈랑(奉訓郎) 제용감(濟用監) 판관(判官)을 지냈다.

마하수의 차남 마위용의 아들 마시웅(馬時雄,1591~1674)은 어렸을 때부터 성품이 강개(慷慨)하고 강직하여 굴하지 않았다고 한다. 음사(蔭仕)로 직장(直長)을 제수 받았다. 병자호란때 계부(季父) 우후공(虞侯公: 마이룡)을 따라 좌수영(左水營)의 관아에 있었다. 아버지 첨정공(僉正公)이 글을 보내 권하여 말하기를, "나는 늙었고 또한 병이 들었으니 네가 계부(季父)와 함께 국난(國難)에 나가라."고 하였다. 이리하여 마시웅은 우후공과 함께 피난 중인 왕을 보필하러 갈 때 근왕공의 참모가 되었는데 화의가 성립되었다는 소식을 듣고서 통곡하며 돌아왔다. 후일 고령(高齡)이라 하여 직급이 승급되었다. '자식들에게' 라는 훈계서(訓誡書)를 남겼는데 단지 숭정(崇禎) 때의 음직(蔭職) 자급(資級)만을 썼다고 한다.

이처럼 마하수 공의 절의 정신은 3대까지 전승되었고, 후손들의 이러한 절의(節義)의 실천으로 병자호란 등에 창의하거나 참전하여 『호남절의록』등에 등재 되어 장흥 마씨 가문의 위상 제고와 성세를 주도하였다.

다음은 마하수 공 4형제와 손(孫) 시웅에 관한 사적 등의 내용이다.

1. 마하수 장남 마성룡

『호남절의록』과 마성룡

　마성룡(馬成龍,1564~1631) : 자(字)는 운거(雲擧). 본관은 장흥(長興). 주부(主簿) 하수(河秀)의 아들이다. 성격이 솔직 담백하며 부모를 정성껏 모셨다. 정유재란(1597) 때 아버지 주부공(主簿公) 및 아우인 위룡(爲龍)과 함께 고을의 배 10여 척을 모아 이충무공을 후원하였다. 명량(鳴梁) 싸움에 주부공이 적에게 죽고 공도 또한 상처를 입었으나 상처를 싸매고 아버지의 시신을 거두어 향선(鄕船)에 두고 아우와 함께 칼을 휘두르며 돌진하였으나 적은 이미 패주한 뒤였다. 얼마 후 상처가 도져 죽었다.[장흥(長興)]

　馬成龍 字 雲擧 長興人 主簿 河秀 子性樸直事親色養丁 酉從 主簿公與弟 爲龍 聚鄕船十餘隻爲 李忠武公 後援 鳴梁 之戰 主簿 公死於賊公又被槍裹瘡收父屍置 鄕船與弟手劍罙進賊已敗走未幾病瘡而卒 [長興]

　ⓒ『호남절의록』(김동수 교감·역주)권3상, 임진의적, 馬成龍. 243쪽.

　(마성룡은 『호남절의록』에 등재된 데 이어, 『장흥지방의 국난극복사』[2], 『장흥마씨대동보』((坤), 33-34쪽)에도 소개되어 있는데, 이들 내용이 거의 유사하여 『장흥지방의 국난극복사』, 『장흥마씨대동보』 소

---

[2] 『장흥지방의 국난극복사』(이상구, 장흥문화원 1998, 231쪽) : "마성룡(馬成龍) - 자(字)는 운거(雲擧). 호는 죽창(竹窓)이며, 장흥인(長興人)으로 참판(叅判) 마하수(馬河秀)의 아들(長男)이다. 공은 소박하고 정직하였으며, 항상 부드러운 표정으로 어버이를 섬겼다. 정유재란 때 부친 참판공을 도와 향선(饗船) 10여척을 모아 충무공의 후원군으로 명량 전투에 참가하였다. 이때 참판공이 전사하였고 공 역시 부상당한 몸으로 상처를 싸매고 참판공의 시체를 거두어 배 안에 안치한 후 아우와 함께 칼을 들고 돌격해 적을 대파한 후 마침내 상처가 악화되어 순절하였다."

개 내용은 생략한다.)

죽창공 마성룡(馬成龍)의 행장(行狀)

- 방손(傍孫) 경하(敬河) 찬

(공의 인적 사항은 원문原文으로 대신한다.)
 … 공은 갑자년(1564년) 5월 25일에 장흥 안양방 주암촌(장수리)에서 태어났다.
 천품이 총명하고 기력과 체질이 아름답고 착하며 글을 읽고 쓰는 재능이 뛰어나 문무(文武)의 재주와 슬기를 따를 자가 없었다.
 나이 20을 넘을 때 임진왜란을 당하여 부친의 명에 따라 도탄(桃灘) 변사정(邊士貞)[3] 의막(義幕)에 들어가 여러 사람의 추천으로 중책을 맡아 모의에 참여하여 전략을 효과적으로 도우며 전투를 승리로 이끈 공적을 세웠다.
 을미년(1555)에 변강(邊江)에서 조부(인서)가 사망한 후, 비통한 마음으로 집에 있은 지 1년이 지나 정유재란(1557년) 때 이르러 부친 주

---

3) 도탄 변사정(桃灘 邊士貞, 1529~1596) : 자는 중간(仲幹), 호는 도탄(桃灘). 이항(李恒)의 문하에서 수업하였다. 임진왜란이 일어나자 남원에서 2,000여 명의 의병을 모집, 정염(丁焰)·양사형(楊士衡) 등에 의하여 의병장으로 추대되었다. 상수·선산 등지에 주둔하고 황길·창원·함안·성주·대구 등지에서 적을 무찔렀다. 1593년 제2차 진주성 싸움에서 재외운량장(在外運糧將)에 추대되어 산음(山陰)에 가서 병곡 수백 석을 구하여 겨우 진주성에 운반하였으나 곧 성이 함락되었다. 선조에게 중흥책(中興策)을 상소하기도 하였으며, 1595년에는 첨정(僉正)으로 승진되었으나 취임하지 않았다. 정유재란 때 남원성이 함락되자 정염이 "변사정이 있었다면 적이 어찌 여기까지 이르렀겠는가?"라고 하였다 한다.

촌공과 함께 마음속으로 조부의 복수를 맹세하고 향선 10여 척을 모아 충무공의 후원군이 되었다. 공은 동생 위룡, 이룡, 화룡과 함께 아버지를 따라 명량전에 참전한 것이다. 적선 100여 척이 바다를 가리고 이순신을 포위하니 충무공은 실로 위기일발의 위급한 처지에 놓였다. 그런데도 휘하의 장수들은 후퇴하여 행방이 묘연한 처지였다. 이때 주촌공이 용맹무쌍하게 포위망을 뚫고 선봉에서 칼을 빼들어 돛대를 치며 말하길, "장부가 국난에 참전하였으니 목숨을 바칠 따름이다. 구차하게 살기를 바라겠느냐!"하시며 네 아들과 함께 용감하게 적진에 돌진하여 적선 100여 척을 격침시켰지만 부친 주촌공은 마침내 적탄에 쓰러졌다.

공이 말하기를, "비통하지만 부친의 죽음을 극비에 부치자." 하고는, 좌충우돌 충무공과 같이 적진에 돌격하니, 적들이 졸지에 무너지며 도망한 후 다시는 범하지 못하였다.

명량전을 대승한 후 영구를 모시고 돌아와 겨우 제계하고, 성복을 하니 동생 위룡이 상복에 먹으로 "임금과 아버지의 큰 원수를 꼭 갚겠다 伸復君親大讐"라고 써서 유별나게 슬퍼하였다.

그러나 공(죽창공)은 명량전에서 입은 10여 개의 창상이 고질임에도 불구하고 거상 삼 년을 여막에서 피눈물로 슬퍼하며 아버지의 원수를 갚지 못했다 하여 생을 마치도록 동남향(일본이 있는 곳)으로는 앉지도 않았고 왜놈의 물건은 멀리하고 농사에서 왜콩도 심지 아니하였다.

공이 신미년(1631년) 8월 21일, 별세하니 향년이 68세이다.

-공의 사적(事蹟)이 『문헌절의제록(文獻節義諸錄)』에 있으며, 묘비명(廟碑銘)은 최영조(崔永祚)가 지었다.-

공의 묘는 고(考) 묘소(墓所) 북측에 있으며 쌍비(雙碑)로 된 묘비가 있다. 묘는 화개산 주천공 묘소의 좌곤좌원(左坤坐原)이다.

배필은 의인(宜人)[4] 보성 선씨(寶城宣氏)다. -보성 선씨의 부(父)는 증참판(贈叅判) 봉장(鳳章)이요 조(祖)는 봉사(奉事) 대윤(大倫)이고 증조(曾祖)는 생원(生員) 찬우(贊遇)이며 안렴사(按廉使) 윤지(允祉)의 후예이다. 외조(外祖)는 평사(評事) 기봉(岐峯)공 백광홍(白光弘)이다. 『장흥마씨대동보』坤, 33-34쪽.-

공은 3남을 낳으니 시흥(時興), 시용(時用), 시영(時英)이며, 이하는 기록하지 않는다. 그 후손 석순(錫珣)이 행록을 제시하며 행장을 청하므로, 불문을 불구하고 대강 이와 같이 쓰고 후군자를 기다린다.

방계 후손 경하 삼가 올림

竹窓公 行狀:

公諱成龍 字雲擧 號竹窓 蔭從仕郎 長興人 太宗朝推忠翊戴佐命功臣大匡輔國崇祿大夫議政府領議政長興府院君 諡忠靖 諱天牧 八世孫也 高祖諱以乾蔭奉直郎曾祖諱八駿蔭叅事祖諱麟瑞蔭禦侮將軍 考諱河秀號舟村贈兵判 妣貞夫人 咸豊魯氏 生貝希益之女也 嘉靖甲子五月二十五日生

公于長興安良坊之舟岩村舊第自少天姿穎悟 氣質粹美善屬文能書字世皆以 英才稱之稍

長誠孝根天志節過人文武才智無出其右年 踰弱冠當 萬曆龍蛇之亂以親命赴桃灘邊士貞義幕推衆議爲叅謀 贊劃方略累効勝捷之殊績乙未遭王父邊江之痛家居踰年 丁酉舟村公矢心復讐聚鄕船十餘隻 爲李忠武後援 公與弟爲龍而龍化龍從之及鳴梁之戰 賊船三白餘艘蔽海而來圍李公甚急菅下諸將皆退縮在杳然之地莫敢嬰其鋒舟村公 拔劍擊揖曰 大丈夫死耳豈可臨難苟免與公兄弟挾單舟+可突圍力 戰斬賊

---

4) 조선조에 정·종 6품 무관의 아내에게 내리는 봉작(封爵).

數百餘級竟中丸九而殉節 公痛先志之未卒 與衆弟秘喪左右 衝殺 而
出屬鄕船護 屍此自志盆 決復讐與李公奮鈞更進賊大敗擧軍而遁 更
無所施遂成鳴梁之大捷乃奉柩而還纔經成服戒弟爲龍 以黑衰赴亂時
書其仲復君親大讐六字類多至誠惻恒之蘊意身被十餘創因成況痼居
廬三年日上親墓 哀號踰節涕淚成血意以親讐未復 終身不向東南而
坐器用不近倭物治農不種倭荳 崇禎 八月二十一日考終 于正 寢享年
六十八 葬于華蓋山下 舟村公墓左坤坐之原 配宜人 寶城宣氏
　贈叅判鳳章之女也 祔公墓 左擧 三男長時興 次時用 號西溪 以文章
行義爲世標準 次時英孫 會玄不盡錄其後孫錫珣袖致行錄示余以余之
文拙識 薄何敢著公忠孝之萬一也哉僅
　以若干言敍次如右以竢立言之大君子云爾
　永曆五壬戌五月 端陽候 傍孫敬 河瑾狀
　ⓒ『장흥마씨대동보』(乾), 367-368쪽.

2. 마하수 차남 마위룡

마위룡, 『호남절의록』 등재

　마위룡(馬爲龍,1576~1638) : 자(字)는 운보(雲甫). 호(號)는 송파(松坡). 주부(主簿) 하수(河秀)의 둘째 아들이다. 효에 독실하였고 학문에 힘썼다. 임진왜란 때 반곡(盤谷) 정경달(丁景達)의 의진(義陣)에 나아가 군무에 관해 많은 보좌를 하였고 공로가 매우 컸다. 제용판관(濟用判官)에 제수 되었고 첨정(僉正)으로 승진하였다.
　정유재란(1597) 때 아버지 주부공 및 형 성룡(成龍)과 더불어 충무공의 명량 해전에 참여하였다. 아버지가 적에게 죽자 그 시신을 거두어 장례를 치른 후 후일 상복을 입고 다시 충무공의 진지에 나아가 끝까지 힘써 싸웠다. 충무공이 전몰(戰沒)함에 마침내 돌아와 여묘(廬墓)하면서 상제를 마쳤다.

　*공의 아들 시웅(時雄)과 아우 이룡(而龍)은 병자란(1636) 때 의병을 일으켰다.

　馬爲龍 : 字 雲甫 號 松坡 長興 人 主簿 河秀 次子篤孝力學 壬辰赴 丁盤谷景達義陣贊劃戎謨多有殊績 除濟用 判官陞僉正 丁酉從 主簿公與兄 成龍 同赴李忠武公 鳴梁陣 主簿 公死於賊收父屍旣殯後以墨縗更赴 李公陣終始力戰及忠武公戰沒遂還廬墓追服 *주 : 子 時雄 弟 而龍 丙子起義 [長興]

　ⓒ『호남절의록』(김동수 교감·역주)권3상, 임진의적, 마위룡, 243쪽.

　*마위룡도『호남절의록』에도 등재된 데 이어『장흥지방의 국난극복사』[5],『장흥마씨대동보』(坤), 33-34쪽)에도 소개되어 있는데, 이들 내용이 거의 유사하여『장흥지방의 국난극복사』,『장흥마씨대동보』소개 내용은 생략한다.

---

5) 『장흥지방의 국난극복사』(이상구, 장흥문화원, 1998, 231쪽) : "마위룡(馬爲龍, 1576~1638) : 자는 운보(雲甫)요 호는 송파(松坡)다. 장흥인(長興人)이며 참판(參判) 마하수(馬河秀)의 차남이다. 공은 효성이 지극하고 학문에 힘썼다. 임진왜란 때 반곡(盤谷) 정경달(丁景達)의 군영으로 들어가 전략을 함께 세워 큰 공을 세웠다. 이에 공은 판관(判官)에 제수되고 다시 첨정(僉正)으로 승차되었다. 정유재란 때 부친 참판공을 도와 형 성룡(成龍)과 함께 충무공(忠武公)의 막하로 들어가 노량해전에 참가하였다. 참판공이 전사함에 따라 시신을 거두고 염을 한 후 상복을 입고 다시 충무공 진중으로 들어갔다. 그곳에서 시종 힘껏 싸우다 충무공이 전사하면서 고향으로 돌아와 시묘하며 상복을 입었다. 공의 아들 시웅(時雄)과 아우 이룡(而龍)은 병자호란 때 의병을 일으켰다."

송파공 마위룡의 행장

- 위백규(魏伯珪) 찬(撰)

공은 장흥 마씨로 휘는 위룡, 자는 운보요 호는 송파이다. 고려 때 명문으로 지백(智伯)이 원종 때 문과에 급제하여 벼슬이 보문각 학사 호부상서에 이르렀고, 3세 뒤 휘 천목은 조선조 태종 조에 좌명공신으로 대광보국숭록배부 장흥부원군에 이른 충정공의 8대손이다.

충정공이 휘 전(腆)을 낳으니 병자년에 군수를 지내고 퇴임 후 장흥 예양강에 은거하시니 호를 조은(釣隱)이라 했다. 조은공이 휘 중보(仲寶)를 낳으니 생원이며 호는 미학제로 학문과 행실로 세상에 이름이 드러나니 공의 6대조이다. 5대조 휘 득진(得辰)은 벼슬이 판결사다. 조부 휘 인서는 벼슬이 어모장군이다. 을미년(1595년)에 부안 변강에서 왜적에게 피살당하고 선고 휘 하수(河秀)는 호는 주촌이요 중훈대부 선공감 주부로 정유재란·임진왜란 때 이충무공의 명량전을 후원하다 순절했다. 모(母)는 함풍(咸豐) 노씨(魯氏)다.

주촌공이 병자년(1576년) 9월 8일에 공을 장흥 안양방 주암촌 옛집에서 낳으니 어려서부터 총명하여 정경달(丁景達) 문하에 취학하니 시문에 능하고 글솜씨가 훌륭하였다.

임진왜란 때 주부공이 아들에게 말하길, "국운이 불행하여 임금이 피난하였으니 신하로서 어찌 모른 체 하겠느냐? 내가 장차 전장에 나갈 터이니 너희들은 할아버지를 잘 봉양하라."하니, 공이 말하길, "아버지가 할아버지를 모시고 피난하십시오. 소자가 전장에 나가겠습니다." 하니 아버지 주부공의 말씀이 "네 말이 일리가 있다. 정이회(丁而晦 : 丁景達 의 字다)라 하는 선산 군수가 의병을 모집한다고 한다. 이분은 반드시 나라에 몸을 바칠 사람이니 너도 가서 (그분을) 따르거라." 하니 공이 드디어 집을 떠나면서 하늘에 맹세하기를, "왜적을 물리치고 돌아와 부모님을 뵈오리다." 하고 홀로 말을 달렸다.

낮에는 몸을 감추고 밤에도 숨으면서 6월에 선산 땅에 도달하여 정공(丁公)을 뵈니 아주 기뻐하였다. 정공은 공을 군무(軍務)에 참여토록 하였다. 공은 초서로 정공의 뜻을 받들고 정공의 뜻을 어기지 않겠다는 서약문을 썼다. 계사년(1593년)에 큰 공훈을 인정받아 제용감 판관 벼슬에 임용되고 병신년(1596년)에 첨정에 승진하고 겨울에 부모를 뵈었다.

주부공이 정유년(1597년)에 복수를 맹세하고 피난선 10여 척을 모아 충무공 후원군이 되니, 공은 맏형 성룡(成龍)과 함께 명량전에 참전하였다. 충무공이 왜적에게 겹겹이 포위되어 생사가 위급하므로 주부공이 아들들과 그 포위망을 뚫고 돌격을 하다가 큰 배의 틈에 끼여 힘을 다하여 싸우다가 마침내 적탄에 맞아 순절하였다. 형제들이 주부공의 죽음을 알리면 적에게 익사 당하고 말 것이니 시체를 향선에 숨기기로 하고 일제히 좌우충돌 돌격전을 감행하니 왜적들이 졸지에 무너지며 도망을 가 다시는 침범하지 못하였다.

드디어 주부공의 시신을 모시고 돌아와 겨우 성복례를 지낸 다음 상복을 입고 전장 터에 나가려고 하니, 형이 통곡하며 하는 말이, "아버지의 치상도 함께 하고 복수를 위한 행장도 함께 하자."고 하였다. 이에 공이 말하길, "형님은 지금 창상(상처)이 낫지 않았으니, 전장에 나가기가 어렵습니다. 또 아버지 장례도 치러야 하고 노모도 모셔야 되므로 형님은 그 어려운 일을 하시고, 저는 쉬운 일, 즉 충무공 후원군으로 나아가 끝까지 싸우겠습니다." 하였다.

그리하여 공은 충무공 진중으로 가 전장에 참여하고 귀향, 여막(묘소)에서 시묘살이를 하였다.

정묘(丁卯) 노란(虜亂)⁶⁾ 때 체찰사 이원익(李元翼)⁷⁾의 부름을 받아 군무를 돕고 경오년(1630년)에 가도(椵島)의 난⁸⁾ 때는 정원수(鄭元帥, 鄭忠信)⁹⁾의 부름을 받고 기록 사무를 보는 직위에 부임하여 복무하였다. 이어 갑자기 병자호란이 일어나 임금이 남한산성으로 거동할 때 공이 맨발로 모시고 밤낮으로 성에 올라 활시위를 당겨 성을 지키느라 엄동설한에 손가락이 모두 헐었다. 임금이 공의 충실한 근무를 치하하고 비단토수를 하사하고 첨정벼슬을 제수하였다.

이때 공의 아들 시웅(時雄)이 공의 아우 이룡(而龍)을 따라 전라좌수영에 근무 중이었다. 이에 공은 아들에게 편지를 보내, "근면하고 성실

---

6) 병자호란 : 조선 인조 14년에 청나라가 침입한 난리로 서기 1636년(인조14년) 12월부터 이듬해 1월에 청나라가 조선에 대한 제2차 침입한 치욕의 전쟁이다. 병자년에 일어나 정축년에 끝나기 때문에 '병정노란(丙丁虜亂)'이라고도 부른다.

7) 이원익(李元翼,1547~1634) : 조선의 문신이다. 본관은 전주(全州), 자는 공려(功勵), 호는 오리(梧里)이다. 영의정을 지낸 정창손의 외후손이다. 1569년(선조 2년) 문과에 급제하여 대사헌과 호조·예조·이조 판서, 의정부 좌의정 등을 지내고 관직이 의정부 영의정에 이르렀다. 임진왜란 때 의주로 몽양가는 선조를 호종하여 충근정량효절협책호성공신 2등(忠勤貞亮効節協策扈聖功臣 二等)에 녹훈되고, 완평부원군(完平府院君)에 봉작되었다. 또한 임진왜란 때의 공로로 선무원종공신 2등(宣武原從功臣 二等)에 녹훈되기도 하였다. 그는 근검절약, 청렴하여 청백리(淸白吏)에 녹선되었다. 시호는 문충(文忠)이다.

8) 인조 원년(1623)에 가도를 둘러싸고 조선, 명나라, 후금(後金) 세 나라 간에 얽힌 외교적 사건이 있었다. 명나라 요동의 도사(都司) 모문룡이 후금의 공격에 쫓겨 조선의 가도에 진을 치고 후금과 대결하였는데, 중간에서 조선의 입장이 난처했으나 명나라가 스스로 모문룡을 유인하여 죽임으로써 끝이 났다.

9) 정충신(鄭忠信,1576-1636) : 조선 중기의 무신. 임진왜란 때 활약으로 선조가 면천을 시켜줬다. 이항복의 눈에 들어 공부하고, 무과에 급제해 광해군 때는 여진족들의 동태를 감시하는 한편 인조 때는 이괄의 난을 진압해 1등 진무공신에 올랐다. 후금에 사신으로 다녀오는 등 국방 및 외교에서 큰 활약을 펼쳤다. 종2품 경상병마절도사에 올랐고 1636년 별세 후 충무공의 시호를 받았다.

하게 복무하여 평화가 이룩되면 나라에서 공적을 헤아려 베푸는 복록을 함께 누리게 될 것이다. 열심히 복무하라."고 교훈의 말을 남겼다.

공은 늙고 병든 몸으로 사직을 상소하는 글에서, "관원을 임용하는 제도를 개선할 것을 주청합니다. 또 나이 20부터 종군하였으나 끝내 나라에 보답하지 못하고 백성을 편안케 하지도 못하였으나 늙고 병이 드니, 물러갑니다."하고 고향으로 돌아와 산골을 산책하며 스스로 호를 송파거사(松坡居士)[10]라 하였다.

무인년(1638년) 8월 29일에 별세하니 향년 62세이다.

안양방 개동 오른쪽 산등성이 해좌(亥坐) 언덕에 안장하였다.

-유고(遺稿)가 있다. 사적(事蹟)이 『문헌절의제록(文獻節義諸錄)』에 있다. 우의정(右議政) 정만석(鄭晩錫)이 묘비명을 지었다. 배는 영인(令人)[11] 초계 변씨(草溪卞氏)로 부(父)는 통정대부(通政大夫) 홍원(弘源)이고, 증조는 도사(都事) 증(贈) 이조참의(吏曹參議) 희(喜)의 손이며, 외조(外祖)는 감찰(監察) 칠원 윤씨(漆原尹氏) 윤은우(尹殷佑)[12]이다. 공의 묘는 부친 묘 우측 곤좌(坤坐)이며 묘비가 있다. 학송리 주저등(舟底嶝)에 제각(祭閣) 승유재(承裕齋)가 있다. ⓒ『장흥마씨대동보』(곤(坤), 34-35쪽.-

공은 2남을 낳으니 장남이 시량(時良)이요 차남이 시웅(時雄) 봉직랑(奉直郎)이다. 시량이 1남 1녀를 낳으니, 남(男)은 상훈(尙勳)이요, 사위(婿)는 청주 한치열(韓致說)이다. 시웅이 4남 2녀를 낳으니 남은 종훈, 승훈, 세훈이요 사위는 밀양 손수도(孫守道), 칠원 윤세빈(尹世彬)이다. 이하는 생략이다.

---

10) 송파(送坡) : 한강 연안에 있는 송파 나루에서 인조가 청태종에게 항복한 곳이다.
11) 영인(令人) : 조선조에 정4품, 종4품 문무관 아내의 봉작.
12) 윤은우(尹殷佑,?~1594) : 자는 운방(雲方), 호(號) 퇴와(退窩), 명종 때 사마시에 급제하였으며 여주목사겸 진관병마절도사를 지냈다.

松坡公馬爲龍行狀:

　公諱爲龍 子雲甫擧馬氏系出 會寧麗朝大族 中世有智伯元宗丙寅 登文科官至戶部尙書 寶文閣學士歷三世至 諱天牧 我太宗朝以 佐令 視親勳封 長興府院君 諡忠靖 生諱腆景泰 丙子以前郡守退老於長興 汭陽江上號釣隱 生諱仲寶 生員 號媚學齋 文行名世 公其六代孫也 五代祖諱 得辰 軍器寺僉正 高祖諱以乾奉直郞 曾祖諱八駿 判決事 祖諱 麟瑞禦侮像將軍

　萬曆乙未遇搜賊歿于邊江 考諱河秀繕工監 主簿 丁酉殉節 于李忠武公鳴梁之戰 妣咸平魯氏 生貝 希益女以 萬曆 丙子 九月 初八日生 公於本府 安良坊之舟村 舊第生而聰睿夙成就學丁盤谷景達門 能詩文善筆 翰及壬辰亂作主簿公謂諸子曰 國運不幸 君父蒙塵爲人臣 者座豈可曰 在家不在 知家平不吾和將赴覲汝廷曺善養王父公對曰大人奉親避亂小子請替赴國亂主簿公曰汝言亦自有理丁而晦方宰善山召募義旅此人必爲 國辨死汝可往從公遂登程指天誓必曰卽進賊亂歸拜老親單騎書伏夜竄六月達善山丁見之喜甚許叅軍務裁書草檄一稱丁公意

　癸巳以戌功除濟用監判官 乙未遭王父司直公 邊江之慟家居踰年丙甲遷濟用僉正是年冬歸覲

　丁酉 注簿公失心復讐聚避亂船十餘隻 爲李忠武公後援公與伯氏成龍從忠之及鳴梁之戰

　忠武公爲賊船圍之數重主簿公與公之兄弟挾單舸突圍力戰竟中丸死之公 兄弟以爲若發喪賊必 渰殺遂秘密喪左右衝殺而出至鄕船置死奮劍更進賊爲李公所坡擧軍而遁更無所施遂奉柩還纔逕成服將墨衰赴亂伯氏 痛哭謂曰親骨與爾共收親讐亦當共復欲與同裝公曰兄今瘵瘡未完赴敵難能而且亡親不可不葬老慈不可無養兄其爲難我其易卽赴李忠武公陣同其終始亂己而歸廬墓追服丁卯 虜亂體察使李公元翼

辟爲叅佐庚午椵島之役鄭元師忠信辟爲約記從室公俱供赴之丙子在京第變起倉卒

大駕幸南漢公徒跣從之晝夜登 埤灣弓 扞禦天寒雪深十指皆穿上視自巡城覽公忠勤命賜錦吐銘手因除軍器寺僉正 時公子時雄從仲父虞候而龍在全羅左水營衛公胎言勉以赴勤和成後政官

擬除同福公 衰疾上言銓曹請改擬略曰弱冠從軍終無報國之劾白首爲吏寧有牧民之方遂還鄕里逍遙林壑自號松坡居士

崇禎戊寅八月二十九日卒 享年七十三 葬于安良坊之盖洞右崗亥坐原卽司直公藏遺遠衣祔祖兆也 公娶草溪卞氏 通政弘源女生 二男長時良次 時維 奉直郎 丁丑與仲父作勤王行聞和成而 還時良有一男一女男尙勳女適淸州韓氏致說時雄有四南二女男長鍾勳鬪受學閔老峯門次承勳世勳童勳女長適密陽孫守道次適漆原尹世彬曾玄以下多不錄鳴呼公於-身凡經四亂墨衰從軍己決復 讐之志徒就跣扈駕己誓國之心而且累被公 辟不避艱險備經風霜者只欲一死於 君親以盡臣子之職而惜乎時不得當志未竟遂其齎恨以終可謂九原猶視者矣蓋公之忠孝根於心而箸於事者如此則雖曰不死於敵是亦忠而已矣何必勉强就死而後獨謂之忠孝也 耶代代孫沈 袖行錄示余以余爲鄕里者舊且有博聞請以爲狀噫余於公景慕雅矣雖不以拙但公歿後今將 百六十年矣耳目不悉余敢撰公事業之萬一也只取李忠武公全書丁盤谷遺集及公之遺稿中所載者略述叙爲 狀爲俟立仲言之君子云爾

崇禎三辰仲春朔朝 遂寧 魏伯珪 謹撰

ⓒ『장흥마씨보』(乾), 368-373쪽.

3. 마하수 3남 마이룡

『호남절의록』 등재 … 병자호란에 근왕하러 출정

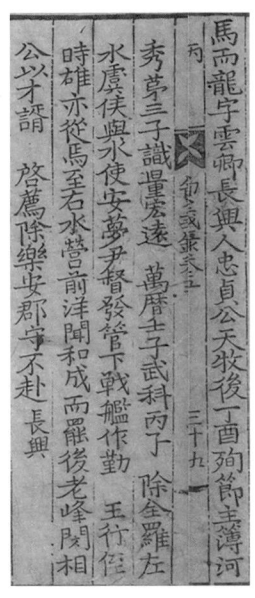

마이룡(馬而龍) : 자(字)는 운경(雲卿). 본관은 장흥(長興). 충정공(忠貞公) 천목(天牧)의 후손이고 정유재란(1597) 때 순절한 주부(主簿) 하수(河秀)의 셋째 아들이다. 학식이 깊고 원대하였다.

광해군 4년(1612) 무과에 급제하였다. 병자호란(1636) 때 전라좌수영(全羅左水營)의 우후(虞侯)에 제수되어 수사(水使) 안몽윤(安夢尹)과 함께 관하의 전함(戰艦)을 내어 근왕(勤王)하러 가고자 하였다. 조카인 시웅(時雄) 또한 따라와 함께 출발했으나, 우수영(右水營) 앞바다에 이르렀을 때 화의가 성립되었다는 소식을 듣고 해산하였다. 후에 노봉(老峰) 민정중(閔鼎重)이 재주가 총명하다고 천거하여 낙안 군수(樂安郡守)를 제수하였으나 나아가지 않았다.[장흥(長興)]

ⓒ『호남절의록』(김동수 교감·역주)권5 상, 병자의적, 창의제공사실, 399쪽.

*마이룡도 『호남절의록』에 등재된 데 이어 『장흥지방의 국난극복사』[13], 『장흥마씨대동보』(坤), 33-34쪽)에도 소개되어 있는데, 이들 내

---
[13] 『장흥지방의 국난극복사』(병자호란 충절인물, 마이룡, 296쪽) : "공의 자는 운경이요, 호는 성재(省齋)다. 장흥인이다. 충정공 천목(天牧)의 후(后)다. 공은 천성이

용이 거의 유사하여 『장흥지방의 국난극복사』, 『장흥마씨대동보』 소개 내용은 생략한다.

우후공(虞候公) 이룡의 행장

-전 병조참판 민창혁 찬

공의 성은 마씨요 휘는 이룡(而龍)이다. 자는 운경(雲卿)이다. 윗대 조상 휘 려(黎)는 백제 온조왕의 개국원훈으로 마사량현을 수봉받아 후손이 이곳에서 세거하였다. 고려조에 이름난 문벌로 대를 이어왔다. 조선조 태종 조에 좌명공신으로 휘 천목(天牧) 장흥부원군 충정공은 공의 8세조이다.

고조는 봉직랑의 이건(以乾), 증조는 봉사의 팔준(八駿), 조부는 어모장군의 인서(麟瑞), 선친은 중후대부(선공감 주부)의 하수(河秀)다.

정유년에 왜군이 몰려와 걷잡을 수 없이 퍼지니 공은 충무공 후원군으로 목숨을 바치기로 하고 명량 해전에서 공을 세운 사실은 국사에 소상히 실려 있다. 지금도 (후인들이) 그 풍채를 사모하여 우러러 본다.

공의 나이 16세에 명량 해전에서 부친이 순절한 것을 보고, 분개하

> 순수하고 경사에 정통하여 세인의 촉망을 받았다. 17세 때 부친 참판공 하수(河秀)가 명량해전에서 순절하자 통분을 이기지 못하여 원한을 갚고자 결심하고 손(孫)·오(吳) 병서와 진법을 연구하여 모래 위에 팔진(八陣)의 육화진(六花陣)의 상을 그리고 천문지리학을 연구하였다. 광해군 4년 (1612년) 무과에 오르고, 인조 6년(1628년)에 녹도(鹿島) 진영(鎭營)이 되었다. 병자호란 때 전라좌수 우후에 승차하여 조카 시웅(時雄)을 데리고 수사(水使) 안몽윤(安夢尹)과 함께 관하 전선을 감독하여 우수영에 이르렀을 때, 화의 소식을 듣고 통곡하며 본진으로 돌아왔다. 인조 6년(1638년) 사임하고 귀향하여 공명을 버리고 소요하니 어사 민정중이 조정에 천거하여 낙안 군수에 임명되었으나 나아가지 않았다."

여 옷깃을 여미며 복수를 맹세하며 말하기를, "남자가 기왕에 군무에 종사하려면 평소에 좋은 도리(방도)를 연구하지 않는다면 갑작스러운 변란에 어찌 대응할 것 것이냐? 정세를 잘 살피고 적을 잘 제압하려면 병법에 관한 책과 옛 명장들의 전법을 꿰뚫고 넉넉한 채비를 사전에 갖추어 한다."고 말하고, 모래 위에 팔진도의 육화(六花 : 진 치는 법) 술책을 쓰는 법 등을 상세히 그려 익혔다. 공은 또 우리나라 천문지리도(天文地理圖)를 그려 놓고 담론하여 지형지세와 주요 요새 등을 잘 파악하고 숙지하여 유사시에 실천할 수 있도록 하였다.

비(妣)는 함풍 노씨(魯氏)다. 신사년(1581년)에 장흥 안양방 주암촌에서 공을 낳았다.

어려서부터 총명하여 경서와 사기(史記)를 한 번 읽으면 곧 외우니 사람들이 장차 크게 될 것으로 기대가 컸다.

임자년(1612년)에 드디어 무과에 급제하고 무진년(1628년)에 녹도(鹿島)의 진(鎭)을 맡고 나서 탄식하기를, "나의 포부는 큰데 맡은 판국이 작아 마음에 차지 않는구나." 하였다.

병자년에 전라좌수영 수군 우후(優厚)로 승진한 뒤 임금이 남한산성으로 피난 갔다는 소식을 들은 뒤 관하의 전선에 분발을 재촉하고 수사 안몽윤(安夢尹)의 군막에 조카 시웅(時雄)을 참모로 합세하게 하였다.

공은 부지런히 관군을 독려하여 충청도 경계에 이르렀을 때, 임금이 청국 태종에게 항복했다는 수치스러운 소식을 듣고 관군을 흩어지게 하고 본진으로 돌아왔다. 이어 무인년(1638년)에 사직하고 고향으로 돌아와 명리(名利)와 연을 끊었다.

임진년(1652년)에 노봉 민정중(閔鼎重)[14] 공이 "마공은 호남의 제일

---

14) 노봉 민정중(閔鼎重,1628~1692) : 조선 효종~숙종 초반 시기의 학자. 송준길(宋浚吉)과 송시열(宋時烈)의 문인이었고, 숙종의 계비인 인현왕후의 아버지 민유중

가는 재사(才士)"라고 간언하여 낙안 군수(樂安郡守)를 제수하였으나 질병 때문에 취임하지 못했다.

이와 관련, 다른 기록에는, "1652년에 노봉(老峯) 민정중(閔鼎重) 선생이 본도에 암행어사로 와서 공(公)을 재(才)와 지(智)로 계천(啓薦: 가르치고 천거하다)하여 낙안 군수(樂安郡守)에 제수였으나, 끝내 부임하지 않았다."고 되어 있다. (ⓒ『장흥마씨대동보』坤, 36쪽.)

다음 해인 계사년(1653년) 1월 4일에 별세하였다. 향년 73세였다. 배필은 철원(鐵原) 윤씨(尹氏)로 슬하에 2남 2녀를 두었다. 장남이 시한(時翰)이고, 차남이 시명(時鳴)이다.

-사적(事蹟)이 『문헌절의제록(文獻節義諸錄)』에 있다. 참판(叅判) 민창혁(閔昌爀)이 행록을 짓고, 대사헌(大司憲) 오정원(吳鼎源)이 묘비명을 지었다. 배(配)의 부(父)는 판관(判官) 서(恕)요 조(祖)는 감찰(監察) 은우(殷佑)요 증조는 습독(習讀) 도원(道源)이며 대사헌 성지(成志)의 8대손이다. 외조(外祖)는 직장(直長) 창녕인(昌寧人) 조간세(曺幹世)이다. 공의 기일은 5월 19일이다. 묘는 선고(先考) 묘의 북편 쌍배(雙北)이고 묘갈석(墓碣石)이 있다. ⓒ『장흥마씨대동보』坤, 36쪽.-

문충공 자손으로 우후공의 6세 방손 심(沈)이 와서, 내게 행장을 청하였다. 내가 먼저부터 늘 공의 공적과 원수를 갚지 못한 사유에 대해 느낀 바가 있었다. 무엇보다 공이 뜻을 폈다면 공의 부친 명량전 절의(節義)가 더욱 빛날 것이었다. 하지만 항복소식을 듣고 중도에서 돌아와 그 뜻을 펴지 못하였으니, 어찌 분통해 하지 않았으리.

(閔維重)의 형이었다. 1649년(인조 27) 정시문과에 장원, 호남어사(湖南御史)를 지낸 뒤 대사헌을 거쳐 이조·공조·호조·형조 판서를 역임하였다. 1675년 남인이 득세하자 서인으로서 장흥부(長興府)에 유배되었다가 1680년 풀려나 좌의정이 되었다. 1689년 기사환국(己巳換局) 때 남인이 다시 득세하자 벽동(碧潼)에 유배되어 그곳에서 죽었다. 장흥 연곡서원 등에 배향되었다.

이에 (행장을 써 주기를 청한 것을) 사양치 않고 행장을 지어 보낸다.

순조(純祖) 정묘(丁卯) 1807년 6월 28일
가선대부 전 병조참판 겸 동지의금부사 영흥 민창혁 삼가 글을 짓다.

虞候公 行狀 :
公馬氏而龍其諱字雲卿 有遠祖諱租黎以溫祚王十濟元勳食封 馬斯良縣子孫仍居焉縣今屬長興府及麗朝代有名閣至我 太宗朝有諱天牧以佐命勳受爵府院君 諡忠靖卽公之八世祖 高祖奉直郎 諱以乾 曾祖奉事諱八駿 祖禦侮將軍諱麟瑞 考主簿諱河秀値 丁酉倭寇 充斥以李忠武舜臣後援立懂于 鳴梁昭載國乘至今想望其風采公時年十七慟府君畢命於兵間慨然有祇革之志嘗對人曰男兒旣 從事於武而不素有講究倉卒應變其何以審勢制敵乎於是武經諸書及古名將陣法圖說無不通貫貶洽每於沙上作八陣 六花縱橫合變之狀又 詳於蓋天分野圖及我東地誌朝夕寓目形諸談論西北沿鎭 東南海檄之山川險夷關坊壔實若親履而實踐焉 妣咸豊魯氏生員希益女以 萬歷 辛巳生公于 長興安良之舟巖村 公自幼受經史一遍卽誦 人咸以遠大期之遂擢 壬子武科循資例遷而 戊辰出爲鹿島鎭菅嘆曰 志大局褊何足有爲 丙子官全羅左水虞候聞車駕播越督發管下戰艦肄水使安公夢尹幕以姪子時雄爲 參謀以倡勤王師行至忠淸界聞城下之恥仍散還本鎭 戊寅解歸田廬絶意名利 壬辰老峯閔文忠公 持斧湖南以才堪禦牧薦公于朝尋除樂安而病未就以翌年癸巳 正月四日考終 享年 七十三 配判官漆原尹怒女擧二男二女男長曰 時翰以孝行屢登府剡次曰時鳴長女李溶次女丁巽一

就主簿公兆右坤坐原葬焉尹氏祔左以余文忠公孫今其 六世傍孫沈來請文以記之余實有感於先故而若公芝世德之偉熱立志之忼慨恨未同時而獲覩其容儀如使勤王之師直達圍城以昌矢石則府君

鳴梁之節亦當匹美於前後而惜乎和議成而中道班師未展其素蘊 余所曠感豈但以先故而己哉玆不論猥陋略爲之點綴爾

崇禎三丁卯六月二十八日

嘉善大夫 前兵曹叅判 兼 同知義禁府事 驪興 閔昌爀 撰

ⓒ『장흥마씨대동보』(乾), 375쪽.

4. 마하수 4남 마화룡

제용감(濟用監) 판관(判官) 역임하다

자는 운현(雲顯), 호는 죽포(竹圃)다. 선조 정해(丁亥) 1587년 10월 7일 생으로 봉훈랑(奉訓郎)제용감(濟用監) 판관(判官)을 지내고 갑진(甲辰) 1664년 10월17일에 별세하였다. 향년 77세.(평생을 조용하게, 관직에만 성실히 복무하며 살았다는 후문이다.)

배(配)는 공인(恭人) 보성 선씨(寶城宣氏)로 봉사(奉事) 세구(世耈)요, 조(祖)는 증(贈) 참판(叅判) 봉문(鳳聞)이고 증조(曾祖)는 봉사(奉事) 대윤(大倫)이다. 전라도 관찰사 겸 안렴사(按廉使) 윤지(允祉)의 후예이다.

외조는 김해인 김경추(金景秋)로 호가 송정(松亭)이다.

운현공의 묘는 안하(安下-현, 안양면) 교동 해자룡(亥子龍) 자좌(子坐)에 상하봉(上下封)이다.

ⓒ『장흥마씨대동보』(坤), 36쪽.

5. 마하수 손(孫) 시웅

병자란, 근왕하기 위해 출정

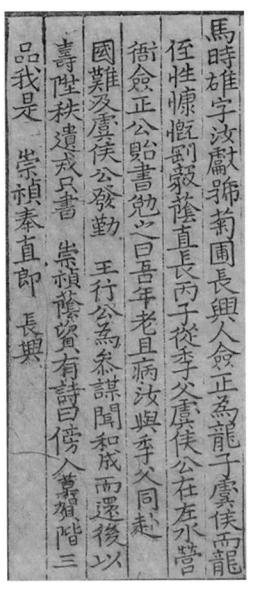

마시웅(馬時雄,1551~1674) : 자(字)는 여헌(汝獻). 호(號)는 국포(菊圃). 본관은 장흥(長興). 첨정(僉正) 위룡(爲龍)의 아들이고 우후(虞侯) 이룡(而龍)의 조카이다. (주촌공 마하수의 孫이다). 성품이 강개(慷慨)하고 강직하여 굴하지 않았다. 음사(蔭仕)로 직장(直長)을 제수 받았다.

병자란(1636) 때 계부(季父) 우후공(虞侯公 : 마이룡)을 따라 좌수영(左水營)의 관아에 있었다. 아버지 첨정공(僉正公)이 글을 보내 권하여 말하기를, "나는 늙었고 또한 병이 들었으니 너는 계부(季父)와 함께 국난(國難)에 나가라."고 하였다.

우후공(虞侯公)이 근왕하러 가고자 할 때 공은 참모가 되었는데 화의가 성립되었다는 소식을 듣고서 돌아왔다. 후일 고령(高齡)이라 하여 직급이 승급되었다. '자식들에게' 라는 훈계서(訓誡書)를 남겼는데 단지 숭정(崇禎) 때의 음직(蔭職) 자급(資級)만을 썼다.

시(詩)를 지었는데, "옆 사람들이여 삼품계(三品階)의 벼슬 되었다고 축하하지 말라. 나는 바로 숭정(崇禎) 때의 직랑(直郎) 벼슬만을 받들 뿐이네(傍人莫賀階三品 我是崇禎奉直郎)."라고 하였다. [장흥(長興)]

ⓒ『호남절의록』(김동수 교감·역주)권5 상, 병자의적, 399쪽.

*마시웅은 『호남절의록』에도 등재된 데 이어 『장흥지방의 국난극복사』(296쪽)15)와 『장흥마씨대동보』(坤)에도 소개되어 있으나 그 내용이 『호남절의록』의 내용과 유사하여, 『장흥지방 국난극복사』, 『장흥마씨대종보』(坤)의 소개는 생략한다.

국포공 시웅의 행장

- 금성인 임승한(林升漢) 찬(撰)

(인적사항, 原文으로 대신)
　…비(妣)는 초계 변씨(草溪卞氏)로 공을 신묘년(1591년)에 12월 25일 안양방 주암촌에서 낳으니, 어려서부터 효도하며 도량이 크고 공명정대하며 씩씩한 기상과 꿋꿋한 절개로 남에게 매이지 않는 큰 포부를 가졌다. 경서(經書)와 사기(史記), 시문(詩文)을 두루 섭렵하였다.
　벼슬이 (음직으로) 봉직랑에 이르렀다.
　병자호란 때 부친 송파공이 남한산성에서 호종(扈從)할 때 공에게 편지를 보냈다. "대동단결하여 나라와 임금을 위하여 충성하라."고 권면하였다.
　이후 숙부 우후공(虞侯公 : 마이룡)과 함께, 전장에 나가 싸우다 죽을 것을 맹세하였다.

---

15) 『장흥지방의 국난극복사』(병자호란 충절인물, 마시웅. 296쪽) : "마시웅(1551~1674) - 공의 자(字)는 여헌(汝獻)이고 호(號)는 국포(菊圃)다. 장흥인으로 천목(天牧)의 후(后)다. 공은 성품이 강개하고 음사로 직장(直長)의 벼슬을 하였다. 병자호란 때 중부(仲父)인 우후공(虞候公)을 도와 좌수영에 유진하였는데, 이때 첨정공(僉正公) 위룡(爲龍)이 공에게 글을 보내 격려하기를 "나는 나이가 늙고 병들었으나 네가 중부와 함께 국난을 구하는 길에 나서라."고 하였다. 이에 우후공(虞候公)을 도와 참모로서 출병하였는데, 화의가 성립되었다는 소식을 듣고 돌아왔다."

이후 좌수사 안몽윤(安夢尹)[16]과 더불어 대책을 세우고 관하에 전장에 나갈 것을 명하여 전함을 거느리고 충청도 경계에 이르렀을 때, 치욕적인 항복의 소식을 듣고 고향으로 돌아와 은거하며 손수 국화를 심고 호를 '국포산인(菊圃散人)'이라고 하였다.

평상시 맑은 절개를 가지고 덕(德)으로 사람들을 교화하며, 마음이 고요하고 물욕(物慾)이 없었다. 문집(文集)을 읽다가 홀로 의분이 북받쳐 탄식하니, 충절의 본뜻이 드러나곤 하였다.

안몽윤(安夢尹) 수사에게 편지를 써 전하였는데, "이리저리 꾀를 내어 다시 한번 나아가고자 하니 저(宗大夫)의 맹세는 이미 때를 잃었으니 마땅히 강화(講和)를 받들고 동의하며, 기꺼이 참여하되, 비록 군사를 파한 뒤라 하더라도 임금을 위하여 힘쓰는 마음과 적개심이 큽니다."하였다.

공이 책을 펴고 읽으니 주옥같은 공의 말씀이 가히 도움이 되고, 죽음으로써 조정과 이별하게 되니, 그가 쓴 글(詩文)이 애석할 따름이다.

나이 83세에 수직(壽職)[17]으로 벼슬이 정삼품에 올랐다. 자손에게 유

---

16) 안몽윤(安夢尹,1571년~1650) : 본관은 순흥(順興). 자는 상경(商卿). 아버지는 직장(直長) 안세복(安世復)이다. 음보로 군직에 나가 1592년(선조 25) 임진왜란 때 왜군을 토벌하고, 선조가 8도에 내린 명에 의하여 부적행위(附敵行爲)를 하며 구날(構捏: 억측으로 일을 꾸밈)을 일삼던 왜역관 김덕회(金德澮)·김응관(金應灌)의 목을 베어 행재소에 보냈다. 1623년 인조반정을 계기로 수령들이 거의 쫓겨났으나 안몽윤만은 홀로 자리를 지킬 수 있었다. 1624년(인조 2) 이괄(李适)의 난이 일어나자, 도원수 장만(張晚)의 전부우협장(前部右協將)으로 군량보급에 힘쓰고 서울 안현(鞍峴)싸움에 공을 세워 진무공신(振武功臣) 3등으로 순양군(順陽君)에 봉해졌다. 626년 부총관에 이어 김해부사·중화부사·전라수사 등을 거쳐 1643년 경상우병사가 되고, 1646년 자헌계(資憲階)에 올라 도총관을 겸하였다. 1648년 포도대장. 이듬해에 지중추부사가 되었다.

17) 해마다 정월(正月)에 나이 80세 이상(以上)의 관원(官員) 및 90세 이상(以上)의 백성(百姓)에게 은전(恩典)으로 주던 벼슬.

훈하기를 "수직(壽職)은 쓰지 말라"하셨다.

-임자년(壬子年)에 수직으로 정삼품을 받았을 때 읊은 시(詩)가 있다. 그 시는 "곁에 있는 사람들이여 삼품계(三品階) 벼슬이 되었다고 축하하지 말라. 나는 바로 숭정(崇禎) 때의 직랑(直郞) 벼슬만을 받들 뿐이네 傍人莫賀階三品 我是崇禎奉直郞"이다. 유고(遺稿)에 '계물서(戒勿書)'와 '수추서(壽秋書)'도 있다. 『장흥마씨대동보』坤, 36쪽.-

다음 해 1월 29일에 별세하다.

배필은 영광 정씨(靈光丁氏)로 사남(四男)을 낳으니, 종훈(種勳), 승훈(承勳), 세훈(世勳), 중훈(重勳)이다.

-배(配)는 정부인(貞夫人)[18] 영광 정씨(靈光丁氏)로 부(父)는 장락원 정(掌樂院正) 창열(昌說)이고, 조(祖)는 제용감(濟用監) 정(正) 경영(景英)이고, 증조는 증(贈) 참찬(叅贊) 몽경(夢驚)이다. 효행으로 참봉(叅奉)을 지낸 안암공(顔菴公) 인걸(人傑)의 현손이다. 외조는 봉사(奉事) 부안인 임진수(林震秀)이다. 묘는 안하(安下) 월계 장등(長燈) 자좌(子坐) 상하(上下)에 있으며 묘비가 있다. ⓒ『장흥마씨대동보』坤, 36쪽.-

슬프다. 공이 집에 있을 때의 지조와 행실 그리고 난리 때 충성심이 이와 같거늘, 남달리 뛰어난 사적(事績)의 공훈이 없어질까 안타까워 하며, 대강의 줄거리를 이와 같이 쓰고 뒤에 입언자의 뜻을 기다린다.

菊圃公 時雄 行狀:

公諱時雄字汝獻馬氏遠祖諱黎以溫祚王十濟元勳食采馬斯良縣及高麗改爲會寧而今屬長興子孫

仍家焉入我 太宗朝有爲天牧以佐命勳受爵長興府院君諡忠靖卽公之九世祖也冠冕襲世有聞人曾祖諱麟瑞 萬曆乙未島夷陸梁時以前司

---

18) 조선조에 정이품, 종이품의 종친 및 문무관의 아내에게 주던 봉작.

直爲把禦因沒于海祖諱河秀繕工主簿 丁酉之變與 李忠武公舜臣糾合義旅轉遏凶鈴至鳴梁之役遂殉焉考諱爲龍 丁酉敵愾不顧墨衰赴戰 丙子扈駕南漢以軍器寺僉正因退臥田廬號松坡 妣卞氏通政弘源女籍草溪公以 萬曆辛卯十二月二十五日生 于長興安良坊之舟岩村自髫齡性孝尤多氣節器宇磊落夙抱不羈涉經史工詞律蔭奉直郞

崇禎丙子 松坡公南漢扈 駕所貽胎書于公勉以同 赴勤王 公遂與虞侯公諱而龍卽決裹革之計虞侯公卽公仲父也卽與左水伯安公夢尹圖畫赴勤發官下戰艦數百艘行至忠淸界聞城下之盟因還鄕里不樂於世手種芳菊自號菊圃散人平居每取陶靖節胡澹菴集讀之其孤 憤忼慨之意此可見也其上 安水相書曰 更慾一進於運籌當奉講祖豫州中流之誓宗大夫過河之策則雖於罷兵之後而其勤王之餘愾不以處葬而有異也其吟詠若干篇咳唾珠玉可以協郊廟之絃而惜其爲林下林枯槀之文而止耳年八十三以壽秩至三品遺戒子孫勿書言壽秩特書 崇禎蔭資有詩云 翌年正月二十九日終 于正寢卽顯廟壬子也葬于安良坊月溪子坐配丁氏贈掌樂正昌悅女籍靈光墓祔左擧 四男長鍾勳受學閔先生老峯門有聞譽次童勳承勳世勳

嗚呼公之居家志行昌難忠義如是其卓異而陞沒是瞿玆叙其梗槩以俟後來立言者志之 崇禎 四 戊辰流火月上澣

成均生員 錦城 林升漢 撰

ⓒ『장흥마씨대동보』(乾), 377쪽.

국포공 유시(遺詩) 2편, 서신 1편

국화를 노래하다 詠菊

낙엽이 지고 가을이 깊어가니 / 木落秋山暮

동쪽 울 밑에 국화가 아름답다 / 東離菊正芳
밝은 해는 이미 져서 어두운데 / 元亮已歸去
바람이 불어 향기로운 냄새를 풍긴다 / 臨風犯嗅香

해은정에 운자를 따서 짓다 丁進士南一 海隱亭韻

해은정 주인은 세상일 잊고 / 主人忘世事
푸른 파도 소리에 한가로이 누워있네 / 閑枕碧波聲
책상에 앉으며 바람이 잘 통하고 / 几案風先得
창문을 열면 달빛이 밝구나 / 軒窓月早明
해오라기는 단풍 든 여뀌풀 사이를 뚫고 날아가고 / 鷺穿紅蓼去
배는 푸른 연기와 함께 파도를 타고 오네 / 舟帶綠烟橫
사흘 밤을 해은정에서 묵으니 / 三夜高亭宿
청렴한 마음의 발전을 얻었네 / 能分一半淸

국포공이, 안몽윤(安夢尹)에게 보낸 서신 上安水相

호우(湖右)에서 군대를 파한 뒤, 아직 뵙지 못하여 죄송합니다.
엎드려 생각하니, 누선(樓舟 : 다락이 있는 2층 배)은 잘 정박하여 수사의 직임을 보중(保重)하실 줄 믿습니다.
그러나 나랏일을 근심하고 염려하는 마음은 날로 더하실 것입니다.
우러러 사모하는 마음 그지없는 시웅(時雄)은 다시 한번 나아가 참여하고자 이리저리 지방을 떠돌며 꾀하다가 수사님에게 맹세하오니, 뜻을 이룰 수 있는 담론을 허락해 주시길 바랍니다.
부친이 서울에서 오신 후로 질환이 더 깊어져 잠시도 곁을 떠나지 못하니 조금 나으신다면 꼭 찾아뵙겠습니다.

湖右罷兵之復尙稽趨後候不勝悚仄伏唯樓船利泊閫侯珍重而憂國傷時之懷想日益培增也
　仰慕區區不任時雄更欲一進於運籌堂前奉講祖豫州中流之誓宗大夫過河之策而家嚴自洛下鄕宿疾添劇不暫離解憂後當晋拜節下不備伏惟
　ⓒ『장흥마씨대동보』(乾), 380쪽.

제7절
절의(節義)에 빛나는 장흥 마씨 사람들

1. 윤·성훈·운종·온정·창종 5종 형제 창의(倡義)
2. 마응방·마응정 형제, 정유년에 순절
3. 마경련·마가련 형제, 마가련 아들도 창의, 순절
4. 마문호(馬文鎬) 삼부자(三父子), 독립투사로 순국
5. 그 외 절의(節義)의 장흥 마씨들

제7절
절의(節義)에 빛나는 마하수 자손들

　　정유재란을 맞아 명량 해전에서 충무공이 적에게 포위된 것을 보고 충무공을 구하려고 성룡·위룡·이룡·화룡 네 아들과 함께 적진을 뚫고 들어가 순절한 마하수의 절의(節義) 정신은 비단 마하수 가계에서만 실현된 것이 아니었다. 임진왜란, 정유재란 등 조선조 중기에 일어난 국난을 전후로 마천목의 충절(忠節)이 각 계파에서 절의(節義) 정신으로 이어지고 실천되면서 '절의(節義)에 빛나는' 독특한 장흥 마씨의 전통을 세워 나왔다.

　　특히 천목의 장자 마승(馬勝)의 5대손이요 17세인 윤(倫)·성훈(聖勳)·운종(雲宗)·온정(溫宗)·창종(昌宗) 등 5종 형제(五從兄弟)가 모두 창의(倡義)하였다. 이들 5종 형제 중 윤(倫)·성훈(聖勳) 형제는 창의하여 고경명(高敬命)[1]의 막하에서 의병 활동을 펼쳤고, 운종·온종·창종 3형제

---

1) 고경명(1533~1592) : 조선의 문신이자 의병장. 본관은 장흥(長興). 자는 이순(而順), 호는 제봉(霽峰)·태헌(苔軒)이다. 고향에 있던 중 임진왜란이 발발하여 의병을 일으켰다. 여러 고을에 격문을 돌려 6,000여 명의 의병을 담양에 모아 진용을 편성했다. 여기에서 전라좌도 의병대장에 추대되었다. 6월 11일 담양(潭陽)에서 출정했다. 7월 9일 전라방어사 곽영(郭嶸)과 합세한 후 금산성 밖 10리 지점에 진을 치

는 임진왜란 때 진주 남강 전투에 참여하여 큰 공을 세웠다. 이때 창종의 아들 인호(仁好)는 남강(南江) 전투에서 순절하여 충의(忠義)의 가통(家統)을 지켰다.

또 마승(馬勝)의 5대손이요 17세인 경련(慶璉)·가련(嘉璉) 형제도 영남 의병장 김송암(金松菴) 막하의 황석산성(黃石山城) 전투에서 전몰하였다.

마천목의 2자(二子)로 구례 현감(求禮縣監)을 지낸 마반(馬胖)의 6세손이요 17세이다. 응방(應房)은 광릉 참봉을 지낸 응정(應井) 등과 함께 남원성(南原成)에서 싸우다가 형제가 순국하였다.

1905년 을사늑약(乙巳勒約) 이후 간도로 망명, 간도를 중심으로 항일 독립 투쟁을 한 마문호(馬文鎬)와 그의 두 아들 마인룡·마현룡 등 3부자도 모두 항일 운동으로 간도에서 순국하였다.

이와 같이 국가의 위기를 맞아 분연히 일어서 창의(倡義)하거나 의병으로 참여하거나 독립투쟁을 벌였던 장흥 마씨들 … 그처럼 절의에 빛나는 결행으로 장흥 마씨 가문의 명예를 드높인 인물들이다. 이들 중 주요 인물들을 대략적으로 살펴본다.

고 공격을 시작했다. 성 내외에 피해를 입은 후 의병들은 회군했다가 다시 기회를 보자는 의견이 있었으나 고경명은 이에 반대했다. 7월 10일 다시 적진을 공격했다. 이때 적이 관군 쪽이 약한 것을 알고 그쪽을 집중 공격 하였다. 선봉장이 달아나자 관군이 일시에 무너졌다. 고경명은 의병 만으로라도 대항하려했으나 의병 진영도 무너지기 시작한 후였다. 이때 고경명은 아들 고인후(高因厚)와 함께 전사했다. 1차 금산성 전투였다.

1. 윤·성훈·운종·온정·창종 5종 형제 창의(倡義)

■ 마윤(馬淪) : 자는 군대(君帶). 마혁인의 17세이다. 부사용(副司勇)을 지냈다. 임진왜란 때 종제(從弟) 마성훈(馬成勳)과 함께 의병을 모아 고경명(高敬命) 막하에서 전라의병 감군(監軍)[2]으로 참전하였다.(『제봉(霽峰)문집』)

■ 마성훈(馬成勳) : 자는 칭덕(稱德)이고, 마혁인의 17세이다.
마승(馬勝)의 5대 손인 마성훈은 1533년 생으로 어려서부터 지극한 효성으로 부모 섬기기에 끊임없이 노력하였다. 전력부위(展力副尉) 충좌위(忠佐衛) 부사용(副司勇)을 지내고 임진왜란 때 종형 마윤(馬淪) 등 오종형제(五從兄弟)가 모두 의병을 일으켰다. 이때 공은 종형 마윤과 함께 고경명 후원감군으로 활동했다. 공의 사적이 『제봉(霽峰)문집』 '정헌선장(廷憲撰狀)에 실려 있다. 신축(辛丑) 1601년에 별세하다.

■ 마운종(馬雲宗) : 자는 망여(望汝)이다. 중종조 1544년 생으로, 충무위(忠武衛) 부사직(副司直)을 지냈다. 임진왜란을 당하여 창의(倡義)하고 진주 남강 전투에서 공을 세워 원종공신(原從功臣)에 올랐다. 사적(事蹟)이 『호남삼강록(湖南三綱錄)』과 『의성지(義城誌)』에 있다. 경신(庚申) 1620년 별세하다.

■ 마온종(馬溫宗) : 자는 성여(聖如). 호(號)는 모국(慕國)이며, 17세이다. 명종조 1546년 생으로 무과에 나아가 품계가 어모장군(禦侮將軍)에 이르고, 순무사(巡撫使) 검찰사(儉察使)를 역임했다. 임진왜란

---

2) 조선조에 도성을 밤중에 돌며 군사를 순찰하던 임시 벼슬.

때 오종형제와 함께 한마음으로 거사하였다. 이때 공은 남강 전투에 참여하면서 말하길, "충신의 후손(마천목의 후손)으로 어찌 피난만 하겠느냐. 슬기로운 대책과 마음을 다하고 용감히 싸우리라."하고 창의, 마침내 많은 적을 살육하고 공을 세우니, 원종공신(原從功臣)에 오르고 후에 통정대부(通政大夫)에 추증(追贈)되었다. 사적이 『호남삼강록(湖南三綱錄)』과 『의성승람(義城勝覽)』에 있다. 1611년에 별세하다.

■ 마창종(馬昌宗) : 자는 지여(智汝)이고 호는 무산(武山)이다. 17세이다. 명종조 1548년 생이다. 통덕랑(通德郎)을 지냈다. 임진왜란을 맞아 오종형제와 함께 의병을 일으키고 형들(운종, 온정)과 아들 호인과 함께 남강 전투에 참전했다. 갑인(甲寅) 1614년에 별세하다.

■ 마호인(馬好仁) : 마창종의 자(子), 자는 국보(國寶), 호는 충재(忠齋)이다. 18세이다. 명종조 1563년 생이다. 임진왜란 때, 진위장군(振威將軍)으로 진주 남강 전투에 참전, 순절하니 초혼장(招魂葬)으로 모셨다. 원종공신(原從功臣錄)에 오르고 증직(贈職)이 통정대부(通政大夫)이다.

2. 마응방·마응정 형제, 정유년에 순절

마응방(馬應房, 1524~1597)은 진안 현감(鎭安縣監)을 역임한 조선 중기의 문신이다. 본관은 장흥(長興). 자는 정숙(靖叔), 호는 용암(龍菴)이다. 마천목(馬天牧)의 7대손이며, 구례 현감을 지낸 장흥 마씨 현감공파(縣監公派) 파조 마반(馬胖)의 6대손이다.

음보(蔭補)³⁾로 관직에 진출하여 통훈대부(通訓大夫)(정3품 당하관)로 진안 현감(鎭安縣監) 겸 남원진관 병마절제도위를 지냈다.

진안 현감(鎭安縣監)에 재직했을 때 백성들에게 선정을 베풀었다. 1592년 임진왜란이 일어나자 의병으로 크게 활약하고, 1597년 정유재란 때는 남원에서 왜적과 싸우다가 전사하였다.

전라도 남원의 충렬사(忠烈祠)에 배향되었다.

저서로 『용암집(龍庵集)』이 있고, 그의 동생 마응정(馬應井)도 광릉 참봉(光陵叅奉)을 지내고, 1597년(선조 30) 정유재란 때 남원 전투에서 전사하여 참찬(叅贊)에 추증되었다. 사후에 이조참판에 추증되었고, 1807년(순조 7년) 승정원 좌승지 겸 경연 참찬관으로 추증되었다.⁴⁾

마응방, 남원성 전투에서 순절하다
– 『장흥마씨대동보』

중종조 1524년 8월 8일 생이다. 17세이다. 1563년 군기사(軍器寺) 참봉을 시작으로 관직에 나아가 1566년 문학과 효행, 청렴(淸廉)으로 이름이 나 향도(鄕道)의 추천으로 진안 현감(鎭安縣監)을 지내고 1569년 흥덕 현감(興德縣監)을 역임한 후 고향으로 돌아와 후세 교육에 진력했다.

1597년 정유재란이 일어나 종제(從弟) 응정(應井)과 함께 창의하였다. 남원성에 나아가 총병관 양원(楊元)을 뵙고, 남원성을 사수하기로 하고 시(詩)로서 자신의 굳은 결의를 드러냈다.

시(詩)에, "장부가 적을 무찔러 난리를 평정하고 백성을 편하게 할 것을 하늘에 맹세한다. 꼭 죽어야할 때 죽지 않고 어찌 욕되게 편히 살

---

3) 과거를 거치지 않고 조상의 공훈(功勳)이나 가문에 의한 벼슬.
4) 『순조실록』 10권, 7년(1807 정묘 / 청 가경(嘉慶) 12년) 2월 4일(병자) 2번째 기사.

기를 꾀하리요. 마음 속에서 우러나는 정성을 하늘과 해가 비추는구나."하고 맹세하고 적을 맞아 용맹스럽게 싸웠다. 마침내 왜군 장수 행장(行長)이 대군으로 성을 에워싸고 육박해 오니, 총알과 화살이 비오듯 쏟아졌다. 이때 총병관 양원(楊元)[5]이 군사를 버리고 달아나므로, 공이 분개하여 이르기를, "살아서 나라에 충성을 더하지 못할 바에는 차라리 죽어 마땅하다." 하고는 창과 칼을 높이 쳐들고 돌격하며 왜적 수십 명을 죽인 끝에 공도 마침내 적탄을 맞아 순절하였다. 그날이 8월 26일이다.

신발과 의복 등 유품을 거두어 강진군 척동(尺童) 응봉(應鳳) 아래 축좌(丑坐)에 장례를 치렀다.

정묘(丁卯) 1807년 호남 유림이 왕에게 글을 올리니, 왕이 비준(批准)하시며 이르길, 통훈대부(通訓大夫) 진안 현감에 서임(敍任)하고 뒤에 통정대부(通政大夫) 승정원 좌승지 겸 경연(經筵) 참찬관(叅贊官)으로 추증하였다. 1809년에 또 왕에게 글을 올리니, 가선대부(嘉善大夫) 이조참판(吏曹叅判)으로 추증하였다. 1829년에 도유림이 신청하니, 특명으로 정려(旌閭)를 세우게 하였다. 사적이 『호남절의록』 및 『문헌록』에 있다. 저서로 『용암집』이 있다. 남원의 충렬사(忠烈祠)에 배향되었다. ⓒ『장흥마씨대동보』(坤), 20-21쪽.

마응방에 대한 사적(事蹟)

마응방에 관한 사적(事蹟) 문건 5,6건이 전해온다.

---

5) 양총병(楊總兵) 양원(楊元) : 중국 명(明) 나라 신종(神宗) 때의 무신. 임진왜란 때 부총병(副總兵)으로 이여송(李如松)을 따라 참전하였으며, 정유재란(丁酉再亂) 때 남원성(南原城) 전투에서 이복남(李福男)·오응정(吳應井) 등의 군사와 연합하여 왜적과 맞서 싸웠다.

■ 왜변(倭變) 때 거제(巨濟)에서 순절(殉節)한 사람인 고 첨사 이영남(李英男)과 남원(南原)에서 순절한 사람인 고 현감 마응방(馬應房)에게 모두 증직(贈職)의 은전을 베풀었다. 유생의 상언(上言)으로 인해 도에서 조사한 뒤 이조에서 복계(覆啓)한 것이다. 命倭變時巨濟殉節人故僉使李英男、南原殉節人故縣監馬應房, 竝施贈職之典. 因儒生上言, 道査後吏曹覆啓也.

ⓒ『순조실록』,10권, 순조 7년 2월 4일 병자 2번째 기사, 첨사 이영남과 고 현감 마응방에게 증직의 은전을 베풀다.

■ 전망인(戰亡人)인 현감 마응방(馬應房)에게 추증하는 은전을 시행하라고 명하였다. :

이조가 아뢰기를, "전라도의 유학(幼學) 최태증(崔泰曾)의 상언(上言)으로 인하여 '고(故) 강진 현감(康津縣監) 마응방이 국난에 순국하였다는 내용이 실린 문적(文蹟)을 해당 도신으로 하여금 두루 상고하여 보고하게 하고, 보고가 올라온 뒤 주상께 여쭈어 처리하는 일'에 대해 본조에서 복계(覆啓)하여 윤허를 받았습니다.[6]

전(前) 전라 감사 심상규(沈象奎)의 장계에 '왜변(倭變) 때 용성(龍城) 싸움에서 순절(殉節)하였는데, 이때 나이가 74세였고 왜적을 베고 난리에 목숨을 바친 일 역시『호남충의록(湖南忠義錄)』에 실려 있으니, 문헌과 여론이 모두 근거할 만한 것이 있습니다.'라고 하였습니다. 마응방이 80세의 미관말직으로서 의분(義奮)하여 목숨을 바친 정상이 이와 같이 명백하니 의당 증직하는 은전을 시행해야 합니다. 상께서 재결하시는 것이 어떻겠습니까?" 하여, 그대로 따랐다.

命戰亡人縣監 馬應房施以貤贈之典 : 吏曹啓言因全羅道幼學崔泰曾上言故康津縣監 馬應房殉難文蹟令該道臣遍考登聞後稟處事臣曹

---

6) 1806년(순조6) 9월 19일 이조가 전라도의 유학 최태증(崔泰曾)의 상언에 대해 아뢰었는데, 고 강진 현감(康津縣監) 마응방(馬應房)이 정유년(1597, 선조30) 변란 때에 가동(家僮)을 거느리고 식량을 모아 적과 싸우다 죽었다는 내용이었다. 이에 해당 도신에게 분부하여 문적을 상고하여 보고하게 한 뒤 처리하라고 명하였다. ⓒ『日省錄』純祖 6年 9月 19日.

覆啓蒙允矣前全羅監司 沈象奎狀啓以爲島夷之變殉節於龍城之戰時年爲七十四斬賊殉難亦載於湖南忠義錄文獻輿論俱有可據云應房以八耋微官奮義殉軀之狀如是炳燿合施貤贈之典請上裁從之. ⓒ『일성록』, 순조 7년 정묘(1807), 2월 4일(병자).

■ 또 아뢰기를, "전라도의 유학 최태증(崔泰曾)의 상언에 '고 강진 현감(康津縣監) 마응방(馬應房)은 정유년(1597, 선조30) 섬 오랑캐의 변란 때에 앞장서 가동(家僮)을 거느리고 식량을 모아 적진으로 쳐들어갔다가 탄환에 맞아 전사하였습니다. 삼가 바라건대 포상하여 증직하고 정려(旌閭)하는 은전을 시행해 주소서.' 하였습니다. 도신에게 분부하여 문적을 두루 상고하여 보고하게 하고 보고를 받은 다음에 다시 상께 여쭈어 처리하며, 정려하는 일에 대해서는 예조에서 상께 여쭈어 처리하게 하는 것이 어떻겠습니까?"고 하여 윤허하였다.

又啓言全羅道幼學崔泰曾上言以爲康津故縣監 馬應房當丁酉島夷之變倡率家僮聚裹糧糧馳赴賊陣中丸而死伏乞施以褒贈旌閭之典云請分付道臣遍考文蹟登聞後更爲稟處而旌閭一款令禮曹稟處允之
ⓒ『일성록』, 순조 6년 병인, 9월 19일.

이 외에도 마응방의 행장이 조선 후기 문신 이채(李采,1745~1820)의 문집인 『화천집(華泉集)』에 기록되어 있으며[7], 조선 후기의 문신·학자

---

[7] 縣監馬公行狀:公諱應房字精叔。自號龍菴。馬氏出長興。始祖諱赫仁。在麗朝判開城府事。入本朝。諱天牧佐我太宗。判中樞府事。封長興府院君。贈諡忠靖。是生胖。是生仲信。兩世皆縣監。是公高祖以上。曾祖祖若考。諱麟仝。諱承昌判官。諱希禎習讀。外祖光山金俊一。此先系也。公凡再娶。竹山安氏邦旭女。東萊鄭氏翊女。一男光門。二女判決事李邊，虞侯韓南節。孫建贈院正。生河瑞贈叅議。生漢億贈叅判。今謁余狀者。幾世孫麟祥。此其後承也。公世居康津。其邑誌曰前縣監馬某。天性至孝。文章華贍。蔭仕爲興德縣監。以淸白善治。又爲鎭安縣監。而後當島夷之變。殉節于南原之戰。只以衣履復葬。大抵勤王之義。敵愾之誠。蓄於中發於外。率家僮聚糧糧。卽有詩曰諴賊男兒事。盟心撫大弓。偸生寧有意。天日照丹衷。倭賊將陷南原。乃謂本道兵使李福男，光陽

인 김희순(金羲淳)이 1833년(순조 33)에 간행함 시문집 『산목헌집(山木軒集)』[8] 전(傳)편에 '진안 현감 증이조참판 마공전(鎭安縣監贈吏曹參

縣監李春元曰。當亂六歲。勢窮力盡。生不報國。死可爲厲。被甲奮釰。突入賊陣。斬首數級而來。福男等曰如公老益壯矣。俄而又入賊中。中丸而卒。乃丁酉八月十六日。此又公宦蹟忠節也。嗚呼。今距公之世。已數百有餘年也。家乘散佚。子姓零替。賴邑之有誌。董董傳乎一鄕之耳目者如此。若公華贍之文。淸白之治。殆不知其何如也。此已可惜。況南原之戰。一時死義之人。類皆見知於當世。而獨公忠節如彼其卓犖。尙湮滅無聞也。豈不重可惜哉。如二李諸公。死固職也。公不過白首書生耳。無官守之責。與避亂士女逃竄山谷間。偸生保命。亦何不可之有。乃能奮不顧身。義不忍苟免。必欲以一死報國。觀於爲厲之言盟心之句。可知其意氣激烈。老而益壯。自平日讀書中辦出來。而非一時慷慨殺身者之比也。嗚呼偉哉。只此一節。在公已多矣。人之知不知。庸何加損焉。然而其不至全泯者。亦天也。公之亡。家人以衣冠葬于本縣列樹面鷹峙艮坐之原。二淑人合祔。距其生甲申八月八日。得年七十四云。立言者作。庶幾有以採擇也否。
ⓒ『華泉集』卷之十六, 行狀, 縣監馬公行狀 /한국고전번역원, 영인표점, 한국문집총간, 2010.

8) 『山木軒集』卷之十五, 傳, 鎭安縣監贈吏曹參判馬公傳 : 馬應房字精叔。長興人也。上祖黎。仕百濟爲右副尉大將軍。六世祖天牧。佐我獻陵。有勞勘國家。封長興府院君。諡曰忠靖。應房由蔭途進。作監鎭安，興德二縣。廉白著名。萬曆丁酉。島夷憾我。壬辰之役。再逞凶鋒。圍南原甚急。應房仗義旅。往赴兵使李福男軍。與府使任鉉，助防將金敬老矢心共死守。已而賊大進。丸礮震疊。城不能支。天將楊元從圍中乘夜潛跳出。衆心益懼。不戰而亂。應房灑泣語福男曰。此吾死所也。生不報國。死當爲厲耳。手短兵赴敵。所殺傷數十。中丸而歿。時年七十四。當是時。我國剗於兵五六年。人皆救死扶傷不暇。朝野惴惴然怵於兵革。聞冠之至。其勢若土崩。應房非有官守之責。又非有受命於君以禦難。而徒以一野人。激於忠義感慎。輕七尺之軀。以殉國家之急。嗚呼。成敗命也。雖不能殲賊於一釰以洩其忠勇。然其死也毅然。有足以張烈士之膽。褫賊人之魄。昭大節於日月。斯不已壯矣乎。余從其後孫祥麟。得見其集詩若文幾編。兵燹之餘。雖寂寥如是。其忠君愛國。惇孝悌於居室。平昔之所存可知也。歿於亂陣中。不得以遺體返。家人以矢復而葬之。其後二百餘年當寧庚午。貤贈爲亞卿。南士且議。躋享於殉義諸賢之祠。君子謂其死也榮於生也。ⓒ『山木軒集』卷

判馬公傳)'이라는 제하의 마응방 공의 이야기가 전래되고 있다.

마응정도 남원성 전투에서 순절

마응정(馬應井, 1532~1597) : 자는 규보(圭甫). 호는 운암. 중종조 1532년 생으로 타고난 기품이 남보다 뛰어났다. 어렸을 때부터 총명하고 절개를 굽히지 아니하고 힘써서 부모를 섬기니 효자로 널리 알려졌다. 광릉 참봉을 거쳐 통덕랑(通德郎)을 역임했다. 정유재란을 맞아 종형(從兄) 용암공(龍庵公, 마응방)과 함께 온 가족과 종들을 거느리고 의병을 일으켰다. 그리고 남원성에 나아가 왜적과 싸우다가 적탄에 맞아 순절하였다. 그날이 8월 16일이다. 가족이 옷과 신발 등 유품을 거두어 강진 비자동(榧子洞) 청룡등(靑龍嶝)에 장례를 치렀다.

1807년에 호남 유림이 천거하여 증직이 자헌대부(資憲大夫) 의정부 좌참찬(議政府左參贊)이며, 특명으로 정문(旌門)을 세우게 하였다. 사적이 『호남절의록』과 『강진군지(康津郡誌)』에 있다.

3. 마경련·마가련 형제, 마가련 아들도 창의, 순절[9]

之十五,傳,鎭安縣監贈吏曹參判馬公傳/한국고전번역원, 영인표점,한국문집총간, 2010.

9) 1972년 4월 22일, 대구시의 관문인 금호강 변에 의병장 곽재우 장군의 동상이 건립되고, 그분을 기리기 위하여 곽 장군의 호인 '망우당'이라는 명칭의 공원을 개장하였다. 이후 '곽망우당기념사업회'에서는 1995년 '임란호국영남충의단 건립추진위원회'를 결성한 뒤 충의단 건립을 추진, 1998년 4월 임진왜란 때 영남 지방에서 창의한 315명 충의사와 이름도 없이 적탄에 쓰러져 간 영령들을 위로하기 위하여 영남의 중심지였던 이곳에 충의단을 세웠다. 이 충의단 315명 충의사에 장흥 마씨 3분의 의사도 포함되었다. 다음은 충의단 명단 소개에 나온 장흥 마씨 3인에 대한 내용의 전문이다. (ⓒ임란호국영남호국단(https://www.chunguidan.com/) ■

■ 마경련(馬慶璉, 1538~1597) : 자는 군옥(君玉)이다. 17세이다.

중종조 1583년 생으로 임진왜란을 당하여 존재(存齋) 곽준(郭䞭)[10] 신종기(愼宗記)와 더불어 영남 의병장 송암(松庵) 김면(金沔,1541~1593) 모의(謀議)에 참여하여 무계(茂溪)·정진(鼎津) 전투에 참여, 여러 번 승전하게 된 공적으로 훈련원(訓鍊院) 봉사(奉事)에 임명되었다.

정유재란 때는 황석산(黃石山) 전투에서 순절하였다. 사적이 『송암유집((松庵遺集)』에 있다.

■ 마가련(馬嘉璉, 1555~1597) : 자는 이옥(而玉). 17세이다. 명종조 1555년 생이다. 관직이 훈련원(訓鍊院) 참봉을 거쳐 통훈대부(通訓大夫)에 이르렀다.

임진란 때 존재(存齋) 곽준(郭䞭)·이대기(李大期)[11]와 더불어 의병을

마경련(馬慶璉) = 자 군옥(君玉), 호 경당(慶堂), 본관 장흥, 거주 '삼가현 노곡' *행적 : 훈련원 봉사 *합천 충의각에 제향 *활동 : 임란 때 제(弟) 가련과 함께 창의, 김면 휘하에서 무계 성주 정진 등 전투에 참전, 정유재란 시 황석산성에서 순절. (©송암유고, 삼가읍지, 충의각기) ■ 마가련(馬嘉璉) = 자 이옥(而玉), 호 노계(蘆溪), 본관 장흥, 거주 '삼가현 노곡' *행적 : 훈련원봉사, 충좌위부사직 *증직 : 병조참의 *합천충의각에 제향 *활동 : 임란 때 백형(伯兄) 경련, 자(子) 백숙과 함께 창의. 김면 휘하에서 무계 성주 정진 등 전투에 참전, 정유년에 황석산성에서 순절 (©삼가읍지, 유허비문, 충의각기, 송암유고). ■ 마백숙(馬伯叔) = 자 장수(長叟), 호 아산(芽山), 본관 장흥, 거주 '삼가현 노곡' *행적 : 훈련원 봉사 *증직 부사맹 *합천충의각에 제향 *활동 : 임란창의. 백부(伯父) 경련공, 부(父) 가련공과 함께 창의. 김면 휘하에서 무계 성주 정진 등 전투에 참전, 정유재란 시 황석산성에서 순절.©유허비문, 충의각기, 『송암유고』.

10) 존재(存齋) 곽준(郭䞭,1551~1597)은 임진왜란이 발발하자 의병을 일으켜 수차례 공을 세워 안음 현감이 되었다. 정유재란 당시 황석산성(黃石山城) 전투에서 전사했다.

11) 이대기(李大期,1551~1628) : 임진왜란 때 고향에서 의병을 모집하여 창의장(倡義將) 정인홍(鄭仁弘) 휘하에서 공을 세워 장원서별제(掌苑署別提)가 되었다. 1599년(선조 32) 형조정랑, 이듬해 영덕 현령, 1608년 청풍 군수·함양 군수 등을 지냈

거느리고 송암(松庵) 의병장에게 나아가 참전하였다. 무계(茂溪)·정진(鼎津) 전투를 이기게 한 공적으로 충좌위(忠佐衛) 부사직(副司直)에 임명되었다. 이후 정유재란 때도 전투 모의에 참여한 후, 8월 16일 황석산 싸움에서 형 경련, 아들 백숙과 같은 날 순절하였다. 당시에 공을 '의사(義士)'라고 불렀다. 정유재란 때 공훈으로 공은 통훈대부에 추증되었다.

■ 마백숙(馬伯叔,?~1597) : 자는 장수(長叟), 호는 아산(芽山), 본관은 장흥이다. 훈련원 봉사를 역임했다. 임란 때 백부(伯父) 경련 공과 부(父) 가련 공을 따라 함께 창의. 김면 휘하에서 무계·성주·정진 전투 등에 참전했다. 정유재란 시에도 창의, 황석산성에서 순절했다. 후에 부사맹으로 증직 되었으며 합천 충의각에서 제향하고 있다. ⓒ유허비문, 충의각기, 『송암유고』.

4. 마문호(馬文鎬) 삼부자(三父子), 독립투사로 순국

■ 마문호(馬文鎬, 1867~1930)

자는 희병(熙炳), 일명 진(晉), 별명은 용화(容化), 호는 백동(白東)이다. 공은 충정공 24세손이고, 충정공의 차자 전(腆) 조은공(釣隱公)의 계손(季孫) 가선대부(嘉善大夫) 득미(得美)가 함북 길주 불로리(不老)에 입향하여 지파를 이룬, 그 지방의 향반 가문의 출신이다.

공의 조부는 휘 인결(寅結)이고 호가 시농(詩農)인데, 향교에서 문장과 학설을 강론하고 해석하는 강해(講解)로 이름이 나 관찰사의 천거를 받았다. 부친은 휘 창한(昌翰)은 육영에 뜻을 두고 향촌 불로리에서 다. 문명(文名)이 있었다. 초계의 청계서원(淸溪書院)에 제향되었다.

글방을 세워 실학을 가르치고 국민 계몽에 힘쓰다가 요절하였다. 비(妣)는 공주 이씨(公州李氏)로 부군의 유업인 육영 사업을 계속하였다. 이후 을사늑약 이후 아들 문호와 함께 간도로 망명하여 항일 독립운동을 후원하다 생을 마쳤다.

마문호는 1867년 2월 16일 함경북도 길주군 동해면 불로리 교화촌에서 출생하였다. 성인이 된 후 교화촌의 동일(東一) 학교를 관리하고 명동교회 장로직을 수행하다 1904년에 성균관 유생에 뽑혀 수학하던 중이던 1905년, 을사늑약이 체결되자 비분강개하여 귀향, 모친과 함께 고향을 떠나 간도에 망명하였다.

이후 마문호는 간도 화룡현 덕신사(德新社) 창동(彰東) 황무지에 정착하고 농토를 개간하여 장학(奬學) 기반을 마련하는 한편으로 1916년 만주 간도 태랍자(太拉子) 장재촌(長財村)의 창동학교(彰東學校) 교장으로 부임해 민족 교육을 실시해 애국지사를 양성하려고 했다. 그리고 창동학교 및 명동학교(明東學校) 교직원 120명을 모아 항일 투쟁 결사대인 '충열대(忠烈隊)'를 조직, 1919년 3월 13일 용정에서 벌어진 독립 만세 시위를 주도했다.

이 무렵 마문호는 연변의 조선족을 규합하여 간도 대한국민회(大韓國民會) 철혈공작단을 결성하여 '연변의 조선족이 독립을 위하여 결사의 각오로 투쟁한다.'는 혈서동맹(血書同盟)을 결성하였다.

이후 대한국민회 부회장으로서 독립운동을 이끌었지만 일제의 감시가 심해지자 잠시 노령 방면으로 피신했다. 그러다가 다시 명동촌 태랍자로 이동해 김정(金精), 김상진(金尙鎭), 정동학교 교사 백유창(白楡昌), 지송(池松) 등과 함께 국내 진입 및 군자금 모집과 일본 밀정 주살을 위한 폭탄 제조를 계획했다. 또 '대한독립기성총회'를 조직해 부회장을 맡아 회장 구춘선 등과 함께 활동했다.

한편 마문호는 명동학교를 중심으로 결사대를 조직해 국내로 잠입할 계획을 세우고 천보산(天寶山) 광업용 폭발물을 입수하는 등 구체적인 계획을 수립했으며, 함경북도 무산군에 한창섭(韓昌燮)과 함께 잠입해 민심의 동향과 일본군의 방어 경계 상태를 점검했다. 또한 1920년 1월에는 명동학교 학생 및 졸업생을 중심으로 정행단(正行團)을 조직하여 항일 무장 투쟁을 준비했으며, 김하석(金夏錫)·남세극(南世極)·정재면(鄭載冕) 등과 국민회 지회 설치 계획을 세웠다.

1920년 2월, 화룡현 지신사 장재촌에 '국민회 남부지방총회'를 조직하고 회장에 취임했으며, 3월에는 간민회(墾民會) 분회장으로서 항일 운동을 전개했다. 또한 동년 12월에는 총합부(總合部)를 설립해 구춘선을 총합부장으로 추대하고 사관학교를 설립해 독립군을 양성했으며, 노령에서 암살대 200명을 조직하여 국내 진입을 시도했다.

그러나 일제는 1921년 1월 화룡현 지사 왕명신(王銘紳)에게 압력을 가해 그가 더 이상 활동하지 못하게 했으며, 일본군 토벌대를 파견하여 그의 집을 소각해 버렸다. 마문호 일가는 다행히 사전에 피신해 화를 면했다.

그러다가 1931년 만주사변 후 돈화현 한창향 우가튼토벌 때 일제가 마문호 일가족을 집안에 가두고 불을 질러 학살하였다. 공의 나이 65세였다.[12]

대한민국 정부는 1963년에 마문호에게 대통령 표창인 '건국훈장'을, 1980년에는 건국훈장 독립장을 추서했다.

ⓒ『대한민국독립유공인물록』(국가보훈처, 1997) / 『독립운동사』 5(독립운동사편찬위원회, 1973) / 『장흥마씨대동보((乾)』.

---

12) 일설에는 마운호가 지린성 돈화현에서 아들 마천목(馬天穆)과 함께 일본군에게 붙들려 살해되었다고 기록되어 있다.

■ 마인룡(1894~1933)

　　마문호의 장자. 이명은 천룡(天龍-建), 천명(天命-容)이고 가명은 안장흥(安長興)이다. 호는 백운(白雲)이다. 명동중학교, 나자구무관학교를 마치고 부친과 함께 '철혈광복단(鐵血光復團)'을 결성, 철혈 맹세를 하고, 동 충렬대법무사령부를 창군하고 '대한국민회 남부지방회' 서기 및 명동학교 교사 최기학(崔基鶴) 등과 같이 일본의 조선침략사, 한글 법학, 병법 등을 공부하고 성인계몽에 헌신하였다.

　　1919년 기미독립운동이 일어난 뒤 1920년 4월에는 대한국민회의 군무원으로 러시아에 파견되어 무기를 구입하는 일을 하였다. 같은 해 5월 홍범도가 이끄는 대한독립군과 대한국민회군 및 군무도독부가 연합한 대한북로독군부 소속 부대원이 되었고 6월에는 봉오동 전투에, 10월에는 청산리 대첩에 참여하였다. 이후 홍범도를 따라 밀산을 거쳐 1921년 6월 흑룡강을 건너 러시아 이만으로 갔다가 자유시 알렉세예프스크(지금의 스보보드니)에서 자유시사변을 겪었다. 같은 해 10월 옌하이저우(沿海州) 이만으로 이동하여 대한의용군사회에 가담하여 재무부 소속으로 군자금 모집 활동을 하였다. 11월과 12월에는 대한의용군 제2중대 제1소대장으로서 러시아 백군에 맞서 이만 전투, 볼로차예프스크 전투에 참전하였다.

　　시베리아 내전이 끝난 뒤 1923년 1월 아버지인 마문호와 함께 적기단 결성에 참여해 위원으로 활동하였다. 이처럼 마인룡은 '대한철혈단'이 주도한 1830년 용정(龍井)·길주(吉州)·돈화(敦化) 봉기를 주도하는 하는 등 1931년 만주사변 이후 항일무장 투쟁으로 공적을 남겼다. 마인룡은 1933년 11월 러시아로 이동하다가 국경지대에 매설된 지뢰를 밟아 사망하였다.

　　1982년에 대한민국 건국훈장 애족장을 추서 받았다.

ⓒ한국민족문화대백과사전 / 윤상원-'러시아 지역 한인의 항일 무장 투쟁 연구'(1918~1922) / 『장흥마씨대동보(乾)』.

■ 마현룡(馬現龍, 1902~1931)

마문호의 차남이고 마인룡과 형제다. 이칭은 천목(天穆-默), 연룡(連龍), 가명은 오해추(吳海秋)고 호는 백수(白首)다.

1905년 부모를 따라 화룡현(和龍縣) 덕신사(德新社)로 이주하여 창동학교(彰東學校)와 용정(龍井)의 명동학교(明東學校), 태랍자(太拉子)의 현립학교를 졸업하였다. 1920년 길림성립(吉林省立) 제1사범학교에 입학하였다.

어려서부터, 모친과 장형 등의 집안의 항일 투쟁 교육에 의해 항일 투지를 길렀다. 학창 시절이던 1919년 3월 13일 용정의 '조선독립선언 경축포고', '연변동포 독립만세' 시위대 시가 행진, '충렬대법무사령부' 경호대로서 활약을 하였다. 그 후 '재중한인청년' 및 '농민총연맹' 책임자로서 청년 운동에 주력했으며, 형과 함께 간도 폭동 봉기를 총지도 하기도 했다. 폭동 후에 1931년에 액목현(額穆縣)에서 일제 관헌에 체포된 후 심한 고문으로 액목현성 감옥에서 순국하였다. 향년 29세였다.

1931년 순국하기 전, 마현룡은 중국어를 구사하는 데 전혀 지장이 없었던 탓으로 1926년 중국 광주(廣州)에서 황포군관학교(黃埔軍官學校) 교도단에 입대하였고, 1927년에는 무한(武漢)에 있는 정치군사학교 장교로서 '호북한국혁명청년회(湖北韓國革命靑年會)'와 상해(上海)에 있는 '재중국본부한인청년동맹'에 각각 가입하기도 하였다. 그 후 ML그룹[13] '조선공산당 만주총국'에 입당, ML파 '고려공산당 만주총국' 간부가 되는 등 '조선공산당'에서의 활동으로 마현룡을 사회주의 운동가로 분류하기도 한다.

ⓒ『한국공산주의운동사자료집』Ⅱ (김준엽·김창순 공편 / 『장흥마씨대동보(乾)』 / 한국민족문화대백과사전.

한편, 마문호의 부인은 공주 이씨(公州李氏)로 슬하에 2남 2녀를 두었다. 장남이 인룡이고, 차남이 현룡이다. 인룡의 배(配)는 양천 허씨(陽川許氏), 강릉 최씨(江陵崔氏)지만 모두 무자(無子)였고, 차자 현룡은 무혼(婚)이어서, 마문호 일가에는 법적 후사(後嗣)가 없다.

이와 관련, 마문호의 재당질(再堂姪)인 마해룡(馬海龍) 씨가, "그동안 삼부자(三父子)의 유해마저 거두지 못해 안타깝다."고 전하고, 이어 "그동안 내가 계자(季子)로 입적하여 삼부자(三父子) 열사(烈士)의 공적을 발굴하고 그 공적 내용을 수록하여 독립유공자로 추서를 받았지만 그 분의 공적을 더욱 올바르게 평가받기 위해 '간도사신론(間島史新論)'을 편집해 간도사를 재조명하고 마문호공의 유업도 이어받아 '우리들의 편지'를 복간했으며, 추모 사업으로 장학 문화 사업을 추진하고 있다."고 『장흥마씨대동보』(乾) '백동공가장(白東公-마문호-家狀)' 말미에 부기해 놓았다.

---

13) 일제 강점기 때인 1920년대 중반에 사회주의 운동 그룹으로 레닌주의 동맹, '고려공산청년회 만주총국'(만주공청), 서울파 사회주의그룹 신파, 일월회 등이 결합하여 만들어진 새로운 사회주의 운동 단체가 'ML파(ML派)'였다. 이후 ML파는 '조선공산당'에 정식으로 가입, '3차 조선공산당', '통일조선공산당'의 주요 세력이 되었다.

5. 그 외 절의(節義)의 장흥 마씨들

■ 마정립(馬挺立, 1582~1636)

병자호란 때 순절하다. 자는 달지(達之)이고, 호는 한남(漢南)이다. 마천목의 7대손이고 18세이다. 통훈대부(通訓大夫) 단양(丹陽)군수, 첨절제사(僉節制使) 등을 지냈다.

공이 함경도 삼수진(三水鎭)의 병마첨절제사로 있을 때 후금이 조선을 침략한 병자호란(1636년)이 일어났다. 고을을 지키던 수령과 방백이 모두 달아났지만, 그는 갑옷과 병기를 점검하고, 적은 군사와 말로 적과 싸웠다. 마정립은 "신하 되어 재주는 없으나 마땅히 죽어 직분과 절개를 다하겠다."는 말을 남기고 전사(戰死)하니 47세였다. 12월 16일에 유물인 신발과 의복만으로 초혼장(招魂葬)을 치렀다.

효종 1652년에 조정은 함양(咸陽)의 기동(基洞 : 함양군 신관리 기동 마을)에 정려문(旌閭門)을 세워 공의 공훈을 표창하였다. 공은 함경도 마천령 전투에서 전사하였으나, 마정립의 후손들이 함양군에 기동 마을을 개척하고 자리를 잡았기에 정려각이 함양군 신관리에 세워지게 되었다. 또 1892년(고종 29)에는 마정립의 충절을 기리기 위하여 나라에서 정려를 내렸다. 1893년에 경상 감사 이헌영(李憲永)과 1905년에 전 충청 감사 정태현(鄭泰鉉)이 '기문'을 지어 기판(記板)으로 걸어 두었다. 1983년 마정립의 후손인 마화선(馬華璿)이 마정립의 업적을 비석에 새겨 정려각 안에 세웠다. 정려각의 정식 명칭은 '충신 통정대부 단양 군수 절충장군 삼수진병마첨절제사 장흥마연립지려(忠臣通政大夫丹陽郡守折衝將軍三水鎭兵馬僉節制使長興馬挺立之閭)'이다.

■ 마지룡(馬之龍, 1592~?)

자는 비섭(조燮)이다. 마천목의 10세손이다. 임진년에 태어났다. 타고난 기품이 뛰어나게 총명했다. 사람들이 뛰어난 재주꾼이라고 말했다. 27세 무과에 급제하고 어영장군에 올랐다.

"공은 문무를 겸한 유능한 신하로 발탁되어 병자란 뒤 왕자들의 호종으로 청나라로 갔다.[14] 그런데 청나라 군사 즉 금주위(錦州衛)의 요청에 못 이겨 군사 300여 명의 선봉장으로 명나라와 싸웠다. 이때 공은 '명나라는 임진왜란 때 조선을 도운 나라인데, 어찌 배은망덕하겠느냐' 하면서 휘하 장병들에게 밀령을 내려 화살촉 없는 화살과 탄알 없는 총을 쏘도록 지시하였다. 그러나 이 사실이 탄로가 나 공과 부하 이사룡(李士龍) 등이 청군에게 피살되었다. 이때가 임오(壬午, 1642년) 2월 16일이었다. 공이 심양으로 떠날 때 가족들이 슬퍼하며 눈물을 흘리자, 공은 부모에게 '대장부가 나라를 위해 몸을 바칠 각오를 하고 있으니 조금도 서운해 하지 않아야 한다.'고 말했다." ⓒ『장흥마씨대동보』(乾), '죽암공지룡행장', 323-324쪽.

공은 임진왜란 당시 조선을 도운 명나라 은혜를 생각하고 그 의리(義理)로서 부하들에게 화살은 화살촉을 빼고 총의 경우는 총탄 없이 화약만 넣어 쏘도록 명령하였는데, 이러한 사실이 청나라에 발각되어 청군에 붙잡혀 살해된 것이다. 1695년(숙종 21) 정려가 세워졌다.

---

14) 1636년(인조 14년) 병자호란에서 청나라에게 치욕적으로 패배하면서 소현세자, 봉림대군이 볼모로 청나라의 심양(현재의 랴오닝성 선양시)으로 끌려갔다. 소현세자가 포로로서 심양으로 이동할 때 시강원 인원만 300명 정도가 동행했다.

■ 마협화(馬協華)

자(字)는 성일(聖一), 호(號)는 수파(守坡)다. (목천파 출신이다.) 고종(高宗)이 물러나자 관직을 버리고 쇠퇴한 국운을 한(恨)하며 삭발하고, 강원도 영월군 수주면 수산사(江原道寧月郡水周面水山寺)에 은거(隱居)하다가 의병을 일으켜 국권 회복에 노력하였다. 이어 관동창의대장(觀東倡義大將) 민긍호 장군(閔肯鎬將軍)이 치악산(稚岳山)에 들어오자 그 휘하로 들어가 항전(抗戰)하다가 그해 2월 민장군(閔將軍)이 순국(殉國)하자 남은 병사들과 더불어 투쟁(鬪爭)하였다.

■ 마춘성(馬春成)

경상북도 의성군 단북면 이연동 출신으로 3·1운동 때 의성(義城)에서 궐기했으며, 대구형무소에서 3년형을 마치고 만주(滿洲)로 망명(亡命)하여 봉천(奉天)을 중심으로 광산 노동자를 규합하여 항일 운동(抗日運動)을 전개하였다.

추록 1.
장흥 마씨를 빛낸 기타 사람들

1. 문예(文藝)에 빛나는 장흥 마씨 사람들
2. 장흥부 장흥 마씨들

추록 1.
장흥 마씨를 빛낸 기타 사람들

1. 문예(文藝)에 빛나는 장흥 마씨 사람들

죽계(竹溪) 마희경(馬羲慶, 1525~1589)
박세채 – "송도에 죽계만한 인물 드물다"

마희경(馬羲慶, 1525~1589)은 조선 중기의 문신, 학자이다. 본관은 목천(장흥). 자(字)는 중적(仲積), 호는 죽계(竹溪)이다.

고려 때 평장사(平章事)로 신정군(新定君)에 봉해진 마경수(馬坰秀)의 8대손이다. 1525년(중종 20년) 송도(松都)의 선죽교(善竹橋) 남쪽에 있는 집에서 교수(教授) 마승원(馬承元)과 덕수 김씨(德水金氏)의 넷째 아들로 태어났다.

화담(花潭) 서경덕(徐花潭)의 문하(門下)에서 수학하였다.(서경덕, 『화담집(花潭集)』花潭先生文集卷之 四.)

『주역(周易)』과 『성리대전(性理大全)』 등의 경서를 탐구했다. 1567년(선조 즉위년) 생원시에 급제하였다.(『융경1년정묘10월19일 사마방목(隆慶元年丁卯十月十九日司馬榜目)』.)

1581년(선조 14년) 율곡(栗谷) 이이(李珥)가 이조(吏曹)에 있으며 효렴(孝廉)으로 천거하여 북부참봉(北部參奉)에 임명되었으나, 사은(謝恩)하고 학문에 전념하였다.

평양유후(平壤留後)로 있던 월정(月汀) 윤근수(尹根壽)[1]가 마희경의 명성을 듣고 찾아가 말하기를, "난초는 깊은 계곡에 있어도 그윽한 향기가 절로 배어난다. 幽蘭在谷香氣自襲" 하며 그의 학문을 높이 칭송하였고, 이어 상종하며 매우 친하게 지냈다. 이로부터 이곳에 부임하는 여러 관원 및 동서로 가는 사대부는 너나없이 그 집을 찾아 예(禮)를 하였다.(『남계집』南溪先生朴文純公文正集卷第七十五, 墓表.)

1589년 향년 65세의 나이에 병으로 졸(卒)하니, 대사현(大蛇峴) 선영(先塋) 간좌(艮坐)의 언덕에 장사 지냈고, 박세채(朴世采)[2]가 묘갈명을 썼다. 개성의 사현사(四賢祠)에 배향되었다.

박세채의 묘갈명을 약술하면 다음과 같다.

---

1) 윤근수(尹根壽,1537~1616) : 조선 중기의 문신(文臣)·시인·화가이다. 본관은 해평(海平), 자는 자고(子固), 호는 월정(月汀)·외암(畏菴), 시호는 문정(文貞)이다. 영의정 윤두수의 동생이다. 1604년에는 임진왜란 때 선조를 호종한 공로로 호성공신(扈聖功臣) 2등관에 책록되었다. 사후 의정부영의정에 추증되었다. 그밖에도 광해군을 수행한 공로로 1614년(광해군 6년) 8월 27일 위성원종공신 3등(衛聖原從功臣三等)에 추록되었다. 임진왜란 때의 장군 원균의 인척이기도 하다. 당색으로는 서인이며, 서인 중 몇안되는 이황학파 사람이었다. 이황(李滉)의 문인이다.

2) 박세채(朴世采,1631~1695) : 의정부 좌의정 등을 지낸 조선의 문신이다. 본관은 반남(潘南). 자는 화숙(和叔), 호는 남계(南溪), 현석(玄石)이다. 이언적, 이황, 이이, 송시열, 김집과 함께 조선시대 문묘와 종묘에 종사된 6현 중 하나이다. 시호는 문순(文純). 서인이었지만, 후에 서인이 노론과 소론으로 분당되자 소론을 결성하고 소론의 영수가 되었다. 학자들의 학통을 서술, 기록한 『동유사우록(東儒師友錄)』을 집필하여 조선시대 성리학자, 유학자들의 계보를 신라시대까지로 소급, 파악하였다. 저서로 『남계집』이 있다.

… 8대조 마경수(馬坰秀)가 평장사(平章事) 신정군(新定君)이 되면서 일족(一族)은 크게 드러나며 큰 벼슬이 이어졌다. 증조는 마지로(馬智老)다. 조부 마우동(馬羽東)은 승의부위(承義副尉)이고, 고(考) 마승원(馬承元)은 교수(敎授)다.

…至八世祖坰秀。爲平章事新定君。族遂大顯。簪組相聯。曾祖智老。祖羽東承義副尉。考承元敎授

… 성품이 지극히 효성스러웠다. 모부인(母夫人)을 봉양하면서 아침 저녁으로 보살핌이 매우 근실하였다. 상(喪)을 당한 후 묘 근처에 여막(廬幕)을 지어 3년간 시묘살이를 하였다. 한 번도 집에 간 일이 없었다. 형제와 우애가 있어 가문의 본이 되었다. 이때 화담(花潭) 서경덕(徐敬德)이 산중에서 도강(道講)을 했는데, 공이 찾아가 화담을 따르며 경학(經學)에 심취했고 『주역(周易)』, 『성리대전(性理大全)』의 서적을 좋아하였다.

性至孝。奉母夫人。晨昏溫淸甚謹。比喪廬墓側三年。不一到家。與兄弟友愛。閨門儀之。時花潭徐先生講道山中。公乃往從。潛心經學。尤好周易性理大全等書。

… 융경(隆慶, 명목종明穆宗의 연호) 정묘년(丁卯年, 1567년 명종 22년)에 사마시(司馬試)에 입격하였다. 만력(萬曆) 신사년(辛巳年, 1581년 선조 14년), 율곡(栗谷) 이이(李珥)가 이조(吏曹)에 있으면서 효행하고 청렴한 사람으로 공을 추천, 북부참봉(北部叅奉)에 임명하였으나 그 은혜에 감사해하고 곧 돌아와 더는 나아가지 않았다.

隆慶丁卯中司馬試。萬曆辛巳。栗谷李先生在東銓。薦以孝廉。除北部叅奉。謝恩卽歸不仕。

… 월정(月汀) 윤근수(尹根壽)가 평양 유후(平壤留後)로 있었다. (윤근수)가 공의 명성을 듣고 찾아가 말하기를, "난초는 깊은 계곡에 있어도 그윽한 향기가 절로 배어난다." 하였다. 이후 상종하며 매우 친하게 지냈다. 이로부터 이곳에 부임하는 여러 관원 및 동서로 가는 사대부는

누구나 할 것 없이 공의 집을 찾아가 예(禮)를 표하였다.
　　月汀尹公根壽嘗留后西京。聞公名來訪曰。幽蘭在谷。香氣自襲于人也。仍相從甚懽。自是由居守諸官及士大夫東西行者。無不造廬而禮之。

　　… 공은 천성이 남보다 뛰어났다. 평생 경전(經傳)에서 즐거움을 찾았고, 후진들을 교육하는 데 조금도 게으름이 없었다. 사는 곳의 가까운 산에 있는 높은 바위에 방을 꾸며 놓고 노닐었으며 때론 거문고를 타면서 즐거워하였다. 그러나 만년에 『격몽요결(擊蒙要訣)』 1부를 구하여 상제(喪祭)에 예를 다하려고 노력하였다.
　　公天資出人。平生以墳典自娛。誘掖後進。未嘗少倦。所居近山臺巖。築室逍遙。暇時撫所藏琴以樂焉。然而晚得擊蒙要訣一部

　　… 기축년(己丑年, 1589년 선조 22년)에 병으로 졸(卒)하니, 향년은 65세였으며 부음(訃音)을 듣는 자 애석히 여겼다. 대사현(大蛇峴) 선영(先塋) 간좌(艮坐)의 언덕에 장사 지냈다. 歲己丑以疾終。享年六十五。聞者惜之。葬于大蛇峴先塋坐艮之原。

　　… (공은) 5남을 낳았다. 마덕룡(馬德龍)·마복룡(馬伏龍)·마진룡(馬震龍)·마흥룡(馬興龍)·마반룡(馬攀龍)이다. 마복룡은 충분히 공의 미덕(美德)을 이어 글을 읽고 힘써 배워 조금도 남에게서 취하는 것이 없었다. 마반룡은 그 형의 몹쓸 병을 구료하다가 마침내 전염되어 별세하다. 역시 어질다 하겠다
　　生五男。德龍，伏龍，震龍，興龍，攀龍。伏龍克踵公美。讀書力學。一介不以取諸人。攀龍救其兄厲疾。竟染痛而死。亦可謂賢矣. 余每過輒爲之起敬。銘曰，少立花谷之雪。老服石潭之訣。求諸舊都之人。如公學脩行立者幾希。我揭其石。以飭來玆

　　… 내가 이곳을 지날 적마다 곧 존경스러운 마음이 들곤 한다.
　　余每過輒爲之起敬

명(銘)하여 이른다. / 銘曰

젊어 화곡(花谷, 花潭)의 문하(門下)에서 수학하였네. / 少立花谷之雪
늙어 석담(石潭, 栗谷)의 '격몽요결'을 복응하였네. / 老服石潭之訣
구도(舊都, 松都) 사람들 중에 찾아보아도 / 求諸舊都之人
공처럼 학문이 있고 조행(操行) 있는 이 드물구나. / 如公學脩行立者幾希

내가 묘갈(墓碣)에 써 후인(後人)에게 경계하려 하네 / 我揭其石 以飭來玆

ⓒ한국문집총간, 남계집, 南溪先生朴文純公文正集 卷第七十五, 北部叅奉馬公墓表[3].

---

3) 北部叅奉馬公墓表 庚午十一月二十日：長湍府大蛇峴北。有若堂之封者曰叅奉馬公。諱義慶字仲積。其先籍于木川。初木川人守義久不降。麗祖念之。命賜五畜姓。馬其一也。至八世祖坰秀。爲平章事新定君。族遂大顯。簪組相聯。曾祖智老。祖羽東承義副尉。考承元敎授。妣德水金氏。嘉靖四年乙酉。公生于松都。家在善竹橋南。性至孝。奉母夫人。晨昏溫淸甚謹。比喪廬墓側三年。不一到家。與兄弟友愛。閨門儀之。時花潭徐先生講道山中。公乃往從。潛心經學。尤好周易性理大全等書。平居端坐寡言笑。不喜爲崖異之行。與人處。愿而謹。鮮有遽色厲聲。持論幹事。必當于理。鄕黨敬而慕之。所言靡不從。隆慶丁卯中司馬試。萬曆辛巳。栗谷李先生在東銓。薦以孝廉。除北部叅奉。謝恩卽歸不仕。月汀尹公根壽嘗留后西京。聞公名來訪曰。幽蘭在谷。香氣自襲于人也。仍相從甚懽。自是由居守諸官及士大夫東西行者。無不造廬而禮之。公天資出人。平生以墳典自娛。誘掖後進。未嘗少倦。所居近山臺巖。築室逍遙。暇時撫所藏琴以樂焉。然而晚得擊蒙要訣一部。以爲進脩矩則。喪祭必求盡禮。斯又可見其歸趣也。尤有遠識。嘗以建虜日盛爲憂。終夜不寐。謂諸子曰吾老矣。汝輩必當其難。蓋方患倭賊而公言如此。至丙子大驗。人益異之。歲己丑以疾終。享年六十五。聞者惜之。葬于大蛇峴先塋坐艮之原。配牛峯田氏。父曰壽遜。莊嚴有婦道。事姑以誠。奉先以禮。敎子孫以法。其化行於家又如此。生五男。德龍，伏龍，震龍，興龍，攀龍。伏龍克踵公美。讀書力學。一介不以取諸人。攀龍救其兄厲疾。竟染痛而死。亦可謂賢矣。其後孫今至六十餘人。公墓在先祖文正公墓右。余每過輒爲之起敬。銘曰，少立花谷之雪。老服石潭之訣。求諸舊都之人。如公學脩行立者幾希。我揭其石。以飭來玆。ⓒ한국고전번역원,영인표

서예가 마성린(馬聖麟, 1727~1789)
- 해서, 초서 정아함, '신필(神筆)'이라 불러

마성린(馬聖麟,1727~1798)은 조선 후기의 문신, 서화가이며 여항(閭巷) 시인[4]이다. 본관은 장흥(長興). 자는 성희(聖羲), 호는 미산(眉山)이다. 관직은 첨지중추부사(僉知中樞府事)를 역임하였다.

마성린(馬聖麟)은 대대로 서리를 지낸 중인 집안 출신이었다. 해서(楷書)와 초서(草書)의 정아함은 당시 '신필(神筆)'이라 할 만큼 명성이 높았다.

이수광 외 2인이 『공부에 미친 16인의 조선선비들』[5]이란 책을 출간한 적이 있었다. 16인의 선비 중 4인의 '신분의 한계에도 학문을 사랑한 선비들' 편에 '조선의 공부 달인들 – 서예가 미산(眉山) 마성린(馬聖麟)'으로 소개하기도 했다.

다음은 마성린(馬聖麟)의 자서전인 『안화당사집(安和堂私集)』('평생우락총록平生憂樂總錄')[6], 허경진의 '서예가 마성린의 일생', 『한국

점, 한국문집총간, 1994~1995.
4) 여항(閭巷) 시인, 여항(閭巷)화가 등에서 '여항(閭巷)'이란, 역관, 의원 등 기술직 중인과 중인 출신 중심으로 형성된 비양반 계층의 시인, 화가 등을 말한다. 이런 여항 예인들은 조선 후·말기를 통해 문필과 관련된 왕정 실무를 담당하면서 배양된 한문학 실력을 토대로 사대부들에 버금가는 새로운 문화를 담당하며 성장·활약했다. 특히 19세기에 이르러 사대부 문화권 진입을 위한 문학 운동의 성공과 이를 통해 획득된 자신감의 기반 위에서 그동안 사대부 문인들에 의해 독점되어 오던 중세 문인 문화 전개의 중추적 구실을 하기도 하였다.
5) 이수광 외 2인, 『공부에 미친 16인의 조선 선비들』, 2012. 들녘.
6) '평생우락총록(平生憂樂總錄)'(馬聖麟 撰, 安和堂私集 卷下) …마성린의 생애에 관해서는 작가의 문집인 『안화당사집(安和堂私集)』 하권 말미에 첨부된 「평생우락총록(平生憂樂總錄)」을 통해 상세히 알 수 있다. 이글은 평생 동안 경험한 희로

역대서화가사전』(국립문화재연구원), 『근역서화징(槿域書畵徵)』(오세창) 등에서 미산 마성린 관련 기사를 참조하여 그의 생애를 약술한 내용이다

마성린의 집안은 5대조인 마시봉(馬時鳳)이 호조 서리를 지냈고 증조부 마점석(馬點碩)은 내수사 별제, 부친 마수한(馬壽漢)은 내수사(內需司)의 제원(諸員)을 지낸 것으로 보아 대대로 왕실과 국가의 재정을 관리하는 직책을 역임한 전형적인 중인 가문이었다. 반면 외가는 무과(武科) 출신이었다. 가계로 보아 마성린 역시 서리직을 지낸 것으로 추정되지만 어느 관아의 소속이었는지는 미상이다. 벼슬은 첨지(僉知)에 이르렀으며, 선대로부터 축적된 경제력을 바탕으로 왕성한 활동을 할 수 있었다.

마성린은 시문에도 뛰어나 많은 시를 남겼고 '단가해(短歌解)'라는 글을 지어 한글 시조를 한역(漢譯)하기도 하였다. 중인 출신 동료들과 필운대[7]에서 시사(詩社)를 결성하거나, 그와 가까웠던 여항 시인들인 김순간(金順侃)·이효원(李孝源)·최윤창(崔潤昌)·김성달(金成達) 등과, 말년에 참가한 백경현(白景炫) 등이 참가하여 '구로회(九老會)'라는 계 모임을 만들어 시작에 탐닉하며 양반 사대부들과는 다른 중인층 나름의 결속력을 다지는 구심점으로서 역할을 주도하기도 했다.

어려서부터 서예에 대해 남다른 취미를 지녀 이미 6세부터 왕희지(王羲之)의 '필진도(筆陣圖)'를 임서(臨書)하거나 외종가에 있던 서첩을 수백 장씩 베껴 썼을 정도로 글씨에 천착하였고 이러한 과정은 평생 동안 지속되었다. 그림은 정선의 산수화를 배워 그의 화법을 토대

애락을 기록한 저자의 연보에 해당된다.
7) 필운대(弼雲臺)는 현재 서울 종로구 배화여고 뒤편에 위치한 곳으로, 당시 한양을 한눈에 내려다볼 수 있는 최고의 명소였다.

로, 간결한 문인화풍에 담채로 그린 작품을 남겼다. 글씨는 주로 대부분 왕희지풍을 토대로 쓴 유려한 행서풍의 글씨이다. 자신의 약력과 활동상, 교유 관계를 알 수 있는 자서전인 『안화당사집(安和堂私集)』을 남겼다.

마성린은 1727년 3월28일 서울 황화방 대정동(大貞洞·지금의 중구 정동) 외가에서 태어났다.

15세에 한성만의 6녀와 혼인한 뒤 유괴정사(柳槐精舍)에서 글씨 공부를 했다. 마성린은 10여 년의 글씨 공부로 명필로 널리 알려졌다

18세에 필운동으로 이사했고, 인왕산에 살던 겸재 정선(鄭敾)에게 산수화를 배웠다. 정선과 관련, 마성린은 "선생님의 제자로 10년 있었는데 하도 대필을 많이 시켜 힘들어서 그만두었다."(『안화당사집』)라고 기록하였다.

19세에 필운동 입구의 처갓집 노조헌(老棗軒)에서 글과 글씨를 썼으며, 이때부터 인왕산의 여러 명승지에서 백사(白社)라는 시사 모임이 7~8년 동안 이어졌다. 43세에 필운대 아래로 이사하고 집을 지어 안화당(安和堂)이라고 하였다. 이후에도 마성린은 인왕산 부근에서 모여 글을 짓고 살았다.

51세에는 신한평이나 김홍도 등과 함께 강희언의 집에서 그림을 그리거나 화제(畵題)를 썼다. 52세였던 1778년 9월 14일에 김순간의 집인 시한재(是閑齋)에서 이효원, 최윤창 등과 함께 모여 놀았고, 이를 『청유첩』(淸遊帖)으로 기록하였다.

58세에 다시 승문원으로 들어가 근무했다. 1791년에 천수경의 초청을 받은 이래로 백사 동인들이 송석원시사와 교류하였다. 마성린은 늘그막에는 집안 살림이 어려워져서 집안에 전해 내려오던 명필들의 작품을 재상 집안에 팔아넘겼다. 가난한 위항 시인들의 후원자 노릇을

하기가 그만큼 어려웠던 것이다.

마성린은 자신의 약력과 활동상, 교유 관계를 알 수 있는 자서전인 『안화당사집(安和堂私集)』[8]을 남겼다. 『안화당사집(安和堂私集)』 뒷부분에는 그 자신이 엮은 연보 '평생우락총록(平生憂樂總錄)'이 실려 있어 보기 드물게 위항 시인의 생장지와 교육, 교유 관계, 모임 터를 찾아볼 수 있다.

화가 마군후(馬君厚, 18~19세기 정조~순조 때 활동)
'촌녀채종도(村女採種圖)'는 가장 주목받는 명작

마군후(馬君厚)는 18~19세기 정조~순조 때 활동한 화가로 생몰년이나 행적이 알려져 있지 않다. 그의 자는 백인(伯仁), 호는 양촌(陽村)이며, 본관은 장흥(長興)이다.

마군후에 대해 오세창(吳世昌)의 『근역서화장』에는 "자는 백인. 장흥인. 그림을 잘 그렸다."라고만 기재되어 있고, 유복렬의 『한국회화사대관』에서도 "인물과 짐승이나 새 그림을 잘 그렸다고 전한다"고 기록되어 있다.

현재 전하는 작품들도 주로 인물화와 영모화이고 필치가 예리하고 묘사력이 돋보이는 작품들이다. 기존의 연구에서는 마군후를 19세기에 활동한 인물로 보아왔으나 근래 연구에서는 정조대와 순조 대에 활

---

8) 2권 2책. 필사본. 이 책의 편집 경위 및 필사 연도 등은 미상이다. 서문은 없고, 권말에 황덕순(黃德諄)의 발문이 있다. 권수에 이백원(李伯元)이 지은 안화당기(安和堂記)와 구공휴(具公休)가 지은 안화당지(安和堂識)가 있고, 권 상·하는 시 약 450수, 잡저 6편, 제문 3편, 묘표 6편, 묘지 1편 등이 순서없이 섞여 있으며, 부록으로 저자 자신이 쓴 연보인 평생우락총록(平生憂樂總錄)이 수록되어 있다. 이 중 시는 어렸을 때의 작품인 '우후화발(雨後花發)'·'제화(題畵)'·'영선(咏蟬)' 등의 6수를 첫머리에 수록하고 있는데, 저자의 시재를 짐작하게 한다.

동하였을 것으로 올려보고 있다.

　간송미술관 소장의 마군후의 '반묘가수(班猫假睡)'에 18세기에 활동한 마성린(馬聖麟,1727~1798)이 쓴 제시(題詩)가 있어, 마군후는 마성린과 동시대 인물로 여겨진다.

　마군후의 몇몇 작품들이 현존한다. 특히 1851년(철종 2) 봄에 그린 것으로 추정되는 '촌녀채종도(村女採種圖)'는 시골에서 밭 가는 아낙들의 풍속을 다루고 있어 주목받는 작품이다.

　또 국립중앙박물관 소장의 '수하승려도(樹下僧侶圖)'는 나무 아래에서 두 승려가 희희낙락거리는 장면을 그린 작품이고, 국립중앙박물관에 소장된 '묘도(猫圖)'는 앞발을 들어 머리를 긁고 있는 고양이를 그린 그림이다. 그리고 서울대학교박물관이 소장하고 있는 금실 좋은 부부인 것처럼 암수 한 쌍의 토끼를 등장시킨 '쌍토도(雙兎圖)', 간송미술관이 소장하고 있는 앞발을 들어 머리를 긁고 있는 고양이를 그린 '반묘가수(班猫假睡)' 등이 있는데, 모두 필치가 예리하고 묘사력이 돋보인다. 따라서 마군후는 필치가 특이하고 묘사력이 뛰어났던 조선 후기의 화가로 평가받는다. 특히 영모화에 있어서 마군후는 그보다 앞선 시기에 사실적인 묘사력과 고양이 그림으로 유명했던 변상벽(卞相璧)[9]을 잇는 화가로 평가받는다.

　ⓒ『근역서화징(槿域書畵徵)』(오세창, 계명구락부, 1928) / 『한국 역대 서화가 사전』 / ⓒ국립문화재연구소 편, 『한국 역대 서화가 사전』, 국립문화재연구소, 2011.

---

9) 변상벽(卞相璧) : 조선 후기의 화가. 본관은 밀양, 자는 완보(完甫), 호는 화재(和齋)이다. 숙종 때 화원(畵員)을 거쳐 현감(縣監)에 이르렀다. 닭과 고양이를 잘 그려 변고양이[卞猫], 변계(卞鷄)라는 별명이 붙었으며, 초상화도 잘 그려 국수(國手)라는 칭호를 받았다. 조선 후기 사실주의 화법의 전개에 중요한 구실을 했으며, 사생풍 동물화의 발전에 크게 기여하였다. 작품으로 '추자도', '묘작도' 등이 있다.

아동문학가 마해송(馬海松, 1905~1966)
대한어린이헌장 기초 등 한국 창작 아동 문학의 선구자

아호는 해송(海松), 본관은 목천(木川)(장흥), 본명은 마상규(馬湘圭), 아명은 창록(昌祿), 호는 해송(海松). 경기도 개성 출신. 아버지는 마응휘(馬應輝)이다.

마해송은 대한민국의 어린이 운동가, 아동문화운동가, 아동문학가, 동화 작가로 한국 창작 아동 문학의 선구자로 알려져 있는 인물이다. 그의 사후 '문학과지성사'는 한국 근현대 아동문학사에 큰 획을 그은 그의 업적을 기리는 마해송문학상을 2005년에 제정하였다.

마해송은 1921년 일본으로 건너가 일본대학 예술과에서 수학하였고, 이어 일본의 종합교양지『문예춘추(文藝春秋)』의 초대 편집장을 거쳐 1930년에는『모던니혼』지를 발행하다가 광복 후 귀국하였다. 1945년 송도학술연구회 위원장, 1950년 국방부 한국문화연구소장을 역임하였다.

1924년 '색동회'에 가입하여 어린이를 위한 문화 활동을 계속하면서『어린이』지를 통하여 많은 동화를 발표하였다. 동화 창작은 1935년까지 꾸준히 계속하였으며 특히 풍자적인 '토끼와 원숭이' 등의 중편과 많은 단편을 발표하였고, 광복 후에는 장편 동화에 주력하여 '앙그리께'(1954)· '멍멍 나그네'(1959)·'모래알 고금'(1957~1961) 등을 발표하였다.

한편, 아동 문화 운동에도 크게 관심을 가져 1957년에는 '대한민국어린이헌장'을 기초하여 발표하였고, 또한 1958년 최초의 '어린이헌장비'를 대구에 건립하는 데 진력하였다.

저서로는 위에서 든 것 외에 소설 '홍길동'(1927)과 동화집 '해송동화집'(1934)·'토끼와 원숭이'(1947)·『떡배 단배』(1953)·『모래알 고금』

(1958)·『멍멍 나그네』(1961)·『마해송아동문학독본』(1962)·『비둘기가 돌아오면』(1962), 그리고 소설 '아름다운 새벽'(1961) 등이 있다.

　마해송은 1959년에 '모래알 고금'으로 제6회 자유문학상, 1964년에는 '떡배 단배'로 제1회 한국문학상을 각각 수상하였고, 같은 해에 '고마우신 선생님'으로 추대되었다.

　ⓒ『한국현대아동문학사』(이재철, 일지사, 1978) /『한국아동문학작가론』(이재철, 개문사, 1983) / 한민족 문화대백과사전(https://encykorea.aks.ac.kr/Article/E0017483) 참조.

시인 마종기(馬鍾基, 1939~)
동화 작가 마해송의 아들, 시집 6권 펴내

　마해송의 아들인 마종기 역시 유명한 대한민국의 시인이다. 방사선과 의사로 전(前) 미국 오하이오 주립대학교 의과대학 교수 등을 역임한 마종기는 1959년 '해부학 교실(解剖學敎室)' 등으로 '현대문학'에 추천을 받아 등단했다. 시집으로 『조용한 개선(凱旋)』(1960), 『두 번째 겨울』(1965), 『변경의 꽃』(1976), 『안 보이는 사랑의 나라』(1980), 『이슬의 눈』(1997), 『새들의 꿈에서는 나무 냄새가 난다』(2002) 등을 펴냈다.

　마종기의 작품은 의사로서의 체험과 외국 생활의 경험을 바탕으로 하여 인간에 대한 애정 어린 통찰을 세련된 언어로 형상화하고 있다는 평가를 받고 있다.

2. 장흥부 장흥 마씨들

호은(湖隱) 마침(馬沈, 1769~1815)

마침(馬沈, 1769~1815)은 자는 경지(慶之), 호는 호은(湖隱)이다. 천목의 15세손이요, 주촌공의 손 시웅(時雄)의 7세손이다. 조부는 휘 상한(相漢)이요 부(父)는 휘 희성(希星)이다. 공은 1769년(영조 45년) 생으로 타고난 자질이 빼어나게 밝으며 재주가 총명했다. 학문을 좋아하여 성장하면서 시문(詩文)에 밝아 세상에 알려졌다.

일찍이 과거에 뜻을 두고 학문에 매진하였으나 끝내 뜻을 이루지 못하자 이에 대해 "영명(榮名)은 구하기 어렵고 실행은 마음만 다지면 구하기 쉬우니 이제부터는 충심으로 부모를 봉양하리라."고 굳게 가다듬고 위기지학(爲己之學)에 뜻을 두고 두어 칸 정자를 지었다. 정자를 짓고 정자를 호은당(浩隱堂)이라고 지칭하고 정자에 '호은(湖隱)'이라는 편액을 내걸고 좌우에 서책을 갖추어 세상을 잊고 오로지 성리학에만 궁구하는 한편으로 어버이 섬기기에 정성을 다하였다.

어버이 상을 당하여 상장(喪葬)을 치루고 묘 옆에 띠집을 짓고 3년을 시묘살이를 하였다. 선조 위선(爲先) 사업에도 심혈을 기울였던 공은 세(世)를 거듭해 온 장갈문을 지역의 여러 선비들을 찾아 뵙고 선세(先世)의 잠덕(潛德)을 드러내 주고, 이런 정황을 후손들에게도 보여 자긍심을 드높여 주기도 하였다. 이 또한 공의 지성(至誠)이라 할만 했다.

47세에 세상을 뜨니 고을에서 모두 한탄하여 말하길, "참으로 아까운 인물이 일찍 세상을 떠 아깝다."며 안타까워 했다.

외예(外裔) 선영희는 공의 행장에서, "공이 만일 오래 사셨다면, 공의 독실한 뜻과 풍부하고 예민한 재능과 지극한 마음으로 정차 덕행과 문학에 큰 뜻을 성취하여 후진들에게 모범이 될 것이어늘 천명이 무심하여 소성(小成)에 그치게 하니 참으로 안타깝다."고 하였다.
　ⓒ『장흥의 서원과 사우』, 313쪽. /『장흥마씨대동보』(乾), 390쪽.

송계(松溪) 마중학(馬重學, 1848~1920)

　공의 자는 명오(明五), 호는 송계(松溪)다. 주촌(舟村) 마하수 공의 9세손이다. 1848년(헌종 14년)에 태어났다. 나이 겨우 10세에 한꺼번에 부모를 여의고 제사 절차를 낱낱이 예제(禮制)를 따르며 성인처럼 행하니, 이를 지켜본 사람들이 모두 '효동(孝童)'이라 일컬었다.
　외종(外從)인 고헌(顧軒) 선익흠(宣翼欽)[10]의 문하에서 공부하여 경사(經史) 예설(禮說)에 널리 통달(通達)하여 해박하였다.
　만년(晚年)에 화개동(花開洞 : 학송리 뒷산 화개산 기슭)에 띠집을 지어 '송계당(松溪堂)'이라고 부르고 '운림(雲林)'이라는 액호(額號)를 지어 걸고 머리맡에 서책을 놓고 풍월(風月)이나 시를 읊은 기상이 탈속(脫俗)한 사람이었다.
　또한 공은 유다르게 위선(爲先) 사업에도 많은 노력을 하였다. 충현사(忠顯祠)가 훼철 당하게 되자, 그 빈 터에 단(壇)을 세우고 그 단에서 제사를 모시고 특히 과와(果窩) 하룡공(河龍公)을 제사하였다. 또 공이 스스로 제위답(祭位畓)을 헌납한 다음 문중의 합의도 이끌어내 대대로 이어온 선영(先塋)들을 위한 현창 사업을 위해 10여 마지기의 위토(位土)를 마련하였다. 또 강당을 수축(修築)하였으며, 정사년(1917년)에 송계당 북쪽으로 멀지 아니한 곳에 일실(一室)의 강당을 짓고 문중 자

---

10) 선익흠(宣翼欽,1826~1888) : 본관은 보성, 자는 경집(敬集), 호는 고헌(顧軒)이다. 조선 말기 장흥 출신의 학자로서 그가 남긴 시문집인 2권 1책으로 된『고헌유고(顧軒遺稿)』가 있다. 이 유문집은 1975년에 간행하였다. 단국대학교 도서관에 소장되어 있는데 이 유집에는 고체(古體) 8편, 시 122수, 서(書) 4편 등이 실려 있다.

제의 강당으로 하여 조석으로 잘 가르쳐 깨우치게 하였고 게으름이 없이 늘 그 강당에서 거처하면서 모든 일을 두루 세밀하게 처리하였다. 1920년에 73세로 세상을 뜨니, 후인들이 공을 정대(正大)한 인물로 기렸다.

ⓒ『장흥의 서원과 사우』, 314쪽. / 『장흥마씨대동보』(乾), 396쪽.

화은(華隱) 마운하(馬雲河, 1878~1947)

본관은 장흥(長興), 자는 치경(致敬), 호는 화은(華隱)이다. 송곡(松谷) 석주(錫周)의 아들로 1878년(고종 15년)에 태어났다. 어렸을 때부터 용모가 단아(端雅)하고 언행이 안정되며 뜻이 높고 재주가 민첩하였다. 어렸을 때 문득문득 비단결 같은 문장을 짓고 양친 섬기기에 정성을 다하였다. 장남으로 둘째, 셋째 간에도 우애가 깊었고 더불어 여러 일가와도 친목이 두터워 문계(門契)를 만들어 위선(爲先) 사업도 주도하였다.

공은 항상 선의(宣義)로 벗을 사귀고 교유하였다. 평상시 공과 교유한 선비들은 남강(南崗) 선영희(宣永希), 동곡(東谷) 선영완(宣永完), 만곡(晩谷) 문계행(文桂行), 수헌(睡軒) 임우현(任宇鉉), 백암(柏菴) 마석순(馬錫珣) 등이었다.

공은 면암(勉庵) 최익현(崔益鉉)[11]의 문하에서 수학하였다. 최익현이

---

11) 최익현(崔益鉉,1833~1906) : 항일 의병을 일으켜 일제에 항거하다가 체포되어 대마도로 유배된 뒤 단식 끝에 순국한 우국지사이다. 본관은 경주(慶州), 자는 찬겸(贊謙), 호는 면암(勉庵)이다. 최익현은 14세 때부터 이항로(李恒老)의 문하에서 수학하였고 1855년(철종 6) 명경과에 급제하여 승문원부정자로 관직생활을 시작하였다. 이후 수봉관·지방관·언관으로 재직하였다. 1868년에 올린 상소에서는 흥선대원군의 경복궁 재건을 비판하였고, 이후 '계유상소(癸酉上疏)' '병자지부복궐소(丙子持斧伏闕疏)' 등의 상소를 올려 대원군과 민씨 일족에 대해 비판하였으

의(義)를 위해 목숨을 바친 소식을 듣고 수질(首絰)[12] 차림으로 통곡하며 마음으로 장사를 마친 후 세상을 잊고 "존화양이(尊華攘夷)[13]는 면암(勉庵)의 대의(大義)"라며 화개 산중에 은거하였다.

공이 지성으로 후진을 가르쳤기에 후대에 이르러서도 공의 유풍(遺風)이 끊기지 않았다. 1947년 향년 70세로 세상을 뜨니 유림들이 다 공을 추모하였다.

전남 장흥군 안양면 학송 마을 입구 도로변에는 공의 강학비가 서 있다. 공은 학송리 613번지 만취재(晚翠齋) 서당에서 후학을 강학하여 사회 계몽에 앞장섰다. 공의 유훈을 받들고 학덕을 기르기 위해 2007년 11월 장손 원중(1927년 생)이 근지(謹識)·서(書)하고, 마상용 등 공의 제자 21명이 근수(謹竪)하였다.

ⓒ『장흥의 서원과 사우』, 312-313쪽.

나 내용이 과격하다는 등의 이유로 제주도, 흑산도 등지로 유배되었다. 이후 최익현은 고종의 신임을 얻어 경기도관찰사, 공조판서, 의정부찬정, 호조참판에 임명되었으나 일체 관직에 나가지 않았다. 최익현은 나라에 일이 있을 때면 상소로써 자신의 입장을 내비쳤는데, 을사보호조약 때에는 도끼를 메고 반대 상소를 하였다. 말년에는 일제에 항거하기 위한 정치적인 투쟁 방법으로 1906년 2월 전라북도 태인현(정읍시)에서 항일 의병을 일으켰으나 오래 지나지 않아 일제에 붙잡혀 일본 대마도에 구금되었고 그곳에서 단식 투쟁 끝에 순국하였다.

12) 수질(首絰) : 남·여 상복의 머리에 두르는 띠다. 수질은 상관(喪冠)인 굴건(屈巾)과 개두(蓋頭) 위에 둘러 꽉 찬 효심을 나타내는 것으로, 짚이나,또는 삼 껍질을 섞어 꼬아 만든 둥근 띠다.

13) 존화양이(尊華攘夷)는 본래 원래 오경(五經) 의 『춘추(春秋)』에 나온 말로, 공자(孔子)가 주(周)나라를 존중해야 한다고 한 존주론(尊周論)에 바탕을 두고 있는데, 조선 성리학에서는 이를 춘추대의(春秋大義)라 하여 중요한 명분으로 삼았다. 즉 '왕을 존중하고 오랑캐를 물리친다'는 뜻인 이 말은 왕을 존중하고 서양 열강들의 압력에 직접적으로 대응하자는 자주적인 사상으로 인식되었다. 이때의 '오랑캐'는 일본을 지칭하기도 하였다.

백암(柏菴) 마석순(馬錫珣, 1882~1966)

자는 경현(敬鉉), 호는 백암(柏菴)이다. 정은(靜隱) 중수(重洙)의 아들로 1882년(고종 19년)에 안양방(安壤坊) 학송(鶴松) 마을에서 태어났다. 어렸을 때부터 미목이 수려하고 언행은 간결하면서도 무거웠다. 성품은 차분하고 깊이 생각하며 총명하였다. 8살에 공부를 시작하여 천자문(千字文)을 10일 만에 수료하는 등 학문이 일취월장(日就月將)하여 20세 미만에 여러 경서(經書)를 섭렵하여 시문(詩文) 또한 수려하였다.

공은 선조의 은혜에 보답하는 뜻으로 그 음덕을 추모하는 '보본추원(報本追遠)'으로 여러 친척들과 상의하여 선조 묘역(墓域)에 의물(儀物)을 고루 갖추고 제사 비용을 비축하기 위해 대소문계(大小門契)를 설치하였다. 또 위선 사업의 일환으로 종산(宗山)에 소나무 기르기에 각별히 노력하였다. 특히 1926년에는 종중의 여러분과 함께 충현사(忠賢祠) 사우(祠宇)를 중건(重建)하고 기문(記文)을 지어 후손들에게 덕을 담고 선조의 뜻을 이어받도록 권면(勸勉)하기도 하였다.

일제가 우리나라를 침탈한 후로는 세속이 날로 쇠퇴해 감을 스스로 뉘우치고 학문 수업으로 달래면서 뜰 앞에 푸른 동백나무를 심고 스스로의 호(號)를 '백암(柏菴)'이라 칭하였다..

1916년에 어버이 상(喪)을 당하여 상을 치루면서 너무 슬퍼하고 날마다 묘를 찾아 추우나 더우나 비바람까지도 가리지 아니하니 이로써 병을 얻어 3년 동안 상을 치루고 나서 몸이 많이 쇠약해져 1966년에 세상을 뜨니 많은 후인들이 매우 슬퍼하였다.

ⓒ『장흥의 서원과 사우』, 317쪽.

마종연(馬種捐) 외 3인, 동학 혁명 참여[14]

마종연(馬種捐,1854~1894)은 동학에 입당하여 갑오 동학농민운동 때 안양방 접주로 활약하다가 석대 전투에서 패전하여 완도 생일도에서 체포되어 장흥 벽사역(지금, 장흥읍 원도리)에서 처형되었다.

'장흥동학혁명' 때 마종연 외에도 안양면 학송리에서 마향일(馬向日), 마영문(馬榮文), 장흥군 남면에서 마경삼(馬京三) 등 3인이 더 '장흥동학혁명' 운동에 참여하였다.

이때 마향일은 장흥읍 장대에서, 마경삼은 나주에서 처형되었다.

소백(小柏) 마상용(馬相容, 1924~2015)

마상용(馬相容,1924~2015)은 장흥군 안양면 학송리 출신으로 장흥 마씨 30세이다. 제2대 통일주체국민회의 대의원과 제25대 장흥향교 전교를 역임하였다. 특히 충정공 묘정 성역화 등 모든 문중사에 앞장서 헌신적인 노력을 기울였다. 또 지역 사회의 유도(儒道) 발전에도 진력하였다.

학송 마을 입구에는 마상용 위선기적비(爲先紀績碑)가 세워져 있다. 1998년 5월 김태경(영광人 1918~2001)이 찬(撰)했으며, 김용보(김해人,1930~2005)가 근서(謹書)하고, '장흥마씨중앙종회'(조은공파)에서

---

14) 동학 혁명 당시, 장흥의 사림(士林) 쪽에서는 대체적으로 동학 운동에 반대하는 입장이었다. 장흥 마씨도 예외는 아니었다. 당시 장흥 마씨의 대표적인 어른이라고 할 수 있는 송계 마중학(馬重學,1848~1920)도, 갑오 동학 혁명이 일어나자 고향의 청년들이 부화뇌동한다고 여기고, "우리 유생들이 유교의 도리를 다 실천하지 못하고 있는데, 하물며 요망한 길에 투신할 필요가 있겠느냐?"하며 동학 입교를 금지하였다. ⓒ『장흥마씨대동보(乾)』, 398쪽.

세웠다.

추록 2.
주촌공 마하수의 사적(史蹟)

추록 2.
주촌공 마하수의 사적(史蹟)

　마하수 선친 마인서(馬麟瑞,1512~1594)가 장흥군 안양방 주암촌(현 장수리)에서 서북쪽으로 1킬 남짓 떨어진 화개산(華蓋山 250m) 기슭의 해발 70~80m 자리에 입촌한 뒤 조성된 마을이 학송(鶴松) 마을이다.
　학송이라는 마을 이름은 주변 소나무에 학이 서식하여 비롯된 이름이다. 마을 앞으로는 삼비산에서 서남으로 뻗어 내린 골치산 계곡에서 흘러내린 맑은 물이 마르지 않고 흘러 산수(山水)가 조화를 이루고 있어 이른바 배산임수(背山臨水) 형의 주거 마을로는 더없이 풍요로운 마을이다. 장흥 마씨 세거 이후, 남평 문씨(南平文氏), 진주 정씨(晉州鄭氏), 흥덕 장씨(興德張氏) 등이 입촌한 이래 오늘날까지 성촌을 이루어왔다.
　학송 마을은 성촌 이후 줄곧 장흥 마씨들이 중심이 되어 장흥 마씨 집성촌으로 불리고 있다. 그러므로 당연히 장흥 마씨의 역사 문화를 상징하는 문화유산이 집중되어 있기도 하다. 그 대표적인 유산이 학송리 614번지 마을 뒤쪽 화개산 아래 위치한 충현사(忠顯祠)이다.

충현사(忠顯祠) - 장흥 마씨 대표 사당

"장흥에 옛 충정(忠靖-마천목) 영당(影堂)이 있었는데, 화재로 인해 훼철 당하여 영상(影像)만이 뚜렷이 남아 있더니 유림들이 그 사당을 다시 세워서 충정공(마천목)과 주촌공(마하수)을 함께 모시기로 하니 드디어 경인년(庚寅年, 1830년) 9월에 시작하여 7개월 만인 신묘년(辛卯年. 1831년)에 준공하고 신주(神主)를 전과 같이(충정공, 주촌공 배향) 모셨다."(ⓒ『장흥마씨대동보』(乾), 충현사기, 340쪽.)

이는 '충현사기(忠顯祠記)'에 나오는 충현사의 내력이다. 그러므로 충현사에 대한 최초의 연혁은 확실치 않으나, 애초부터 충정공 마천목의 영당(影堂)이 있었지만 화재로 인하여 영당이 소실되고 유상(遺像)만을 모셔 오다가 1831년에 창건하며 충정공과 주촌공을 함께 모셨다는 것이다.

다른 기록에는, 1796년(丙辰) 향중 유림의 제발로 설단하고 충정공과 주촌공을 배향하여 제향을 봉행하고, 1831년(辛卯) 향의 제발에 의하여 충현사를 창건하면서 20세 과와공(河龍公, 1697~1738)을 추배하였다고 나온다.(ⓒ『장흥의 서원과 사우』, 122쪽.)

경과야 어찌 됐든 1831년 정식으로 충현사가 설립된 것은 분명하고, 그때이든 그 이후이든 충정공과 주촌공을 배향한 후에 과와공이 추배되었음은 분명하다.

충현사는 1868년에 국령(國令)으로 훼철되었다. 그러다가 1917년에 충현사가 복설되면서 장흥에 사는 장흥 마씨들의 파조가 되는 12세 조은공(釣隱公) 마전(馬腆)을 추배하였다.[1] 이렇게 하여 충현사는 충정

---

1) 충정공 천목의 2남인 마전(馬腆, 1395~1465)의 자(字)는 후경(厚卿), 호(號)는 조은(釣隱)이다. 일찍이 호학(好學)하였으며 단양 군수(丹陽郡守)를 지냈다. 1456년(세조 2) 장흥(長興)으로 낙향(落鄕)하여 회포(懷抱)를 예양강(汭陽江)에서 시(詩)로써

공, 조은공, 주촌공, 과와공 4위(位)의 위폐를 봉안하기에 이른 것이다.

충원사 훼철 이후의 사정을 좀 더 들여다 보자.

서원 훼철령으로 사당이 철거된 후 사당의 터가 쑥대밭이 되었지만, 장흥 유림들은 빈터에 모여 흙으로 제단을 쌓아 제단을 만들고 매년 봄, 가을에 간소한 제수로 정성을 드렸다고 한다.

그러다가 2칸의 강당을 지었고(사당이 철거 된 이후 임시방편으로 제사를 지낼 수 있는 2칸의 강당을 지은 것으로 보인다), 이것은 옛날의 예를 따른 것으로 오히려 영광이 빛났다. 그러나 세월이 오래되면서 건물이 헐었고, 서원 철폐령도 폐지된 상황이어서, 1917년 후손 중학(重學)이 족질 석흠(錫欽), 석순(錫珣)과 함께 중수하기를 의논하여 몇 달 후에 수리하였으니 그 건물은 비록 작았으나 선영을 모실만하였다. (ⓒ『장흥마씨대동보』충현사 경모당 중수기 343쪽.)

이때(1917년) 충현사를 중수하면서 12세 조은공(腆)을 추배, 충현사는 비로소 4위(位)의 위패를 모시고 제사를 봉행할 수 있게 되었고, 이후 매년 음(陰) 9월 9일 제향을 봉행한다.

이후 1926년, 후손 운하(雲河), 윤하(輪河)가 제족과 의논하여 옛터에 사당을 새롭게 중건하였다. 이때 충현사 중수기는 "비로소 선영이 뚜렷이 있는 듯하고 많은 선비들이 분주히 찾아와 제사를 모시니 충절과 문헌이 더욱 빛나고 곁에 사람도 모두 감동하여 일어났다."고 적고 있다.(ⓒ『장흥마씨대동보』乾, 344쪽.)

충현사는 예전에는 지역의 유림들이 제향을 주관하여 봉행하는 향사우(鄕祠宇)였으나, 농촌 사회의 이농에 따른 고령화와 제례 문화 변화에 따라 최근에는 후손들이 주관하는 문사우(門祠宇)로 전환하여 장

읊었다. 뒤에 함양 군수, 평양 접렴사(接廉使)를 제수하였으나 부임하지 않았다. 조은공이 장흥에서 세거하면서 현재 장흥군 안양면 학송리를 중심으로 장흥 각지에서 살고 있는 조은공파(釣隱公派)의 파조가 되었다.

흥 마씨 위주로 제향을 봉행한다.

　충현사는 현재 건물 규모는 신실(충현사) 3칸, 내삼문 3칸(1971년 건립), 강당(景慕堂) 4칸, 외삼문 3칸(1987년 건립), 직사 1동 3칸, 그 밖의 부속 건물 2동이 있으며, 건축 양식은 신실이 맞배지붕이며 강당은 팔각지붕이다.

　1917년 중수된 경모당(景慕堂)은 후손들의 강학과 문중의 중요 행사를 주관하는 장소이다.

　최근 들어 도시 거주 후손들의 제향 참여율이 적어지고 환경 보호 차원에서 불가피하게 묘전에서 제향을 봉행하지 못하게 하므로 경모당에서 매년 음력 10월 13일 12세 조은공 이하 19세간 선조 15위(位) 제향을 봉행하고 있다.

배향 인물[2] - 마하룡(馬河龍, 1697~1783)

　공의 자는 증서(滄瑞). 호는 과와(果窩)이다. 지강(之綱)의 아들이다. 1697년 생이다. 강진 구상리에서 태어나. 도암(陶菴) 이재(李縡)[3]의 문하에서 수학했다. 과거를 보지 않고 오로지 위기지학(爲己之學)[4]에만

---

2) 충정공, 조은공, 주촌공은 본문에서 소개되었으므로 생략한다.
3) 이재(李縡,1680~1746) : 자는 희경(熙卿), 호는 도암(陶庵)·한천(寒泉)이다. 김창협의 문인이다. 숙종 28년 알성 문과에 급제하여 관계에 진출하였으며, 『단종실록(端宗實錄)』 편찬에 참여했다. 숙종 42년에 승지에 이르러 '가례원류(家禮源流)' 시비가 일어나자 노론 측에 가담하여 소론을 통박했고, 동왕 45년 영남균전사(嶺南均田使)로 나가 토지 정책을 논하다가 파직당한 적도 있었다. 신임사화(辛壬士禍) 직후에 관직을 은퇴, 인제에 들어가 성리학 연구에 전심, 영조 1년에는 이조참판을 지냈다. 영조 17년에는 예문관 제학, 영조 19년에는 우참찬 등에 임명되었으나 나아가지 않았다.
4) '위기지학(爲己之學)'은 글자 그대로의 뜻은 나를 위한 학문이란 뜻이고 이와 반대

치중, 묵묵히 학문에만 탐구하여, 세상에 문학과 행의(行誼)로 세상에 이름을 떨쳤다. 미호 김원형(金元亨), 뇌연 남유용(南有容)5) 판서와 더불어 도의교(道義交)를 맺고 일찍이 장흥 가지사(보림사)에서 강학하면서 인암(仁巖)에 숨어 있으면서 곧고 조용한 모습을 사랑한 나머지 오두막을 짓고 글방 이름을 '과와(果窩)'라 하였다. 산수를 애호하면서 깊은 골짜기의 유치 인암(仁岩)을 골라서 문 닫아 걸고 스스로 안정하면서 경학(經學)을 탐구하고 경서(經書) 연구에 스스로 즐기니 세상에서 공을 '과와처사(果窩處士)'라 일컬었다.

마하수 공 관련 유물로는 충현사 외 충현사에 소장되어 있는 '마하수 교지'와 유적으로는 옛 안양북교 바로 윗자리에 '마하수 공 유허비'가 세워져 있다.

되는 용어로 남을 위한 학문이란 뜻의 '위인지학(爲人之學)'이 있다. 그런데 실제적으로 '위기지학'의 원뜻은 자신의 인격을 함양하는 학문 즉 덕성을 쌓는 학문을 말하고 '위인지학'은 타인에게 과시하기 위한 학문 즉 출세의 길인 과거, 조정의 관리가 되는 학문을 뜻했다.
5) 남유용(南有容,1698~1773) : 조선 후기, 홍문관교리, 홍문관제학, 형조판서 등을 역임한 문신. 본관은 의령(宜寧). 자는 덕재(德哉), 호는 뇌연(雷淵)·소화(小華). 증조할아버지는 대제학 남용익(南龍翼)이고 할아버지는 대사헌 남정중(南正重), 아버지는 동지돈녕부사 남한기(南漢紀)다. 이재(李縡)의 문인이다. 인물됨이 실박하면서도 바른말을 잘하고 청백했으며, 문장과 글씨에 뛰어났다. 저서로는 『명사정강(明史正綱)』·『천의리편(闡義理編)』·『뇌연집(雷淵集)』이 있으며, 작품으로는 단양에 있는 우화교비(羽化橋碑)와 해백윤세수비(海伯尹世綏碑)를 쓴 글씨가 있다. 시호는 문청(文淸)이다.

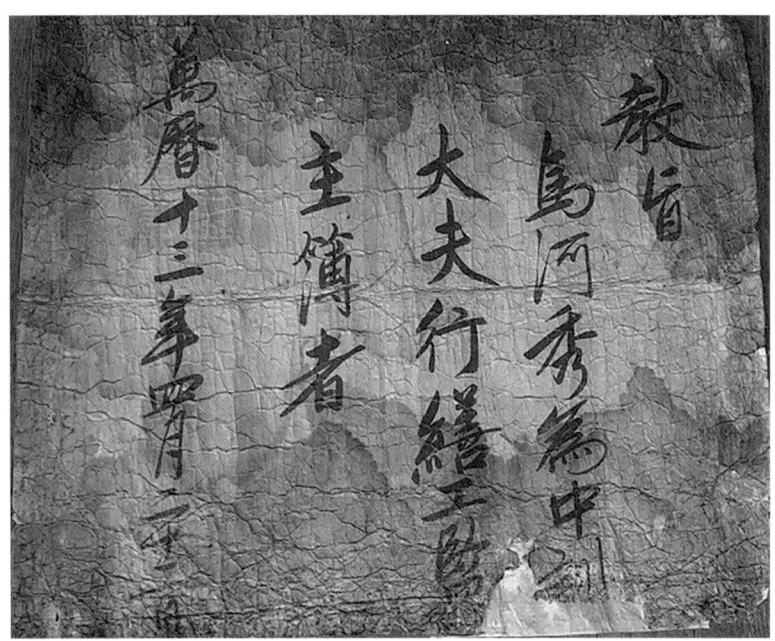

마하수 교지.

마하수 교지(敎旨)

　마하수공 교지(敎旨)는, 1585년(선조18) 4월 22일 선조가 마하수에게 중훈대부 행선공감주부 관직을 임명하면서 발급한 문서이다. (馬河秀爲中訓大夫行繕工監主簿 者 萬曆十三年四月二十二日).
　중훈대부(中訓大夫)는 종3품 하의 문관 품계이다. 선공감(繕工監)은 조선 시대 궁궐이나 관청 건물 따위를 수리에 관한 일을 관장하기 위해 설치했던 관서이다. 주부(主簿)는 조선조 내의원·사복시·한성부 등 여러 관아의 낭관(郎官) 벼슬의 하나로 종 6품직이다.

마하수공 유허비(遺墟碑)

▲마하수 유허비.

주촌공 유허비는 1943년 8월 학송 마을 옛 안양북국민학교 윗자리에 세웠다. 이로부터 41년이 지난 1984년에 주촌공 유허비를 다시 세우며 유허비 제막식 행사를 치렀고, 이때 전라도 각지에서 많은 선비들이 참배하러 와 주촌공에 대한 찬시(讚詩)를 지어, 그해 『주촌마공유허비시집(舟村馬公遺墟碑詩集)』을 발간하였다.

그 때문에 학송 마을에 세워진 주촌공 유허비의 비명은 그 끝에 기록되어 있듯 1943년에 지어 새긴 것이고, '유허비시집은'은 1984년에 발간한 것이 된다.

『주촌마공유허비시집』에 의하면, 제막식 때 장흥군 관내 여러 선비들은 물론 강진군 작천면, 보성군 회천면과 웅치면, 곡성군, 광주시 등 전라남도 각지에서 참석한 150여 명이 쓴 주촌공에 대한 찬시가 실려 있다. 『주촌마공유허비시집』은 목활자본(木活字本) 1책으로 1984년(정해년)에 간행되었다. 이 책자의 크기는 19.5×28.3cm이고, 쪽수는 66쪽이다. 이 책의 권두에는 성주(星州) 이성원(李誠洹)이 서문을 썼으며, 11세손 마석순(馬錫珣), 12세손 마윤하(馬輪河), 13세손 마동신(馬東信)이 발문을 썼다.

학송 마을에 재각 승유재와 모성재

주촌 마하수 공은 네 아들을 두었으며 네 아들 모두 현달하며, 학송리를 중심으로 한 장흥 마씨의 각 파를 이루었다. 그리하여 충현사와 별도로 각 파에서 파별 선조들에 대한 재각을 지어 향사해 왔다.

장자는 죽창공 성룡(成龍, 19세, 1564~1631)이다. 원래 죽창공파 재각으로 학림재(鶴林齋)가 있었으나 낡고 헐어 훼철하고 지금은 일반 가옥에서 20세 시흥 외 이하 선조 11위(位)에 대해 음력 3월 10일 향사한다.

차자는 송파공 위룡(爲龍, 19세, 1576~1638)이다. 마을 재각 승유재(承裕齋)에서 20세 시량 외 이하 선조 20위에 대해 매년 4월 둘째 일요일에 향사한다. 승유재는 1955년(乙未) 건립하였다.

삼자는 우후공 이룡(而龍, 19세, 1581~1653)이다. 학송 마을 모성재(慕省齋)에서 20세 시한 외 이하 선조 48위에 대해 음력 3월 15일 향사한다. 모성재는 1964년(甲辰) 9월 건립하였다.

사자는 참판공(19세 化龍, 1587~1664)이다. 원래 화룡파 재각으로 추원재(追遠齋)가 있어 여기서 향사했으나, 화룡파 후손들이 강진군 작천면으로 이거해 간 이후 거기서 20세 시무 등 이하 선조를 향사한다.

선조 묘역 합장, 평장으로 새롭게 조성

그동안 학송리에 입향한 후, 학송리 일대에서 장흥 마씨 조은공파를 열었던 마하수 부(父) 사직공(司直公) 인서(麟瑞)를 중심으로 아들 주촌공 마하수, 손자 둘(성룡, 이룡)의 묘가 학송리 선영에 합장되어 있었다. (손자 위룡은 학송리 안산에, 화룡은 교동에 있었다.)

▲장흥 새롭게 조성된 세장산의 장흥 마씨 선조 묘역.

그런데 이 선영에 안장된 묘들이 모두 역장(逆葬)으로 돼 있고, 분묘 외 빈 공간이 작아 합동 참배할 때 불편하였다. 무엇보다 역장으로 돼 있어, 원래 순서대로 재합장할 필요가 있었지만 차일피일 미루어져 왔다.

이에, 최근 장흥마씨종친회장 마삼용(장흥 마씨 30세 후인)씨가 마치경(장흥 마씨 29세 후인) 씨와 함께 선영의 묘에 대한 대정비를 추진하였다. 학송 안산의 송파공 묘와 교동에 있던 참판공 묘까지 이장해 와 본래 4기의 묘에서 6기의 합장 묘역으로 2023년 10월 5일부터 25일까지 새롭게 조성한 것이다. 이때 봉분을 모두 모두 없애고 평장으로 하되, 원래 순서대로 즉 마인서 - 마하수 - 마성룡 - 마위룡 - 마이룡 - 마화룡 등의 세대 계열 순으로 합장하는 선영 묘역을 새롭게 단장한 것이다. 새로 조성된 6기의 선영 묘역은 60여 평의 규모이다.

이로써 참배시 활용할 수 있는 묘역 아래의 넓직한 공간도 확보하였고, 해마다 벌초며 봉분 등 묘 관리에 신경 쓰지 않아도 되었다.

10여년 째 종친회장을 맡고 있던 마영완 씨는 "선영 묘역 정비는 오랫동안 논의돼 온 일로 차일피일 미뤄져 왔는데, 이번에 더 이상은 지체되어서는 안 된다는 생각으로 전격적으로 추진하게 되었다."면서 "이번 묘역 정비에서 무엇보다 중요한 것은, 흩어졌던 묘들을 모두 이장해 와 합장한 것으로, 이로써 주촌공 부(父), 주촌공, 주촌공 자(子)의 모든 묘를 합동으로 조성, 명실공히 장흥 마씨 선영 묘로서 기능이 가능해지도록 한 것이어서 그 의미가 깊다."고 강조했다.

함께 묘역 정비를 추진해 온 마치경 씨도 "이젠 장흥 마씨 누구나 고향으로 시제 참여나, 명절 때 고향 방문 시 단장하여 재정비된 선영 묘역을 쉽게 참배할 수 있게 되었다. 이저는 안산이며 교동의 산소까지 갈 필요 없이 여기 선영 묘역에[서 쉽게 참배할 수 있게 되었다."고 말했다.

마영완 씨는 앞으로 묘역 안내판 설치를 비롯해 선영 묘역으로 오르는 계단이며 묘역 주변 정화등 추가적인 묘역 정비도 추진하겠다고 말했다.

추록 3
사진으로 보는 마하수 유적

사진으로 보는 마하수 유적

1. 학송 마을과 마하수

마하수(馬河秀, 1538~1597)의 부친 마인서(馬麟瑞, 1512~1594)는 학송리의 입향조이다. 마하수도 학송리에서 나고 자라며 세거했다. 또 이곳 학송리에서 성룡, 위룡, 이룡, 화룡 네 아들이 나고 자라고 그분들의 직계 후손들이 세거하면서 학송리는 장흥 마씨의 집성촌이 되었다. 마하수로부터 비롯된 절의(節義) 정신도 이곳 학송 마을에서 찬란히 꽃피웠다. 또 자연스레 마인서, 마하수, 마하수 네 아들의 유적, 유물도 모두 학송리에 산재해 있게 되었다.

■ 가운데 하단이 학송 마을, 좌측이 주암촌인 학송리. 저 멀리 보이는 바다가 수문 앞바다, 곧 득량해이다. 득량해는 우측으로 마하수 공이 산화(散華)한 진도-해남 해협인 명량해와 바로 연결된다.

■ 마하수와 마하수 네 아들이 태어나고 자랐던 장흥군 안양면 학송마을.

■ 마하수 공의 초상화(조연희 화가)

2. 충현사

장흥군 안양면 학송리 614번지(학송길 35-5)에 소재한 충현사(忠顯祠)는 제를 지내는 사당과 강학과 문중모임 장소로 활용되는 경모당으로 구성되어 있다.
사당의 경우, 1796년(丙辰) 향중유림의 제발로 설단하고 주벽은 좌명공신 11세 충정공 마천목(馬天牧, 1358~1431), 18세 주촌공 마하수(馬河秀, 1538~1597)를 배향하여 제향을 봉행해 왔다.
이후 1831년 향 유림의 제발로 충현사를 창건하고, 20세 과와공(果窩公) 마하룡(河龍, 1697~1738)을 추배하였다. 1868년 국령(國令)으로 훼철되었다가 1902년에 충현사가 복향되면서 12세 조은공(馬腆)을 추배하였다.
이로써 충현사는 충정공 마천목, 조은공 마전, 주촌공 마하수, 과와당 마하룡 4위(位)의 위폐를 봉안하고 매년 음력 9월 9일 제향을 봉행한다. 사당 내에는 충정공, 마천목 영정 사진, 영정사기(記), 충정공에 대한 세종대왕 친필 사본과 해석문이 소장되어 있다.

■ 충현사 사당(좌측 하단)과 경모당(중앙 우측부)의 전경.

■ 전면부 위쪽에서 바라 본 충현사 사당.

■ 충현사 외삼문.

■ 칠위 선조단 비석군(예전).

■ 현재 칠위 선조단 비석군.

■ 전면에서 바라 본 충현사 사당.

■ 충현사 사당 편액- 이 편액은 1970년 초반에 전남지역에서 왕성한 활동을 한 서예가 추범(秋帆) 선종석(宣琮錫,寶城人)이 썼다.

■ 충현사 가는 입구 입로석.

■ 충정공 마천목 영정.

■ 사당 내부 전경.

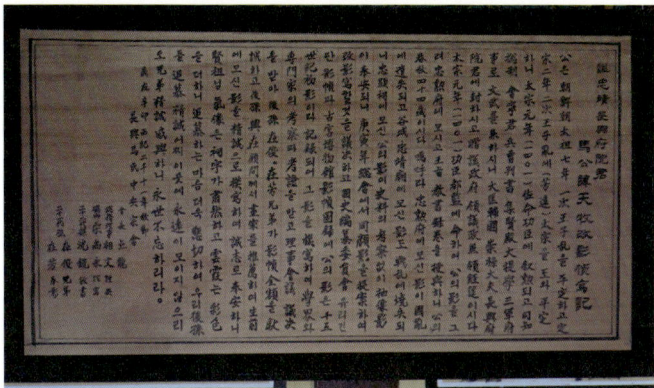

■ 장흥부원군 마천목의 '개영정사기(改影幀寫記)' 현판.

■ 충현사 강당(경모당) 중수기 편액. 1922년 면암(勉庵) 최익현의 아들 운재(雲齋) 최영조(월성人,1859~1927)가 썼다.

■ 충현사 영당(사당) 중수기 편액. 1963년 9월 후손 백암(柏菴) 석순(28세,1882~1966)이 근지(謹識)했다.

■ 마하수 교지.

■ 충현사 경모당 외문인 숭의문. 숭의문(崇義門)은 1997년 중건 확장하였다.

■ 경모당 외문의 숭의문(崇義門) 편액.

■ 좌측에서 보는 경모당(景慕堂) 전경.

■ 우측에서 보는 경모당 전경.

■ 정면에서 바라보는 경모당 전경.

■ 경모당 좌측 출입구. ■ 경모당(敬慕堂)편액. 좌측에 '崇禎五后辛酉淸明節'의 표기로, 이 편액은 1921년(辛酉) 봄에 썼음을 뜻한다.

■ 경모당 우측 출입문. ■ 관산세장(冠山世庄)이라는 편액은 '辛酉仲春'이라고 표기되어 1921년 2월에 이 편액을 썼음을 의미한다.

3. 마하수 공 묘역

마하수 부친 마인서 공, 마하수, 마하수 아들 묘역인 선산이 학송 마을 바로 뒷산 기슭에 있었다. 이 선산에서는 마하수 첫째, 셋째 아들 묘도 부친 묘역에 있어, 일찍이 이 선산을 '장흥 마씨 세장산(世葬山)이라고 불렀다.

■ 마하수 묘역 바로 입구에 세워져 있는 '장흥 마씨 세장산' 표지석. ■ 마하수 묘비.(우측)

■ 마하수 공 묘지. 장흥군 안양면 학송리.

4. 마하수 유허비(遺墟碑)

주촌공 유허비는 1943년 8월 학송마을 옛 안양북초등학교 윗자리에 세웠다. 이로부터 41년이 지난 1984년에 주촌공 유허비를 다시 세우며 유허비 제막식 행사를 치렀고, 이때 전라도 각지에서 많은 선비들이 참배하러 와 주촌공에 대한 찬시(讚詩)를 지어, 그해 『주촌마공유허비시집(舟村馬公遺墟碑詩集)』을 발간하였다. 그 때문에 학송 마을에 세워진 주촌공 유허비의 비명은 비명 끝에 기록되어 있듯 1943년에 지어 새긴 것이고, '유허비시집'은 1984년에 발간한 것이 된다.

『주촌공 유허비시집』에 의하면, 제막식 때 장흥군 관내 여러 선비들은 물론 강진군 작천면, 보성군 회천면과 웅치면, 곡성군, 광주시 등 전라남도 각지에서 참석한 150여 명이 쓴 주촌공에 대한 찬시가 실려 있다.

■ 주촌공 마하수 유허비.

■ 유허비 후면에는 비명이 한문으로 새겨졌고 유허비 외곽 둘레석에 비명의 한글 해석문이 새겨져 있다.

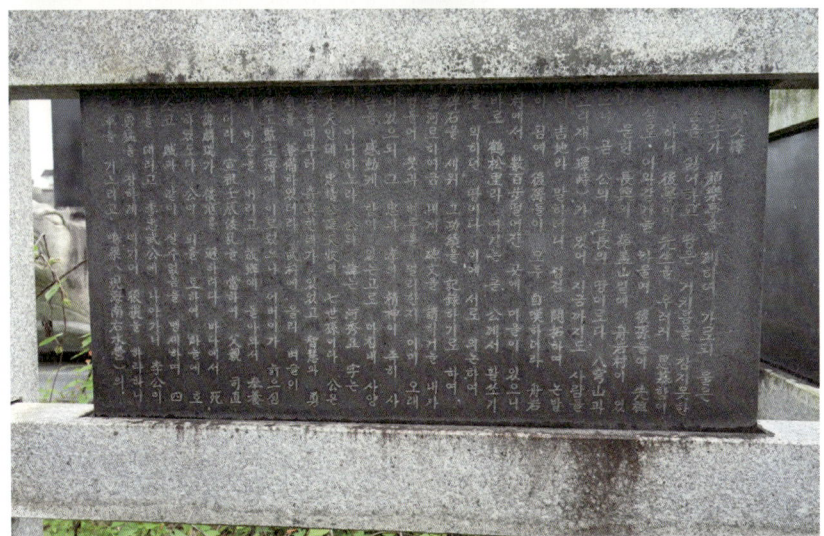

■ 유허비 사각 둘레석에 새겨진 한글 해석 비문.

5. 『주촌마공유허비시집(舟村馬公遺墟碑詩集)』

『주촌마공유허비시집(舟村馬公遺墟碑詩集)』은
1984년에 주촌공 유허비를 건립하고 제막식을 가지면서,
유허비 제막식 참석한 지방 선비들의
주촌공에 대한 찬시를 모아 엮은 시집이다.
주촌공 유허비 제막식 때 장흥군 관내 여러 선비들은 물론
강진군 작천면, 보성군 회천면과 웅치면, 곡성군, 광주시 등
전라남도 각지에서 참석한 150여 명이 참석, 찬시를 남겼다.
이 시집은 목활자본(木活字本) 1책으로 1984년(정해년)에 간행되었다.
이 책자의 크기는 19.5×28.3cm이고, 쪽수는 66쪽이다.
이 책의 권두에는 성주(星州) 이성원(李誠洹)이 서문을 썼으며,
11세손 마석순(馬錫珣), 12세손 마윤하(馬輪河),
13세손 마동신(馬東信)이 발문을 썼다.
책 표지는 『주촌집(舟村集)』로 표기되어 있으나 속표지는
『주촌마공유허비시집(舟村馬公遺墟碑詩集)』으로 표기되어 있다.

■ 『주촌마공유허비시집』 표지.

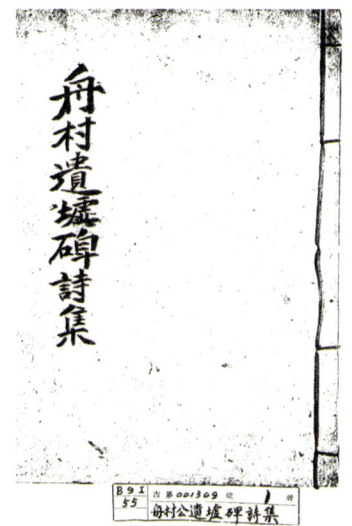
■ 『주촌마공유허비시집』 속 표지.

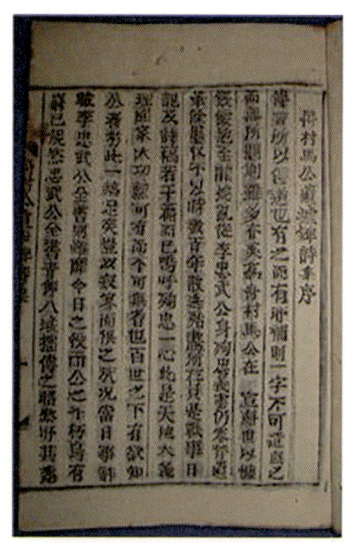
■ 『주촌마공유허비시집』 서문 1.

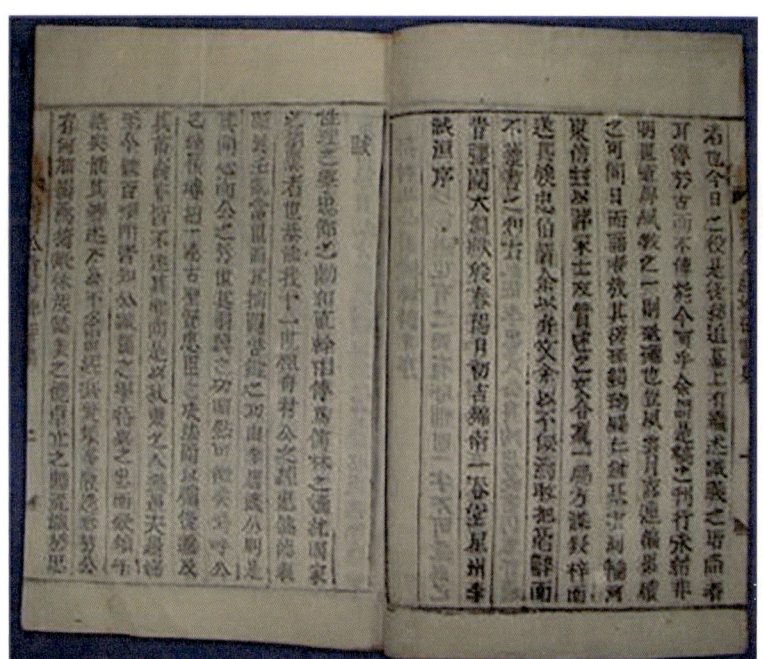
■ 『주촌마공유허비시집』 발문.

6. 장흥 마씨 선영 묘역 정비

장흥 마씨 선영 묘는 장흥군 학송리 산 137-3번지, 세장산
표지석으로부터 50m 떨어진 산기슭 하단부에 조성되어 있다.
이 선영 묘지에는 마인서공, 마하수공, 마하수 두 아들(첫째 성룡, 셋째 이룡) 등
3대가 합장되어 있었다. 이 선영에 안장된 묘들이 모두 역장(逆葬)으로 돼 있고,
분묘 외 빈 공간이 작아 합동 제례 및 참배시 불편하였다.
무엇보다 역장으로 돼 있어, 원래 순서대로 재합장할 필요가 있었지만
차일피일 미루어져 왔는데,
최근 장흥마씨종친회장 마영완(81세, 장흥마씨 30세)씨가
마치경(79세, 장흥마씨 29세) 씨와 함께 선영의 묘에 대한
대정비를 추진하였다. 학송리 안산에 있던 위룡의 묘와
안양면 해창리 38-1에 있던 참판공의 묘까지 이장해 와
3대 6기의 합장 묘역으로 2023년 10월 5일부터 25일까지 새롭게 조성한 것이다.
이때 봉문을 모두 모두 없애고 평장으로 하되, 원래 순서대로
즉 마인서-마하수-마성룡-마위룡-마이룡-마화룡 등의 세대 계열
순으로 합장하는 선영 묘역을 새롭게 단장한 것이다.
새로 조성된 6기의 선영 묘역은 60여 평의 규모이다.

■ 새로 정비하기 전의 세장산 선영 묘역.

■ 파묘.

■ 파묘.

사진으로 보는 마하수 유적 | 273

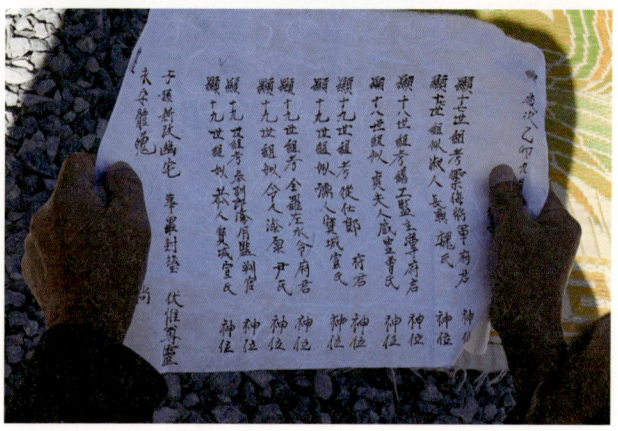

■ 새롭게 조성된 장흥마씨 세장산 선영 묘역.

- 새로 조성된 장흥마씨 선영 묘역은 장흥마씨 조은공파 장흥 종친회장인 마영완(81세, 장흥마씨 30세 후인) 씨가 마치경(79세, 장흥마씨 29세 후인) 씨와 추진, 성료한 역사였다.
마영완 씨는 "앞으로 선영 묘역 안내판 설치, 묘역 주변 식수 정비와 식재 등을 조성, 묘역길 정비 등을 통해 명실상부 장흥마씨들의 성역으로 부족함이 없도록 정비해나가겠다"고 말했다.

7. 마하수 사자(四子) - 성룡, 위룡, 이룡, 화룡의 산소와 제실

마하수 공의 기개(氣槪) 높은 절의(節義) 정신은 자손들에게도 그대로 전승되어,
장남·차남·삼남과 차남 마위룡의 아들 시웅 등이 모두 충절(忠節)을 실천하며
『호남절의록』에 등재되었다.
특히 장자(長子) 마성룡(馬成龍, 1564~1631),
차자(次子) 마위룡(馬爲龍, 1576~1638),
삼자(三子) 마이룡(馬而龍, 1581~1653),
4자(四子) 마화룡(馬化龍, 1587~1664)
등 아들은 학송마을에 살며 가학(加虐)과 부친의 유업(遺業)의 전승해 오며
각 계파를 이루며 장흥마씨 성세의 뿌리가 되었다.
(성룡 직계는 죽창공파, 위룡 직계는 송파공파, 이룡 직계는 우후공파,
화룡 직계는 판관공파 계파로 나뉘었다.)
이들 네 아들 중 성룡·이룡은 학송리 뒷산 선영의 묘역에 안장되었고
휘룡은 학송 안산에, 화룡은 교동리 뒷산에 안장되었다.
또 학송마을 장흥 마씨들은 학송리에
이들 네 분의 제각을 짓고 해마다 제례를 봉행해 오고 있다.

■ 장흥마씨 세장산 선조 묘역
  이곳에는 장남 마성룡과 삼남 마이룡은 묘는 장흥마씨 세장산인
  선조 묘역에 함께 잠들어 있다.

■ 장남 마성룡 직계 후손인 죽창공파 제실.

■ 장남 마성룡의 산소.

■ 차남 마위룡 직계후손인 송파공 제실.

■ 차남 마위룡의 산소.

■ 삼남 마이룡 직계 후손인 우후공파 제실.

■ 삼남 마이룡의 산소.

■ 4남 마화룡의 직계 후손인 판관공파 제실.

■ 넷째아들 화룡산소.
교동 마을 뒷산 해창리 산 38-1

8. '해남 우수영 관광지'에 5부자(父子) 동상

전라남도 해남군 문내면과 진도군 군내면 사이에 놓여진 진도대교 부근에 위치한 해남 우수영 관광지는 임진왜란 중 최고의 승리라고 할 수 있는 명량대첩을 기념하기 위하여 1986년에 국민관광지로 지정되었고 1990년에는 명량대첩 기념공원도 조성했다.

이 우수영 관광지에는 마하수 5부자 기념동상이 세워져 있다. 그 기념동상 뒤 표지석에는 '울돌목(명량)의 의병항쟁(1)'이란 제목 아래 다음과 같은 글이 기록되어 있다.

"명량대첩은 해남 진도 등 해안지방 사람들이 수군과 같이 목숨을 바쳐 싸운 의병항쟁의 승리였다. 부자 형제와 이웃들이 함께 참전하여 끝까지 싸웠으니, 마하수 일가 5부자의 혈전이 그 한 예이다. 부친이 적선에 포위된 통제사를 구원하다가 적탄에 맞아 전사하자 그 시신을 안고 일성통곡으로 복수를 맹세한 마씨 형제들, 그들은 적이 패퇴할 때까지 결사의 항전을 그치지 않았다."

■ 우수영 관광지의 이 기념 동상과 표지석 글에 의하면, 마하수와 네 아들 곧 5부자(五父子)는 명량해전 의병항쟁의 첫 순위에 선정된 것이라 할 수 있다.

■ 해남 우수영 관광지.

■ 장흥 마씨 5부자 동상.

■ 장흥 마씨 5부자 동상.

9. 『장흥마씨대동보(乾, 坤)』

장흥마씨 대동보는 1808년 무진초보를 시작으로
2차 1840년 경자보, 3차 1922년 임술보, 4차 1963년 계묘보,
5차 1996년 병자보를 편찬하였다.
이번 집필에 주로 참조한 『장흥마씨대동보』는
1996년 병자년 제5판본으로 『장흥마씨대동보(乾)』과
『장흥마씨대동보(坤)』였다.

■ 장흥 마씨 대동보.

■ 장흥 마씨 족보.

10. 기타 장흥 마씨 유적

학송 마을에는 화은(華隱) 마운하 공의 '강학비(講學碑)', 학고(學皐) 마영호(馬英浩)의 '시혜불망비(施惠不忘碑)', 소백(小柏) 마상용(馬相容)의 '위선기적비(爲先紀績碑)'도 세워져 있다.

마운하(馬雲河,1878~1947) 선생은 일제 강점기 때 마을 만취재(晩翠齋) 서당에서 후학을 위해 강학과 사회 계몽에 앞장섰다. '강학비'는 2007년 장손 원중(1927생)이 근지(謹識)하고 서(書)했다.

또 마상용의 부친으로 안양면장 재직 시 선정을 베풀어 마을 주민들이 세운 마영호(馬英浩,1904~1948) 선생의 '시혜불망비'도 세워져 있다.

또 마영호의 아들로 통일주체국민회의 대의원, 장흥향교전교를 역임하고 장흥 마씨 위선사업에 앞장섰던 마상용(馬相容,1924~2015) 선생의 '위선기적비'도 세워져 있다.

■ 마운하 강학비.

■ 마영호 시혜 불망비.

■ 마상용 위선기적비.

11. 장흥군 안양면 학송 마을

주촌공 마하수가 입촌하여 성촌이 된 학송리.
1986년에는 총인구 190명(남여 각 95명), 세대수 40호(장흥 마씨, 25호, 남평 문씨 13호, 흥덕 장씨 3호, 기타 3호)였다.(『장흥군마을유래지』)
이후 1998년 『안양면지』에 의하면, 총인구 155명(남자82, 여자 73호), 40호에 이르렀다.
그로부터 25년이 흐른 2023년 현재 인구는 34명(남자 17, 여자 17)에 30여호로 학송 마을도 세월의 무게를 비켜나가지 못하고 있는 실정이다.

■ 학송리 마을 전경(가까이서 본).

■ 학송리 마을회관.

12. 충정공 마천목의 제실과 산소

마천목 제실 영모재(永慕齋)는 곡성군 석곡면 방송리 방주 마을에 위치한다.
1922년에 건립된 영모재는 충정공 묘소 입구에 있는데
영모재는 예장 묘소의 제향을 위한 재실이다.
충정공의 묘소는 영모재 바로 위에 위치한다.
충정공의 신주는 경상북도 의성군 단촌면 하화리 화산 서원에 두었고
매년 음 삼월 초정일에 봉사하고, 시제(時祭)는 매년 음 10월 9일
전라남도 곡성의 묘소에서 봉행한다.
충정공이 74세의 일기로 1431년(세종13) 생을 마쳤을 때 세종은 제문,
춘추제향축문을 내려보냈고, 1437년(세종 19)에는 예장묘소 사방 10리를
사패지로 하사하여 제향에 도움을 주도록 명하였으며, 곡성 석곡 방주동에
부조묘를 건립하고 대대로 지키도록 명하였다.
현재 충정묘는 바로 이 부조묘로서 1438년(세종20) 초창되었다.
현재의 이름인 충정묘는 세조3년(1457)에
충정이라는 시호를 내림으로써 불려지게 된 이름이다.

■ 마천목 제실인 영모재(永慕齋) 전경.

■ 영모재 입구. '충정묘(忠靖廟)'라는 편액이 걸려 있다.

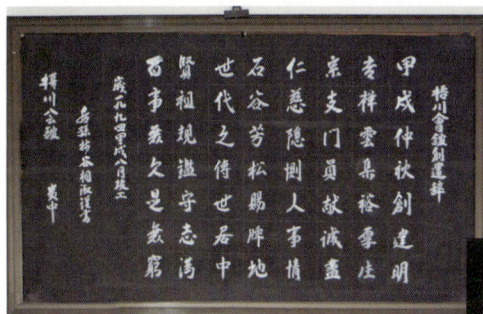

■ 오천회관창건사(梧川會館創建辭) 편액.

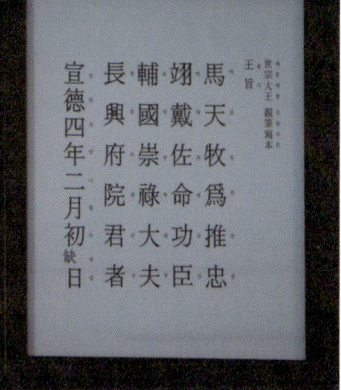

■ 세종대왕 친필 왕지(王旨).

■ 충정공 산소.

■ 충정공 묘비명.

추록2. 주촌공 마하수의 사적(史蹟) | 287

■ 충정공 시제 지내는 날. 전국 각지에서 모여든 장흥 마씨들이 충정공을 참배하다.

13. 마천목 좌명공신록 (보물 101469호)

마천목 좌명공신녹권(馬天牧 佐命功臣錄券)은 국립고궁박물관 있는 조선시대의 문서로 2006년 4월 28일 보물로 지정되었으며 장흥마씨중앙종회 소유로 국립고궁박물관에서 관리한다.

1401년(조선 태종 1) 공신도감에서 절충장군(折衝將軍) 웅무시위사상장군(雄武侍衛司上將軍) 마천목(馬天牧)에게 발급한 문서이다. 규모는 1축이며 필사본이다. 좌명공신(佐命功臣)은 조선 초기에 있었던 제2차 왕자의 난을 평정하는 데 공을 세운 이에게 내린 공신호이다.

이 녹권은 현재까지 발견된 유일본이고, 도평의사사(都評議使司) 출납(出納)에서 의정부(議政府)의 관(關)으로 바뀐 것 이외에는 서식을 그대로 유지하고 있어 공식 녹권의 체제와 양식 변화를 알 수 있다. 또한 공신호 부여와 등급별 포상내용, 특전, 공신도감 구성원 등을 파악할 수 있어 중요한 자료로 평가된다.

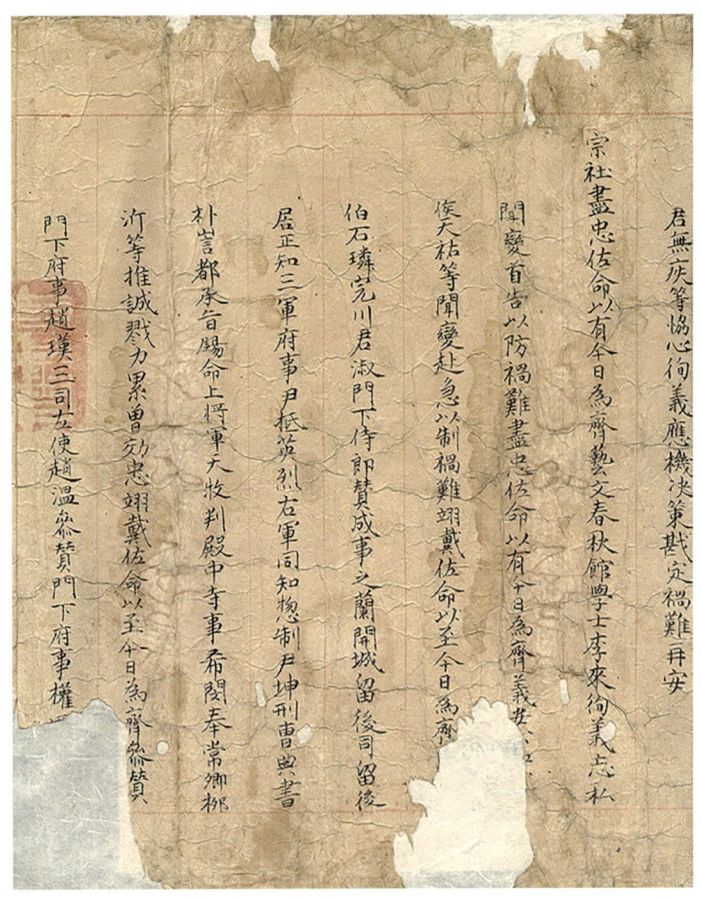

조선의 영웅 마하수

2023년 12월 22일 인쇄
2023년 12월 29일 발행

엮은이 | 김 선 욱
펴낸이 | 강 경 호
디자인 | 정 찬 애
사 진 | 마 동 욱
발행처 | 시와사람
주 소 | 광주시 동구 양림로119번길 21-1(학동)
전 화 | (062)224-5319
E-mail | jcapoet@hanmail.net

ISBN 978-89-5665-710-3   03810

· 잘못된 책은 구입하신 서점에서 바꾸어 드립니다.
· 값은 표지에 있습니다.

이 도서의 국립중앙도서관 출판예정도서목록(CIP)은
서지정보유통지원시스템 홈페이지(http://seoji.nl.go.kr)와
국가자료종합목록 구축시스템(http://kolis-net.nl.go.kr)에서
이용하실 수 있습니다.